TA 상담과 심리치료 기법

Skills in Transactional Analysis Counselling & Psychotherapy

TA 상담과 심리치료 기법

Christine Lister-Ford 지음 | 가족연구소 마음/박의순 · 이진선 옮김

Σ 시그마프레스

TA 상담과 심리치료 기법

발행일 | 2008년 7월 10일 초판 1쇄 발행
2010년 12월 10일 수정판 1쇄 발행
2014년 3월 5일 수정판 2쇄 발행

저자 | Christine Lister-Ford
역자 | 가족연구소 마음/박의순 · 이진선
발행인 | 강학경
발행처 | (주) 시그마프레스
편집 | 우주연
교정 · 교열 | 박미라

등록번호 | 제10-2642호
주소 | 서울특별시 영등포구 양평로 22길 21 선유도코오롱디지털타워 A401~403호
전자우편 | sigma@spress.co.kr
홈페이지 | http://www.sigmapress.co.kr
전화 | (02)323-4845, (02)2062-5184~8
팩스 | (02)323-4197

ISBN | 978-89-5832-878-0

Skills in Transactional Analysis Counselling & Psychotherapy

English language edition published by Sage Publications of London, Thousand Oaks and New Delhi.

23년 전 처음으로 내게 TA를 소개해 준 제니(Jennie)가 없었다면,

나도 이 책도 역경을 거쳐 만들어지지 못했을 것입니다.

당신의 창의력과 끊임없는 교정, 그리고 영감으로 가득한 제언들이

이 책의 내용과 질을 바꾸었습니다.

당신의 무한한 시간과 배려, 지식에 감사드립니다.

감사의 글

TA 상담 이론은 한국교류분석협회/한국TA학회(KTAA) 초대 회장이셨던 고 우재현 박사님에 의해 다양한 TA 서적들이 출판됨으로써 한국 사회에서 눈부신 발전을 이루었다. 하지만 우 박사님의 갑작스러운 타계로 5년여 동안 제대로 된 서적을 출판하지 못하였는데, 드디어 새로운 TA 상담 관련 서적이 세상에 빛을 보게 된다니 기쁘지 않을 수 없다.

이 책은 리스트포드(Christine Lister-Ford)가 쓴 *Skills in Transactional Analysis Counselling & Psychotherapy*를 『TA 상담과 심리치료 기법』이라는 제명으로 본 협회 교류분석 상담전문가이자 서울남부지회장을 맡고 있는 박의순 교수님과 이진선 박사님이 함께 번역을 담당하여 출판하게 되었다.

TA 상담의 실제를 다루고 있는 본 협회의 관련 서적과 함께 이 책은 TA 이론을 통한 상담 및 심리치료의 교과서적인 역할과 동시에 TA 개인 상담을 위한 체계적이고 효과적인 지침서가 되리라 기대한다. 이미 출판된 TA 상담 관련서들은 각기 독특한 상담기법들을 소개하고 있다. 『재결단치료』는 TA의 전통적 이론 및 기법과 게슈탈트(Gestalt)의 감성치료기법, 탈감각법(desensitization), 심상 작업(imagery work) 등을 혼합하여, 내담자가 그들 자신의 내적 에너지를 발견하고 삶의 변화를 창출하는 상담의 통합과 조화를 보여 주고 있다. 그리고 『교류분석(TA) 개인상담』은 TA 이론의 기본 철학을 바탕으로 계약적 방법과 공개적 의사소통을 통해 TA 상담의 명료성을 높이고 있다.

이번에 출판되는 이 책은 상담의 접수면접과 초기 상담 그리고 상담의 종결에 이르기까지 TA의 모든 이론을 적용시켜, 과정과 기법을 중심으로 한 TA 상담의 실제를 단계적으로 보여 준다. 제1장은 TA의 기본 개념, 제1부는 TA 상담 관계, 제2부는 자각의 발달, 제3부는 자발성과 친밀성의 재획득, 제4부는 자율성으로 구성되어 있다. 특히 TA 상담을 5단계로 나누어 첫 단계에서는 내담자가 자신의 삶을 이야기하고, 두 번째 단계에서 문제의 본성과 근원을 이해하도록 통찰과 자각을 넓히며, 세 번째 단계에서는 감추어져 있던 내면 감정들과 이와 관련된 기억들을 해결해 나가고, 네 번째 단계에서는 과거의 상처를 내려놓고 재결단을 하며, 다섯 번째 단계에서는 상담의 성공과 종결하기까지의 상담의 전 과정을 다루고 있다.

21세기의 급격한 사회적 변화로 인하여 개인과 집단, 나아가 거대한 조직에 이르기까지 인간관계의 새로운 변화가 요구되고 있다. 그래서 (사)한국교류분석협회/한국TA학회(KTAA)는 TA 이론을 중심으로 상담, 심리치료, 교육, 조직 및 모든 영역에서 긍정성(Ok-ness)의 회복을 통해 성숙한 개인으로 성장할 수 있도록 도와 국가발전의 새로운 동력을 제시하고자 한다.

이 책의 출판을 기쁘게 맡아 주신 (주)시그마프레스 강학경 사장님과 교정을 담당해 준 박미라 대리에게 사의를 표하며, 박의순 교수님과 함께 초고를 정교하게 다듬어 마지막까지 원고 교정을 한 성균관대학교 대학원의 허조은 학생과 이 책의 출판에 깊은 의미를 부여해 주신 울산 우신고등학교 문호영 선생님께 고마운 마음을 전한다. 또한 이 책을 추천하여 번역 작업에 도움을 주신 이진선 박사님과 협회와 학회의 발전을 위해 직접 번역을 맡아 이 책이 출판되기까지의 모든 과정을 주관하신 박의순 교수님께 다시 한 번 감사의 마음을 전한다.

2008년 6월
사단법인 한국교류분석협회/한국TA학회
회장 정덕규

저자 서문

에릭 번(Eric Berne)은 정서적인 문제를 실제적이고 정교한 방법으로 이끌어 온 영적이고 창조적인 이론가이며 실천가이다. 그의 고전적 원리와 치료 기법은 그가 처음 TA를 시작한 때와 마찬가지로 오늘날에도 유용하다.

이 책은 TA 임상의 창조적 기술을 보여 주는 에릭 번의 고전적 원리와 접근을 소개한다. 이것은 앞으로 읽을 내용에 반영되어 있다. 이 근본 원리는 내담자와 상담가가 치료 과정에서 경험할 만한 것으로 오늘날에 맞게 구성되었다.

이 책은 TA 이론이 실제에서 어떻게 사용되는지를 이해하기 원하는 학생과 임상가를 위해 쓰였다. 최상의 효과를 얻기 위해서, 독자는 책 전체의 연습문제를 내담자에게뿐만 아니라 스스로에게도 적용해 보아야 한다.

이 책은 상담 과정에 관한 것으로 TA 이론을 적용한 전형적인 상담 유형을 따르며 단기 또는 장기 상담의 선택을 할 수 있게 한다. 상담이 진행됨에 따라 상담 기술을 발달시킬 수 있도록 각 단계마다 그 개념과 기법을 제시하였고 관련된 이론은 참고문헌에 소개하였다.

제1장은 TA 상담의 원리, 철학, 핵심 가정과 목표, 그리고 TA 상담의 발달과 적용을 다룬다. TA 상담 단계의 개요와 기본 치료 개입을 제시한다.

제1부는 치료적 동맹을 맺는 방법과 상담이 시작될 수 있는 상담 구조를 만드는 방법에 대한 상담 관계 형성 발달에 초점을 둔다.

제2부는 TA 상담가가 내담자의 상태를 깊이 파악하고, 명확하게 사고할 수 있는 힘을 조성하여 어떻게 문제를 해결하는지 보여 준다. 이것은 일반적으로 처음에 제시된 증상의

경감이다.

제3부는 상담가가 내담자와 함께 그의 내면 아이를 접촉하여 문제 이면의 축적된 감정을 발견하도록 도와주는 심도 있는 작업 과정을 소개한다.

제4부는 상담가가 그들의 작업을 통합하여 어떻게 자율성을 향하여 나아갈 수 있는지를 보여 준다. 마지막으로 상담 관계 종결을 살펴본다.

제1장을 제외하고, 각 장에서는 배운 기술을 통합할 수 있도록 돕는 연습문제를 제공한다. 목표와 결과는 각 작업 단계의 기법과 함께 분명하게 세워진다.

지난 20년 동안 나는 트레이너와 슈퍼바이저로 활동하면서 녹음된 상담 회기를 사용할 때 학생들이 가장 효과적으로 배운다는 것을 알았다. 그라서 학생들에게 내담자와의 작업을 녹음할 것을 장려하였고 작업한 부분을 축어록으로 남기게끔 하였다. 이것은 자신을 스스로 비추어 볼 수 있는 좋은 방법이기 때문이다. 만약 당신의 상담 회기 테이프를 연습문제에 사용할 수 있다면 큰 도움을 얻을 수 있을 것이다. 이것은 당신이 주어진 이론과 기법을 어떻게 사용했는지 볼 수 있게 해 준다. 그러나 이 녹음은 윤리적인 원칙에 맞게 사용하고, 사용한 후에는 녹음을 지우도록 한다.

이 책을 출판할 수 있는 기회를 주고, 내 의견을 충분히 반영할 수 있도록 끊임없는 용기와 지지를 보내 준 프란세스카 인스킵(Francesca Inskipp)에게 감사한다. 또한 책이 완성되도록 충분한 시간과 배려를 아끼지 않았던 세이지(Sage)사의 앨리슨 포이너(Alison Poyner)에게도 감사를 전한다.

나에게 많은 가르침을 준 내담자와 학생들 그리고 슈퍼바이저에게도 감사한다. 그들의 지혜와 가르침이 이 책을 통해 잘 전달되기를 바란다. 배움의 영감을 주고 이해를 넓혀 준 전 세계의 많은 TA 학자들에게도 감사를 전한다. 마지막으로 글 쓰는 수개월 동안 내 생활에 활력을 준 트레이너 베키(Becky), 정구 코치 암루(Amru), 스코틀랜드 인 테시(Tessie)와 베시(Bethy)에게도 감사한다.

여러분 모두 TA 여행을 즐기기를 바란다.

TA 상담 5단계의 개요

첫 단계에서 내담자는 그들의 이야기를 이야기한다. 상담가는 이야기를 경청하고 설명하며 중요한 정보가 외적으로 드러날 수 있도록 유도하는 질문을 한다. 이 단계에서 치료적 동맹이 이루어지고 내담자가 준비가 되면 상담 계약을 한다.

두 번째 단계에서 내담자는 통찰과 자각을 하게 되고, 그들의 문제의 본성과 근원을 알고 이해하기 시작한다. 이때 증상이 감소하며 내담자는 일반적으로 좀 더 책임을 느끼기 시작한다. 이를 통해 내면의 감정들이 드러나게 된다.

세 번째 단계는 감추어져 있던 내면 감정들과 이와 관련된 기억들을 해결해 나가는 단계이다. 내담자들은 자신의 욕구와 필요를 억압하여 생긴 감정을 풀어낸다. 이때는 보통 그들의 잃어버린 기회를 슬퍼하는 과정이 포함된다. 그리고 내담자들이 자신의 인생을 재평가함으로써 분노의 감정을 일으킨다. 이때가 상담가와 내담자 모두에게 가장 도전적인 단계이다.

내담자가 이러한 감정들을 표현하고, 과거 상처를 내려놓으면 그들은 자신과 자신의 삶에 대해 훨씬 자유롭고 분명하게 느끼게 된다. 그렇게 되면 그들은 네 번째 단계인 재결단 단계로 들어간다. 내담자는 자신의 각본 역할을 버리고 어떻게 살기 원하며 무엇이 되기 원하는지를 선택하고 결정하기 시작한다. 그들은 상담 상황에서뿐만 아니라 상담 밖에서도 자신이 다르다는 것을 경험할 것이다. 상담가의 주요 역할은 내담자에게 긍정적인 지지를 제공하는 것이다. 이로써 상담 계약은 완성된다.

마지막으로, 다섯 번째 단계는 상담의 성공과 종결이다. 내담자는 자신의 목표를 달성하고 그동안의 작업을 검토하여 종결한다.

C·o·n·t·e·n·t·s

차 례

01

TA란?

> TA는 쉽게 사용할 수 있는 명확한 언어, 사용의 용이성, 간결하고 단순한 전문 용어(오직 다섯 단어로 구성 : 어버이, 어른, 어린이, 게임, 각본) 때문에 쉽게 배울 수 있는 틀을 제공한다.
>
> 에릭 번, 집단치료의 원리

TA는 창조성과 직관성을 사용하므로 생동적이고 역동적이며 지적이다. TA 상담가는 간단한 상황에서부터 복잡한 상황에까지 이해할 수 있는 폭넓은 개념을 가지고 있다.

정신분석에 근거를 둔 TA는 인지와 행동 이론을 바탕으로 현재에 기반을 두며, 현상학적인 방법에 의해서 이루어지는 내담자 중심 이론이다. TA 이론이 발달함에 따라 상담 기법은 임상에 활용할 수 있는 가장 유용한 것을 여러 가지 다른 접근과 이론으로부터 통합하여 적용한다.

TA는 이론뿐만 아니라 적용에서도 인지, 정서, 행동과 신체를 통합한다. 또한 많은 TA 상담가들은 영적인 영역도 포함한다. TA는 마음, 정서, 행동 이론이며 신체 경험을 이들과 연결시킨다. TA는 다른 이론과 달리 융통성이 있고 포괄적이며 상담과 심리치료의 접근이 용이하여 내담자의 필요와 개입에 초점을 둘 수 있다.

1. TA의 역사와 영향

미국 정신과 의사인 에릭 번(1910-1970)은 TA 이론의 개념과 기법을 정립하고 발전시켰다. 1940년대 초, 번은 정신분석가가 되기 위하여 훈련을 시작했다. 이 과정 동안 그는 그의 이론을 발전시키는 데 특별히 영향을 준 두 사람을 만났다. 그들은 번으로 하여금 전통적인 정신분석으로부터 벗어나 급진적이고 창조적인 정신치료의 개념, 용어, 임상을 재형성하게 했다. 폴 페던(Paul Federn)을 통해 번은 자아심리학에 흥미를 갖게 되었고, 성격구조에 대한 그의 생각을 발전시킬 수 있었다. 그 결과 어버이 자아상태, 어른 자아상태, 어린이 자아상태의 3요소를 가진 자아상태 모델이 만들어졌고, 이것은 현재 TA 이론과 임상의 주춧돌이 되었다.

번에게 중요한 영향을 미친 에릭 에릭슨(Erik Erikson)은 번으로 하여금 성격 형성에서 사회적인 면과 발달적인 면의 중요성을 인식하게 했다. TA의 핵심 개념은 우리의 행동을 결정하는 내면 심리 구조의 형성이 인생 초기 경험의 발달적인 견해와 인식에서 비롯된다는 것이다.

번은 치료 활동과 저술, 동료들과의 토론을 통해 여러 방면으로 그의 사고를 발달시켜 나갔다. 그는 배움에 갈망하여 모든 기회를 그의 지식과 경험을 넓히는 데 사용했다. TA가 이렇게 눈부신 발전을 할 수 있었던 것은 적용이 용이하고 창조적인 접근이 가능하기 때문이다. 번이 정신분석가를 위해 임상 교과서로 쓴 책은 세계적인 베스트셀러가 되었고 수만 권이 팔렸다. TA는 인정을 받아 여러 분야에서 도구로 사용되었다. 번의 작업은 지난 50년 동안 정신건강 분야의 임상 변화에 중심 역할을 하였고 오늘날 대부분의 상담 과목으로 채택되었다.

2. TA의 기본 구조

이 책 전반에서 사용될 TA 기본 구조는 TA 이론과 임상의 초석이다. 이것은 자아상태의 분석, 교류, 게임과 각본을 포함한다.

인간 모델 : 자아상태 모델

자아상태 모델은 발달 모델로서 인생 초기 경험(어린이)으로 형성되고 중요한 타자의 영향(어버이)과, 현실을 다루는 지금-여기의 통합성(어른)으로 발달하는 것이다. 아동의 욕구가 충족되지 않으면 결국은 심리적으로 연약해지고 중요한 심리내적 상처를 가져온다. 자아상태와 인생 각본은 인생 초기 욕구가 충족되지 못할 때 일어나는 내적인 어려움과 인간관계 어려움의 도해이다.

의사소통 이론 : 교류

TA의 또 다른 고유한 양상은 의사소통 이론인 교류분석으로서 어떻게 다른 사람과 상호작용을 하고 어떻게 자신과 상호작용하는가에 대한 유형을 이해하는 것이다. 이것은 우리에게 의사소통을 향상시킬 수 있게 하며 치료 관계에서도 가치가 있다.

심리게임

게임은 '부정적인' 감정을 가져오는 반복적인 행동 유형이다. 우리가 이 유형을 어느 정도 인식한다고 할지라도, 우리는 심리적인 욕구와 '미해결 과제'가 무엇인지를 잘 알지 못한다. 게임은 개인의 각본을 강화하고 유지한다.

각 본

각본은 인생 초기에 만들어진 무의식적 인생 계획으로 외적인 영향과 내적인 연약함의 반응으로 만들어진다.

개인 성격의 이러한 네 가지 양상의 분석을 통하여 내담자의 의식을 일깨우고, 내담자는 자신의 삶을 관리하여 운명을 바꿀 수 있는 힘을 얻게 된다.

3. TA 상담과 심리치료의 목표

자율성

> 인간의 잠재력은 적응력만큼이나 무한하다. 각 부모 세대는 그들의 자녀를 낡아 빠진 저주로 억압할 수도 있고 혹은 자녀의 자발성을 보호하거나, 자각을 북돋아 줄 수도 있으며, 그들의 친밀한 욕구에 반응하여 자녀가 가진 최대한의 잠재력에 도달할 수 있도록 하는 다양한 선택권을 가지고 있다. 인간의 본성은 표면을 뚫고 솟아나는 샘물과 같아 한 번 분출되고 나면 그 이후로는 삶에 달콤한 물을 부어 줄 준비가 된다.[1)]

자각, 자발성, 친밀성의 능력을 발달시키는 자율성은 TA 철학과 임상의 핵심이다. 그러므로 TA 상담의 기본 목표는 자율성 증진과 위의 세 가지 능력의 회복이다. 우리 대부분은 삶에서 역경이 닥쳤을 때 감당할 준비가 되어 있지 않다고 느끼는 한계를 경험한다.

자 각

자각은 현재를 사는 능력으로 현재를 있는 그대로 볼 수 있게 한다. 하지만 우리 대부분은 이것을 자각하지 못한 채 현재를 회피하는 데 많은 시간을 보내고 있다. 우리는 끊임없이 과거를 비추고 다음에 올 것을 생각하며 미래를 계획한다. 생동적이고 분명한 지

---

1) C. Steiner, *Scripts People Live* (Bantam, New York, 1974), p. 384.

금 – 여기에서의 경험과 자극의 접촉은 세상을 어떻게 살고, 어떻게 지각해야 하는가에 대한 부모 혹은 문화적 영향과 과거의 기억에 의해 흐려지고 방해받게 된다.

*** 예문**

나이 들어 최근에 미망인이 된 메리(Mary)는 성역할에 따라 살아왔던 전통적인 결혼 생활에 만족해 왔었다. 항상 남편이 그들의 경제를 감당했기 때문에 이것은 그녀가 할 수 없는 부분이라고 믿고 있다는 것이 상담 중에 드러났다. 메리는 잘못된 신념으로 인해 매우 분개했다. 사회문화적 규범으로 인해 경제를 담당하는 것은 남성의 일이라고 믿게 된 그녀는 자신의 감추어진 능력을 분명하게 자각할 수 없었다. 자신의 능력에 대한 시야를 넓히는 것은 이전에 자신이 선택한 삶의 방법에 대한 도전이었다. 그녀가 경제 관리 기술을 갖기 위해서는 이 분야에 항상 능력이 있었다는 고통스러운 사실과 직면해야 했다. 자신에게는 힘들고 어렵게 보였던 남편의 일들이 쉽다는 것을 알았다. 그녀는 통찰력을 가질 때까지 죄의식, 분노, 배반감으로 갈등했다.

자발성

자발성이란 습관적으로 익숙한 방법을 따르는 대신 그 순간에 가장 적합하다고 여겨지는 것을 스스로 선택할 수 있는 능력이다. 이러한 자발성은 예측할 수 없다는 것을 전제로 하기 때문에 도박을 하는 것처럼 항상 위험이 따르기 마련이다. 그렇기 때문에 사실 자발적이라는 것은 불안을 동반하게 된다. 우리가 원하는 것에 '예', 원하지 않는 것에 '아니요' 라고 대답하도록 배우는 것은 단순하게 들리겠지만, 우리 모두가 알고 있듯이 허락받지 못하거나 거부될 수 있다는 위험을 가지고 있다.

친밀성

친밀성은 우리의 연약함을 다른 사람에게 드러내는 것을 포함한다. 친밀성은 상대방이 무엇을 원하는지 가늠하는 대신, 우리가 생각하고 느끼고 행동하는 것을 솔직하게 보여주는 것이다. 이것은 자신의 필요, 욕구를 배제하고 투사하지 않으면서 타인을 만나고 그들에게 귀 기울일 준비가 되어 있다는 것을 의미한다. 친밀성은 그 대상이 한정되어 있고 드물게 일어나는 것이기 때문에 위험하다. 친밀한 관계를 맺기 위해서는 우리가 쓰고 있는 가면을 벗고 고정관념을 버려야 한다. 또한 서로의 사랑과 이해를 통하여 가치를 찾게 하고 우리가 진정으로 누구인지, 우리가 진실로 무엇을 생각하고 느끼는지를 알게 하며, 우리의 경험을 풍성하고 의미 있게 한다. 그러나 확실한 것은 없다. 친밀해지는 과정은 거부당하거나 당황스러울 수도 있는 큰 위험이 있다. 만약 남편이 살아 있었다면 메리가 이런 위험을 무릅쓰고 이 과정을 받아들였을지 의심스럽다.

잃어버린 자율성의 회복을 돕고 자율성을 증진시키는 것은 섬세하고 민감한 일이다. '자율성', '자각', '자발성'과 '친밀성'은 아주 매력적인 것처럼 들린다. 그러나 실제로 그것을 성취하기까지는 많은 도전이 필요하다. TA 상담가는 내담자가 정말로 원하는 것이 무엇인지를 탐색하면서 내담자가 기대했던 것보다 상황이 더 나빠지는지를 조심스럽게 살펴보아야 한다. 대부분의 내담자들은 상담 전에 준비가 되어 있지만 어떤 내담자들에게는 이것이 놀라움으로 다가올 수도 있다. 그렇기 때문에 도전에 있어서 그들이 감내할 수 있는 불편한 정도는 차이가 있다. 치료 과정은 상처받는 것이나 우울해지는 것을 막고 심리적인 단절을 피하기 위해서 조심스럽게 계획될 필요가 있다.

다음과 같은 질 또는 능력으로 지금 당신의 삶이 어디에 와 있는지 잠시 생각해 보자.

- 무엇이 당신을 가장 힘들게 하는가?
- 무엇을 더 강하게 하면 유용한지 알아보자.

핵심기법

내담자의 자각을 높이는 데 중점을 두는 TA 상담에서 '인생을 바꿀 수 있다'는 것을 설명하는 '정신 건강 경고(mental health warning)'는 유용한 전략이다. 이것은 상담에서 원하는 수준과 목표를 달성하기 위한 것으로 첫 회기에서 내담자와 자세히 탐색하게 된다.

자율성의 가치를 탐색하면서 상담가의 비전을 내담자에게 강요하지 않는 것이 매우 중요하다. 선택의 자유는 '아니요' 라고 말할 수 있는 권리가 포함되는데 이것을 존중하는 것이 상담가의 중요한 기본 의무이다.

> 친밀성, 자각, 자발성은 인간의 본성이므로 이것을 짓누른다고 해도 세대의 연결고리 안에서 끊임없이 나타날 것이다.[2)]

4. 철학적 근거 : 인본주의 심리학

TA는 정신분석에 뿌리를 두고 있지만 인본주의 심리학이다. TA는 정신분석과는 달리 일반인을 대상으로 했기 때문에 상담가와 내담자가 동등하게 상담에 공헌한다는 인식을 가지고 상호적 관계를 허용한다. 이것이 번이 TA를 시작한 동기이다. 치료의 주체는 내담자이다. 번은 치료자와 마찬가지로 내담자도 쉽게 이해할 수 있는 TA 언어를 원했다. 그는 소통할 수 있는 언어를 만드는 것이 진정한 평등의 창조라고 보았다. 이를 위해 번은 일반적인 용어를 택했고 그것이 TA 치료의 전문 용어가 되었다. '게임', '각본', '스트로크', '라켓', 'I' m OK', 'You' re OK' 는 잘 알려진 예이다.

TA 상담은 다음과 같은 기본적인 인본주의 원칙을 강조한다.

존 중

TA의 인본주의 원리는 자신과 타인을 존중하는 것이다. 'I' m OK', 'You' re OK' 는 TA 상담의 전 과정에서 볼 수 있는데, 이 아이디어는 달 그대로이다. 사실, 이것은 복잡하고 미묘하여 뚜렷하지는 않지만 태도의 심오한 변화를 필요로 한다. 자존감이 도전받기 전까지 자신의 가치를 믿는다는 것은 쉬운 일이다. 우리는 사람들을 긍정적으로 볼

---

2) Ibid., p. 384.

때 다른 사람을 존중한다고 믿기 쉽다. 하지만 개인적인 상처를 건드린다거나 엄격한 도덕적 원칙을 가지고 있을 때, 혹은 내담자가 상담가와 상이한 가치를 가지고 있을 때 문제가 발생하게 된다. 이 모든 것을 받아들이는 정도는 각기 다르지만 우리는 모두 시발점(trigger points)을 가지고 있다. 'I' m OK', 'You' re OK' 를 실행하는 것은 어렵고 도전적이기 때문에 때로는 완전히 실패하기도 한다. 우리는 자신의 한계를 느끼며 부족함에 대한 비판을 피하지만 이러한 비판들은 결국 자율 슈퍼비전과 배움의 풍부한 자원이 될 수 있다.

＊예문

앞으로 며칠 동안 언제 당신이 OK로 느껴지는지 알아보고 어떤 상황, 사람, 대화가 당신을 기분 좋게 혹은 기분 나쁘게 하는지 찾아보자.

개인적 책임

이것은 TA의 또 다른 원칙이다. 자신의 행동은 책임감이 핵심이다. 신생아가 자신의 몸을 자유롭게 움직이기 위해서 복잡한 기제를 배워야 하는 것처럼, 사람의 감정 또한 잘 조절되기 위해서는 느낌, 사고, 행동의 협응 기제를 배울 필요가 있다. 이것은 우리가 어떻게 우리 자신을 판단하고 조절하고 다루는지를 이해하는 것을 말한다. 말하자면 우리 경험의 원인과 결과를 어떻게 만드는지 이해하는 것이다. 우리는 종종 개인적인 책임을 잘못 이해한다. 예를 들면, 모든 것을 운명의 탓으로 돌리며 자신은 이러한 상황을 통제할 수 없다고 생각한다. 이러한 반응은 외적인 상황의 탓이 아니라 존재의 내면 상태를 이해하지 못한 결과이다.

책임을 진다는 것은 중대한 일이다. 대부분의 사람들은 아마도 일생 동안 시도하고 실패를 반복할 것이다. 이것은 외로움, 죄책감, 두려움, 실망과 같은 생존의 역경을 직면하고 삶의 기쁨과 고통의 경험으로부터 나오는 마음의 평화를 즐기며 자신의 뚜렷한 감각을 완전히 드러내어 내 자신에게 만족하는 것이다.

*** 예문**

불안을 극복하고 자신의 삶을 다잡으면서, 메리는 자신의 잠재력을 성취하지 못한 채 의존적인 상태로 삶을 살았다는 고통스러운 사실에 직면했다. 인생의 마지막 단계에서 메리는 자신이 어떤 것도 할 수 있었음을 받아들여서 자신을 자유롭게 하였다.

개인적 책임은 권력을 행사하는 것이며 그것은 선택의 권력이다. 선택은 외적 상황이나 다른 사람을 통제할 수 없음을 수용하는 것이다. 이를 통해 우리의 내적 경험을 바꿀 수 있다. 우리는 습관에 따라 느낄 필요도 없고 역할 모델과 같이 행동하지 않아도 된다. 현재 자신의 모습과 지금의 생활양식에 맞는 진정한 반응을 선택할 수 있다.

많은 신화, 문학, 종교는 이런 힘든 삶의 모습을 보여 준다. 빅터 프랭클(Viktor Frankl)[3]은 자기 결단의 기막힌 예를 보여 주었다. 그는 독일 강제 수용소에서 끔찍한 일을 당했음에도 불구하고, 삶의 의미와 목적을 경험할 수 있는 방법을 찾았다. 그는 우리가 내적인 경험을 선택할 수 있을 때 진정으로 자유롭게 된다는 것을 알았다. 왜냐하면 아무리 외적인 상황이 끔찍해도 우리의 운명을 담당하는 것은 우리 자신이기 때문이다. 이것이 바로 TA 철학과 임상의 핵심이다.

*** 예문**

당신이 삶에서 책임지겠다고 선택하여 결정한 때를 생각해 보아라. 이 선택을 위해 무엇을 포기하였는가?

변화는 가능하다

신체의 손상을 제외하고는 치료를 통한 변화는 항상 가능하다.

---

3) V. Frankl, *Man's Search for Meaning* (Hodder & Stoughton, London, 1962).

- 내담자는 동기가 있다.
- 상담가는 적합한 접근을 사용한다.
- 목표는 현실적이다.
- 환경은 충분한 지지를 제공한다.

5. 변화 이론

번은 인간이 다음과 같은 것을 가지고 있다고 믿는다.

> 신체적인 건강만큼 정신적인 건강의 내재적인 욕구 … 심리적 발달과 정서적 발달은 방해를 받는다. … 치료자는 환자가 자연스럽게 성장하도록 장애물을 제거한다. … 그래서 치료자의 과업은 각 환자의 성격에서 건강한 영역을 찾아 그들의 잠재력을 성숙시키고 강화시키는 것이다.[4)]

번은 다른 인본주의 치료자들과 마찬가지로 대부분의 사람들은 적절한 조건이 주어진다면 자신의 의지와 건강을 꽃피우고 성숙시킬 수 있다는 것이 본능적이라고 믿었다.

번은 치료자에게 '치유' 혹은 변화를 향해 나아갈 것을 장려했다. 이것은 지난 과거를 딛고 자신을 파괴하는 내면의 본능과 충동을 극복하여 일어설 수 있는 능력이다. 이 점이 바로 TA가 인본주의에 바탕을 두고 있음을 보여 준다. 인간의 비전은 심리적, 사회적 제약이 많은 상황에서도 자신을 자유롭게 할 수 있고, 우리의 정신 안에서 다시 찾을 수 있다. 이런 가치관을 가지고 일하는 것은 상담가에게 도전이다. 이것은 상담가 자신이 '치유' 되어 있어야 하고 내담자에게 높은 수준의 전문적인 상담을 제공해야 하는 것을 의미한다.

치유는 심리적인 게임을 통하여 과거를 반복하는 것도 아니고 각본 메시지를 따라가는 것도 아니다. 친밀성 속의 위험을 감수하고, 실수를 통해 배우며, 자유롭게 현재를

---

4) E. Berne, *Principles of Group Treatment* (Grove, New York, 1966), p. 63.

살면서 우리의 잠재력을 꽃피우는 것이다. 또한 지나간 아픔을 잊고, 상실을 애도하고, 우리를 실망시킨 사람을 용서하며 우리가 가지고 있는 어려움들을 털어 버리는 것이다. 과거를 기억하지만 반복하는 것은 아니다. 이것은 우리가 내담자와 작업할 때마다 끊임없이 직면해야 하는 일이다.

각본 치유의 빼어난 점은 과거의 어려움으로부터 다음 세대를 자유롭게 하는 것이다. 변화된 사람들은 파괴적이고 한정된 각본 메시지를 자녀에게 물려주지 않는다.

6. TA 임상

사회정신의학

사회적 자각과 긍정성을 고취시키고 사회 개혁을 도도하는 사회정신의학은 TA의 이론과 임상의 중심이었다. 그래서 TA의 목표 중 하나는 사회 변화를 위한 매개체로 행동하는 것이다. 모든 사람들을 동등하게 대하고 가능한 많은 사람들에게 혜택을 주는 것이 언제나 TA 임상의 중심이다. 이를 위해 교류분석가는 TA를 사용하는 창조적인 방법을 발달시켰다. TA는 지난 30년 동안 여러 분야에서 입지를 확고히 했고 공식화되었다. 그래서 정신치료, 교육, 조직과 상담의 각기 다른 분야에서 교류분석가를 훈련시키고 자격을 주는 것이 이제는 가능해졌다.

TA 심리치료

번의 본래 의도는 임상 혹은 심리치료에 TA를 적용하는 것이었다. 그는 정신의학에서 사용하지 않는 방법론과 언어를 사용하였다. 그의 목적은 이 분야에 관련된 전문가뿐만 아니라 일반인이나, 특히 환자들까지도 이 방법과 언어를 쉽게 사용할 수 있도록 하는 것이었다. 그가 처음에 **정신분석적 치료**라고 불렀던 '각본' 치유가 그의 목표였다.

TA 교육

교육에서 TA는 직접적으로 아동, 부모, 교육자들에게 교육적이고 예방적인 역할을 하는 독특한 치료 개념을 적용한다. TA 원리는 감정을 일깨워서 아동으로 하여금 정서적, 상호 관계적 기술을 갖도록 하는 것이다.

TA 조직

조직에서 TA는 조직 환경의 효과적인 의사소통과 체계적인 문제 해결 방법을 가르치는 데 TA 원리를 적용한다. 많은 회사들은 직원의 스트레스를 줄이고 창조성을 최대화하며 효과적인 작업 환경을 만들기 위해 TA 상담가를 고용한다.

TA 상담

TA 상담은 가장 최근에 발전된 분야이다. 광범위한 사회적 맥락에서 일하는 상담가들은 좀 더 효과적인 작업을 하기 위해 TA를 사용한다. 1995년에 ITAA의 상담분과와 EATA는 TA 상담을 다음과 같이 정의하였다.

> TA 상담은 계약 관계 내에서 이루어지는 전문적인 활동이다. 상담 과정은 내담자의 힘과 자원을 강화시킴으로써 내담자나 내담자의 체계가 일상생활에서 개인적인 발달과 문제를 관리하기 위한 자각, 방법, 기술을 발달시킬 수 있게 한다. 이것의 목적은 사회적, 전문적, 문화적 환경에서 그들의 자율성을 증가시키는 것이다.

TA는 개인, 집단, 부부 그리고 가족을 포함하는 다양한 치료적 접근에 사용된다. TA는 단기상담, 중기상담, 장기상담 그리고 깊이 있는 심리치료에도 사용할 수 있다.

전문가의 책임

번은 전문가의 책임에 대해 거듭 강조했다. 그의 '치유' 개념은 내담자가 회복되도록 돕는 것이 치료자의 진정한 역할이라는 것을 상기시키기 위한 은유였다. 내담자와 의미 없는 잡담을 하거나 잘난 체하는 데 시간을 낭비하지 말고 사람을 치유하는 '진정한 의사' 가 될 것을 강조했다.

내담자를 존중하는 것이 중요하며 TA 상담가는 이것을 태도와 행동으로서 내담자에게 보여 주어야만 한다. 예를 들어, 내담자를 만나는 시간에는 사려 깊고, 친절하고, 윤리적이고, 즉각적이라는 것을 확실히 해야 한다. 많은 내담자들은 상담가와의 부정적인 경험을 가지고 있다.

번은 다음과 같이 말했다.

1. '진정한 의사' 는 특별히 환자의 치료에 초점을 두어 훈련하며 그의 임상에서도 이것이 중심이 된다.
2. '진정한 의사' 는 치료를 계획할 수 있기 때문에 각 단계마다 무엇을 하며, 왜 하는지를 안다.
3. '진정한 의사' 는 연구와 임상이 좋은 의학이나 수술과는 다르다는 것을 분명히 구별하고 항상 의학과 수술이 연구와 경험보다 먼저라고 알고 있다.
4. '진정한 의사' 는 진심으로 환자의 복지를 위해 책임을 진다.[5]

공개적 의사소통

번은 공개적 의사소통을 주장했는데, 그것은 당시 정신과에서는 아주 급진적인 일이었다. 이것은 상담에 관한 이야기가 무엇이든지 간에 환자에게 직접 이야기하는 것을 의미한다. 상담가는 비밀을 갖지 않으며 내담자를 무시하는 이야기를 하지 않는다. 상담가는 두 사람이 알아야 하는 정보를 공유하는데, 이것은 다음과 같다.

- 상담가가 내담자를 도울 수 있는지에 대한 여부
- 상담의 목표
- 상담의 단계와 상담 계획
- 상담의 기간

5) Ibid., p. xvii.

- 상담 과정 동안 발생할 수 있는 문제들
- 상담에 대한 정보
- 상담가의 전문적인 위치

내담자나 동료들과의 행동에서 이렇게 관계하는 것이 TA 임상가의 특징이다.

7. 세계적인 접근의 TA

TA에 관여된 많은 사람들은 이 접근이 전 세계를 통하여 널리 퍼져 있다는 것에 감사한다. TA는 대부분의 문화, 사회집단과 종교에서 받아들여지므로 문화 상호적으로 유용한 도구이다.

대부분의 나라에 TA 임상가, 정규 훈련 프로그램, 지역연구팀이 있고 각 나라에는 TA 조직이 있다. ITAA는 매년 세계적인 학술대회를 주최한다. 유럽에는 EATA가 있고 영국에는 ITA가 있다.

8. TA 상담 과정 5단계

TA 상담에는 기본적인 5단계가 있다. 상담 초기에 내담자와 이 정보를 나누는 것이 중요하며 이를 통해 내담자는 상담 과정에서 무엇을 경험할지 알 수 있다. 이 책의 구조는 다음과 같은 단계를 따른다.

1. 상담가는 경청하고 제안하며 중요한 정보가 드러나도록 질문을 유도하고, 내담자는 그들의 이야기를 이야기한다. 이 단계에서 상담적 동맹이 맺어지고 내담자가 준비되면 상담 계약을 한다.
2. 내담자는 통찰과 자각을 하며 문제의 본질을 알고 깨닫게 된다. 증상이 줄어들면서 내담자는 일반적으로 좀 더 자신을 이해하게 되고, 이때 감정이 드러나기 시작

한다.

3. 문제 해결 단계는 감추어져 있던 감정과 그와 관련된 기억들이 나타나는 단계이다. 내담자가 자신의 욕구와 필요를 억압함으로써 생긴 감정을 풀어내는데, 흔히 이때는 과거의 잃어버린 기회를 슬퍼하는 것이 포함된다. 이 단계에서는 내담자가 그들의 삶을 재평가하므로 분노의 감정이 자주 일어나며 상담가와 내담자 모두에게 가장 힘든 단계이다. 내담자가 자신의 감정을 표현하고 지난 상처를 떨쳐내면 자기 자신과 자신의 삶을 더 자유롭고 분명하게 느끼게 되므로 다음 단계로 나가게 된다.
4. 재결단 단계. 내담자는 각본 역할을 버리고 어떻게 살기 원하는지, 무엇이 되기 원하는지를 선택하고 결정하기 시작한다. 그들은 상담 상황에서뿐만 아니라 상담 밖에서도 자신의 변화를 경험할 것이다. 여기에서 상담가의 역할은 내담자를 긍정적으로 지지하는 것이다. 이로서 상담 계약이 완성된다.
5. 상담의 성공과 종결. 마지막으로, 내담자가 그들의 목표에 도달하면 그동안의 과정을 되돌아보고 종결한다.

9. TA 임상가의 특징은 무엇인가?

TA 임상가로서의 고유한 특성을 발달시키기 위해서는 어떠한 요소들이 필요한가? 심도 있는 훈련은 반드시 필요하다. 특히 TA 훈련자는 자신의 각본을 알기 위한 개인적인 치유 과정이 필요하다. 이렇게 해야만 효과적이며 정통한 TA 임상가가 될 수 있다.

다음은 TA 임상가의 개인적 발달을 위한 가치와 목표들이다.

- 자신과 타인의 자율성 추구
- 자신과 타인의 존경 : 'I' m OK, You' re OK.'
- 개인적인 책임과 자기 이해

- 인간 중심 태도
- 공개적 의사소통 : 상담에 관한 정보는 내담자와 함께 공유하고 이것을 허락 없이 이야기하지 않는 것을 포함한다.
- 심리게임 회피
- 동맹
- 정서적 깨우침
- 분명한 계약
- TA 협회와 학회의 윤리 강령 준수

이것은 TA 상담가가 완전하다고 말하는 것은 아니다. 어느 누구도 이 모든 것을 다 할 수는 없다. 왜냐하면 우리는 모두 인간이고 언제나 다른 누군가가 되어야만 한다는 압력을 받으며 살고 있기 때문이다. 그러나 내담자는 TA 상담가가 임상에서 가르치는 것을 실천하는 사람임을 기대할 수 있어야만 한다.

다음 장에서 우리는 TA 모델의 적용과 작업 과정을 알아보고, 상담과 정신분석 임상에 필요한 TA 기법의 적용을 알아볼 것이다.

참고문헌

TA 이론

Berne, E. (1961) *Transactional Analysis in Psychotherapy*. New York: Grove.

Steiner, C. (1974) *Scripts People Live*, New York: Grove.

Stewart, I. (1992) *Eric Berne*. London: Sage.

Stewart, I. and Joines, V. (1987) *TA Today*. Nottingham: Lifespace.

Tilney, T. (1998) *Dictionary of Transactional Analysis*. London: Whurr.

제 1 부

TA 상담 관계

02

관계의 시작

내담자와 상담가의 첫 만남은 기억할 만한 일이다. 새로운 관계가 시작될 때와 마찬가지로 희망, 기대, 두려움과 걱정으로 가득 찬다. 이것은 내담자에게도 중요한 일이다. 그들은 먼저 모든 것이 잘 풀리지 않는다는 것을 스스로 인정했고 이제는 상담가에게도 인정한다. 이것은 그들의 연약한 부분을 노출시키므로 상처받기 쉽게 만든다. 이 자체는 상당히 용기 있는 행동이다. 이것을 인정한다는 것은 내담자가 아무것도 할 수 없는 무력한 상태임을 보여 준다. 스스로 문제를 해결하는 것이 어렵다는 것을 알게 되고 상담가의 도움을 원한다. 내담자의 가장 큰 의문은 "내 문제가 해결될 수 있을까?" 이다.

중요한 목표는 다음과 같다.

- 내담자를 만나고
- 내담자의 어려움을 알아내고
- 상담가가 무엇을 하며, 어떻게 할지를 내담자에게 알려 주고
- 내담자의 질문에 대답한다.

첫 회기에서의 가장 중요한 결과는,

- 내담자는 상담가가 자신에게 맞는지, 자신이 TA 상담을 원하는지를 검토해 보고
- 내담자가 원하는 것을 상담가가 제공할 수 있는지 알아보고
- 상담 계약의 여부를 결정하고
- 상담을 하겠다는 잠정적인 동의를 하는 것이다.

1. 내담자 만나기

적합한 정서적 환경 만들기

내담자가 도움을 요청한다는 것은 상담가의 지식과 상담 기법으로 내담자의 상황을 바꿀 수 있는 능력이 있다고 믿는 것이다. 내담자는 상담가와 자신을 도울 수 있는 그의 능력을 믿으며 첫발을 내딛은 것이다. 그렇게 신뢰하는 행동에 감명받지 않는다면 그 사람은 형편없는 상담가일 것이다.

라 포

간절한 마음을 가지고 오는 내담자를 맞이할 때 적합한 정서적 분위기를 만드는 것은 매우 중요하다. 라포 형성이 첫 단계이다. 상담가는 내담자가 불편하거나 어색하지 않게 그들의 문제를 꺼낼 수 있도록 편안하고 따뜻하며 수용적인 환경을 제공한다. 라포는 언어적인 측면뿐만 아니라 비언어적인 측면에서도 표현되며 내담자의 신체적 편안함을 위한 기본적인 욕구에 관심을 두는 것으로부터 시작된다. 예를 들면,

- 상담 전 정보 : 상담실에 어떻게 오는지, 주차는 어디에 하는지와 같은 것들
- 따뜻한 환경
- 화장실 위치 확인
- 흡연 구역

- 음료수 제공
- 대기실에 대한 정보
- 자리가 편안한지 확인

이와 마찬가지로 약속 시간을 정하는 것과 시간을 지키는 것은 중요하다.

- 정시 시작과 종료
- 한 회기의 시간 언급
- 내담자가 기대하는 전체 상담 회기의 횟수 언급
- 내담자에게 회기의 종결 시기 언급

이러한 일에 관심을 두는 것은 내담자를 존중하며, 당신이 적합하고 사려 깊은 태도로 한계점을 결정하는 상담가임을 그 자리에서 정확하게 보여 주는 것이다.

공 감

공감은 따뜻한 환경을 만들기 위해 필요한 두 번째 요소이다. 공감은 자신의 현실 감각을 잃지 않으면서 상대방의 경험을 느낄 줄 아는 능력이다. 이것은 그들과 연합하거나 합류하지 않으면서 다른 사람과 가장 가까워질 수 있는 방법이다. 어떤 학자들은 우리가 공감할 수 있는 능력을 갖고 태어났다고 말한다.[6] 우리는 우리가 볼 수 있는 것만을 보고 나머지를 버림으로써 공감을 자제하도록 배웠다. 후각, 미각, 촉각, 청각과 '직감(gut)' 은 같은 방식으로 '훈련된' 것이다. TA 상담가는 자신의 감각이 돌아오도록 훈련해야 한다. 그러면 상담가는 가치 있는 자원의 풍성한 정보를 얻게 되고 그것을 사용할 때 공감적인 접촉은 더욱 깊어진다. 내담자를 주의 깊게 살피고 그가 말하려는 언어적,

---

6) 영아는 '감정이입' 과정에 의해 부모의 기분을 '파악' 한다. 만약 이 기분이 불안이나 적대감이라면 영아는 마치 신체의 거북한 고통처럼 이러한 불편함을 직접적으로 파악한다[R. L. Munro, *Schools of Psychoanalytic Thought* (Dryden, New York, 1955), p. 405].

비언어적 신호에 대한 민감함이 공감을 발달시키는 기초가 된다.

*** 예문**

제인(Jane)은 새 내담자에게서 강한 담배 냄새를 맡았다. 그의 배에서는 꾸르륵 거리는 소리가 났고 태도는 경직되어 있었다. 눈가에는 다크 서클이 보였다. 이 모든 정보를 종합했을 때 그녀는 내담자가 긴장했으며 불안해하고 있음을 알았다. 이것은 제인이 내담자의 삶과 느낌의 상태를 이해하는 데 사용되는 지식의 풍부한 자원이 되었다.

연습문제

공감 발달 : 점쟁이

파트너와 돌아가면서 한 사람은 내담자 역할을 하고 다른 사람은 '점쟁이' 역할을 한다.

1. 당신의 감각을 사용해서 관찰한 것을 알아보자.
   - 악수하라. 악수를 하면서 무엇을 느꼈는가?
   - 피부 톤, 얼굴, 손톱, 손과 의상에서 무엇을 볼 수 있는가?
   - 무슨 냄새가 나는가? 이것은 1~2분이 걸릴 수도 있다. 상대의 냄새를 맡기 위해서 가만히 있어라. 특별하지 않으면 우리는 그냥 지나치곤 한다. 향수는 어떤 메시지를 전달하므로 그것은 고려되어야만 한다.
   - 무엇이 들리는가? 몸에서 나는 소리, 호흡, 음색?
   - 상대를 맞이할 때 '내면의' 느낌이 어떠한가? 내면에서 어떤 경험을 하는가?
   - 당신이 상대방의 옷을 입었다고 상상해 보아라. 옷의 촉감이 어떻게 느껴지는지 상상할 수 있는가?
   - 상대방이 어떠한 맛을 느낄지 상상해 보자. 당신의 입 안에서는 무슨 맛이 느껴지는가?
2. 이 연습에서 얻어진 '정보' 만을 사용해서 그들의 현재 생활 유형에 대해 상상한 것을 상대방에게 묘사해 보자.

3. 이 연습을 통해서 어떤 경험을 했는지 나누어 보자.

나의 학생들은 지난 수년 동안 이 연습을 통하여 상대방에 대한 많은 정보를 '찾아낼' 수 있다는 사실에 놀랐다. 예리한 지각을 사용하므로 그들은 자신의 직감에 대해 신뢰하게 되었다.

상보 교류

라포와 공감은 상보 교류를 통하여 가장 잘 전달된다. 내담자와 같은 언어를 사용함으로써 처음부터 상담가가 그들의 입장을 이해한다는 것을 확인시켜 준다. 이것은 내담자가 언급하는 자아상태(혹은 상담가의 부분)에 반응하는 것으로 이루어진다. 자아상태의 기능 모델은 사람들이 어떻게 의사소통하는지 이해하도록 안내해 준다. 내담자가 어떤 자아상태로 이야기하는지를 관찰함으로써 상담가는 인간관계에서 내담자의 어떤 자아상태가 주도적인지를 알 수 있다. 각각의 자아상태는 득특한 방법으로 기능한다.

자아상태 모델은 그림 2.1과 같으며, 세 개의 영역은 다음과 같다.

- **어버이 자아** 어버이 자아는 가치, 견해, 판단을 통해 작동하고 독특한 두 가지 기능을 가지고 있다. **양육적 어버이(NP)**는 양육, 지지 그리고 보살핌을 제공하며 **비판적 어버이(CP)**는 안전한 경계와 한계를 제공한다. 하지만 부정적인 기능도 가지고 있다. 양육적 어버이는 과잉보호로 인하여 숨 막히게 할 수도 있고 비판적 어버이는 지나친 통제와 비판을 할 수도 있다.
- **어른 자아** 어른 자아(A)는 합리성과 객관성의 영역이다. 어버이 자아와 어린이 자아를 조절하기 위해서 이 두 자아 사이의 중재자 역할을 한다. 외부 세계를 조사하고 계산하여 내적 견해의 현실성을 가져온다.
- **어린이 자아** 어린이 자아는 감정과 본능적인 반응으로 자신을 표현하고 욕구를 만족시키며 독특한 두 가지 기능을 가지고 있다. **자연스런 혹은 자유스런 어린이(FC)**

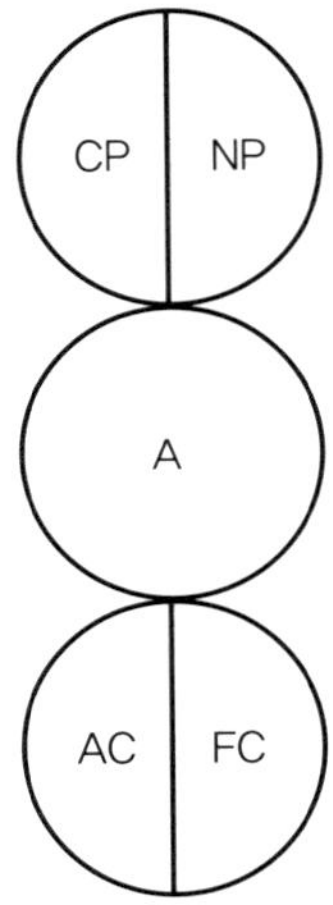

>>>**그림 2.1** 자아상태 기능 모델
Tony Tilney로부터 승인받아 재인용함.
Dictionary of Transactional Analysis. London: Whurr Publishers.

는 사회에 물들지 않은 방법으로 즉각적인 반응을 한다. 순응한 어린이(AC)는 내면화된 사회적 학습에 근거하여 반응하며 자신의 참된 감정을 억제하고 다른 사람의 기대에 부응하려고 한다.

*** 예문**

메리(Mary)는 남편의 죽음에 압도당하여 마음에서 우러나오는 양육적인 반응을 원했다. 그림 2.2는 메리의 의사소통 패턴을 보여 준다. 메리는 순응한 어린이 자아이다. 그녀는 양육적 어버이 자아로 상담가에게 보내고(S1), 상담가는 양육적 반응(R1)으로 받아 그녀의 어린이 자아로 보낸다.

메리(S1) : 어디서 시작해야 할지 모르겠습니다. 모든 것에 압도당하고 있어요. (AC)

상담가(R1) : 어디든지 괜찮아요. 편하게 느껴지는 데서 시작하세요. 당신이 원하는 모든 것을 말하려면 시간이 걸릴 테니까요. (NP)

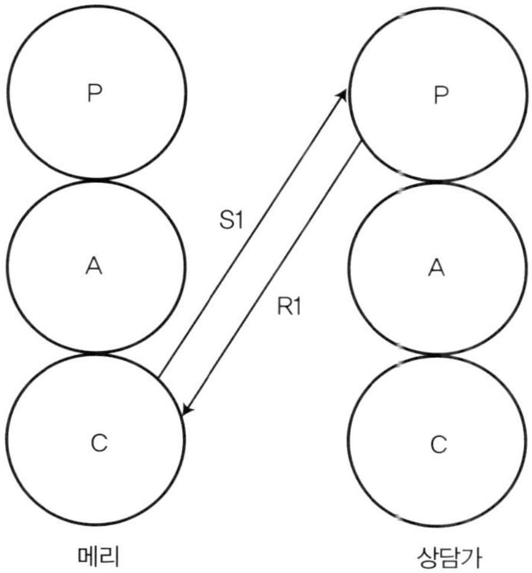

>>>**그림 2.2** 메리의 의사소통 교환

Souvenir 출판사로부터 승인받아 재인용함.
Eric Berne (1961) *Transactional Analysis in Psychotherapy*. Loncon: Souvenir Press.

●●● 사례 : 톰

톰(Tom)은 상담실에 약속 시간보다 20분이나 일찍 도착했다. 그는 자신이 일찍 도착하여 불편을 준 것에 대해 당황한 듯 거듭 사과했다. 그는 주름 한 점 없이 아주 잘 다려진 양복과 하얗고 깨끗한 셔츠, 깔끔한 넥타이와 반짝이는 검정구두를 신고 왔다. 잠시 멈칫한 후, 그는 다시 나갔다가 약속한 시간에 돌아오겠다고 했다.

상담가는 그를 따뜻하게 맞으며(라포), 사람들은 때때로 중요한 약속에 일찍 도착한다고 말하고(공감), 그에게 차를 권하며 어디에서 기다릴지를 알려 주었다(라포). 그러자 톰의 표정이 눈에 띄게 이완되었다.

교류에 있어서, 언어적 수준에서의 교환은 다음과 같다.

톰(S1) : 일찍 도착해서 죄송합니다. 방해가 되었나요?
상담가(R1) : 아니에요. 당신을 만나서 반가워요. 사람들은 때때로 중요한 약속에 일찍 오곤 해요.

이 교류는 어른-어른의 상보 교류로 그림 2.3과 같다.

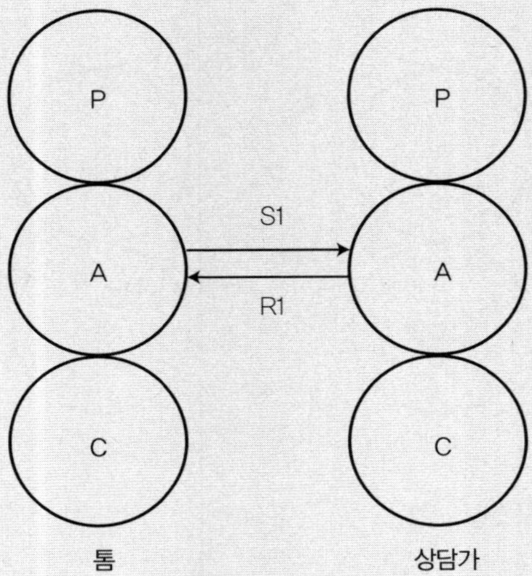

>>>**그림 2.3** 톰의 언어적 수준의 교환

Souvenir 출판사로부터 승인받아 재인용함.
Eric Berne (1961) *Transactional Analysis in Psychotherapy*. London: Souvenir Press.

비언어 수준에서 톰은 더 많은 것을 말하고 있다.

톰(S2) : 이 상담은 나에게 아주 중요하며, 나는 좋아지기를 바랍니다. 가능할까요?

상담가(R2) : 당신은 의지를 가지고 있지만 불안해 보이는군요. 잘 오셨습니다.

이 메시지는 말로 표현되지 않았으며 이렇게 숨어 있는 의미를 이면 교류라고 부르고, 이것은 그림 2.4와 같다.

라포와 공감은 언어적, 비언어적 혹은 이면적 수준에서 의사소통된다. 라포는 적극적인 과정이며, 내담자가 진정으로 초대받았다는 느낌을 받을 수 있도록 편안한 환경을 만든다. 공감은 반영적인 과정이며 내담자의 내적 세계를 정확하게 읽고 말해 준다.

- 상담 시작에 대한 내담자의 감정(어린이 자아상태)
- 상담에 대한 내담자의 가치와 판단(어버이 자아상태)

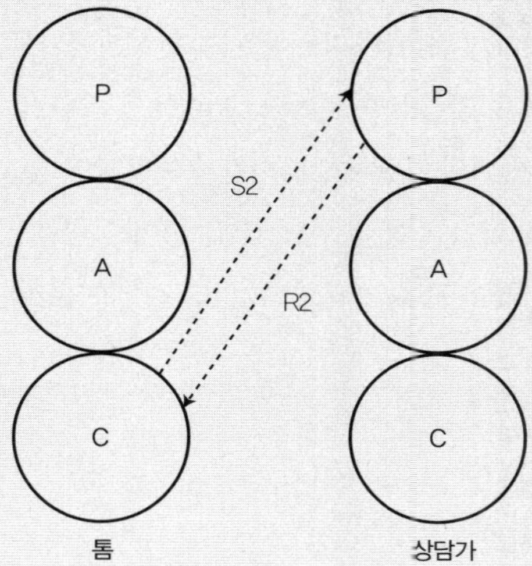

>>>**그림 2.4** 톰의 비언어적 수준의 교환

Souvenir 출판사로부터 승인받아 재인용함.
Eric Berne (1961) *Transactional Analysis in Psychotherapy*. London: Souvenir Press.

- 상담에서의 현실적인 경험(어른 자아상태)

그러므로 내담자에 대한 상담가의 이해는 다음과 같은 추가적인 내용을 반영한다.

- 내담자의 현실이 사실이며 진실이라고 받아들이기
- 상담가가 내담자를 돕기 위해 여기 있다는 것을 강조하기

참 여

참여한다는 것은 다른 사람에게 내가 여기 있다는 것을 능동적이고 적절한 방법으로 관심을 나타내는 것이다. 이것은 내담자가 중요하다는 것을 알려 준다. 톰의 상담가는 그를 맞이하기 위해 하던 일을 멈추고 기다릴 곳을 알려 주었다. 진정한 참여는 내담자를 내 관심의 중심에 두는 것이다. 단순해 보이지만 이것은 많은 연습을 해야 가능하다. 상

담가는 자신의 내적, 외적인 방해로부터 자유로워야 한다. 참여한다는 것은 조용하고 편안하게 집중하는 것이다. 내담자와 새로운 관계를 시작한다는 것은 다른 어떤 관계를 시작하는 것과 마찬가지로 불확실한 것이다. 우리는 긴장하거나, 자신에 대하여 걱정하거나, 불확실성을 덮기 위해 지나치게 자신감을 보일 수도 있고, 혹은 우리 내적 경험을 감추고자 전문가의 역할을 사용할 수도 있다. 참여를 원활하게 하기 위해서는 시간이 걸린다. 경험을 하는 것이 도움이 되고 자기 자각이 핵심이다.

연습문제

새로운 내담자를 만나기 위한 준비

내담자를 처음 만나기 전, 자신을 준비하기 위해 평화로운 곳에서 10분 정도 혼자만의 시간을 갖는다. 당신은 파트너와 함께 역할 게임으로 이것을 준비해 볼 수도 있다.

- 새로운 내담자와의 만남에 대해 내적으로 어떻게 느끼는지 알아보자.
- 신체적으로는 어떻게 느끼는지 알아보자. 필요한 것이 있는가?
- 내담자가 당신을 어떻게 생각할지 상상할 수 있는가?
- 어떤 생각이 드는가?
- 어떤 모습이나 관련된 일들이 떠오르는가?
- 예전의 다른 관계들과도 연결하여 검토해 보자.
- 새로운 사람에 대한 긍정적인 것 두 가지를 말해 보자.
- 심호흡을 하고, 내담자를 만나러 가라.

긍정적 스트로크를 사용한 내담자 인정

다른 사람과 함께 참여한다는 것은 긍정적 스트로크라 불리는 긍정적 피드백을 통해 분명한 인정을 주는 것을 뜻한다.

상담가는 내담자가 내린 큰 결정을 인정할 필요가 있다. 스트로크는 내담자의 성향에 맞추어 조심스럽게 초점을 맞출 필요가 있다. 소극적인 내담자에게는 정적인 스트로크를, 적극적인 내담자에게는 동적인 스트로크가 필요하다.

*** 예문**

[동적인 스트로크] 오늘, 여기 오시느라 큰 결심을 하셨군요!

[정적인 스트로크] 만나서 반갑습니다.

핵심기법

다음은 당신이 내담자를 처음 만났을 때 큰 감동과 함께 인상 깊은 만남을 가능하게 하는 기법들이다. 이것은 외부인인 당신이 그들에게 관심이 있다는 것을 느끼게 해 주는 데 도움이 된다. 이 기법은 내담자가 상담을 통해 어려움을 극복할 수 있다는 희망을 갖게 한다.

- 전문가로서의 권위를 전달하기
- 내담자가 보여 준 신뢰에 대해 민감하기
- 라포를 형성하기
- 공감하기
- 상보 교류 형성하기
- 참여하기
- 긍정적 스트로크로 내담자를 인정하기

내담자의 언어로 이야기하기

내담자로 하여금 자신의 방법대로 '안녕' 이라고 말하게 하라. 두 가지 중요한 점이 있는데 그것은 첫 번째 교류와 처음 몇 분이다. 내담자가 하는 첫 번째 교류는 일반적으로 현재 그들이 누구이고 무슨 일을 겪고 있는가를 있는 그대로 표현한 것이다.

처음 몇 분간은 내담자에게 초점을 맞추어 다음 질문을 하라.

- 그들이 어떻게 나와 관계를 갖게 되었는가?
- 그들 자신을 어떻게 소개하는가?
- 그들 에너지를 어떻게 사용하는가?
- 어떤 자아상태가 주도하는가? (a) 내담자 (b) 상담가
- 상처 혹은 자각을 감추어 자신을 보호하고자 어떤 전략을 쓰는가?
- 그들은 당신과 당신의 역할을 어떻게 보는가?

*** 예문**

[로봇 같은] 좋은 아침! 나는 컴튼(Compton) 앤지니어링의 영업부장인 로드니 피터슨(Rodney Peterson)입니다. 나는 오전 10시에 제임스(James) 부인과 긴밀한 일로 약속이 있습니다.

[눈물이 가득한] 나를 이렇게 빨리 만나 주어서 고맙습니다. 그렇지 않았다면 큰일 날 뻔했어요. 나는 지금 끔찍한 상태예요.

[미소를 지으며] 안녕, 나는 루시(Lucy)예요. 내 친구 조지(George)가 당신에게 가 보라고 했어요.

[항상 분주한] 지금 주차하는 데 잔돈이 없어요. 잔돈 좀 있으세요?

첫 번째 교류는 고유하다. 내담자를 처음으로 만난다는 것은 아주 흥분되는 일이다. 내담자가 하는 말보다는 자세, 몸짓, 표정, 호흡, 음색, 억양과 말의 빠르기가 내담자를 파악하는 데 중요한 실마리가 된다. 이 모든 것이 첫 교류의 한 부분이다.

첫 번째 교류는 처음 몇 분에 시작된다. 번은 첫 3분이 핵심[7]이라고 말했다. 그는 이 짧은 순간을 강조함으로써 상담가가 처음부터 깨어 있어야 함을 강조했다. 왜냐하면 내

---

7) E. Berne, *Principles of Group Treatment* (Grove, New York, 1966/78), Chapter 3, 'The First Three Minutes'.

담자는 현재의 상황뿐만 아니라 자신의 각본과 그 결과까지도 드러내지 않은 채 말할 수 있기 때문이다. 반드시 이렇게 해야 하는 것은 아니지만 첫 3분은 내담자의 몇 가지 핵심을 찾는 데 사용되어야 한다.

첫 번째 교류에서 내담자와의 첫 3분은 전화를 하면서도, 상담실로 들어오면서도, 상담에서도, 언제라도 일어날 수 있다. 이 중요한 접촉을 잃어버리지 않기 위해 첫 3분을 관리하자.

연습문제

- 상담 회기를 녹화하고 첫 3분을 적어 두어라.
- 내담자의 음색, 호흡과 그들이 사용하는 단어에 귀를 기울여라.
- 비언어적 신호를 검토하라.
- 당신 자신의 직감적 반응을 검토하고 당신의 언어적, 비언어적 반응을 주시하라.
- 앞서 배운 '첫 번째 교류에서 해야 하는 질문' 에 할 수 있는 만큼 대답하라.

●●● 사례 : 안젤라

안젤라(Angela)는 "마침내 뵈러 왔네요."라고 하면서 상담가에게 자신을 소개했다. 그녀는 처음 몇 분 동안 불안하고 긴장하고 눈물이 가득한 것처럼 보였다. 그녀는 매일 일하러 갈 때마다 '배가 아프고' 초조하며 당황스러움을 느낀다고 말했다. 대기업 사장의 개인비서로 일하는 그녀는 많은 책임감을 갖고 있다. 그녀는 '신경이 터질 것 같은' 느낌이 들었고 '그렇게 되어 회사에 지장을 줄까 봐' 걱정하고 있었다. 사무실에만 들어서면 자신의 감정을 억눌렀기 때문에 '지치고 긴장되고 참을성' 이 없어졌다. 몇 달 동안 이것으로 고생한 그녀는 상담을 받는 것이 유일한 희망이었다.

안젤라 이야기의 중요한 양상들

상담가는 안젤라의 이야기에서 몇 가지 중요한 양상을 알아차렸다.

1. 관찰
   - 상담으로부터 도움 받는 것을 심각하게 찾지 않았다. (첫 번째 교류)

- 첫 회기에 왔다는 것만으로도 이것은 큰 성과이다. (첫 번째 교류)

행동

- 첫 회기의 어느 단계에서는 안젤라가 한 행동에 스트로크를 주는 것이 중요하다. (첫 번째 교류 → 스트로크)

2. 관찰

- 안젤라가 느끼고 있는 것들은 뚜렷하게 나타났다. (눈물이 가득했고, 스트레스가 있으며, 슬퍼하는 표현을 포함해 마치 그녀가 이러한 것들을 통제할 수 없는 것처럼 목소리가 떨렸고, 어깨와 상체를 구부리고 있는 것과 같은 비언어적 신호들이 나타남.)

행동

- 중요한 상보 교류는 양육적 어버이로서 순응한 어린이를 안심시켜 주는 것이다.

3. 관찰

- 엄청난 초조함과 당황. (이것은 즉각적으로 초점을 맞추어야 하는 영역이고 증상이 사라지도록 개입이 필요하다.)
- 통제력을 잃은 것 같고 침착하지 않다. (어른 기능을 강화해 통제력을 회복하도록 도움을 주고 그녀의 어린이 자아를 돌봐 준다.)

행동

- 상담가는 통제할 수 있음을 보여 주고 누군가의 도움으로 변화할 수 있다는 희망을 주어야 한다. (변화는 가능하다.)

문제 탐색하기

- 당황하고 초조한 그녀의 증상은 사무실과 관련되어 있다. 무슨 문제가 있는가? 왜 문제가 있는가? (사무실과 증상 사이의 관계에 대한 안젤라의 자각을 일깨워라.)
- 나타난 문제가 진짜 문제인가 아니면 다른 문제를 가리고 있는 것인가? (나중에 자각 발달의 2단계에서 탐색하라.)
- 상담만이 희망이다. 만약 상담이 잘되지 않는다면 안젤라에게 어떤 일이 일어날 것인가? (이것에 대해 안젤라에게 물어라. 해결하기 위해 무엇을 했는가? 그것들은 왜 작동되지 않았는가? 실패에는 어떤 패턴이 있는가? 이 패턴이 상담에서 발생할 수 있을까? 그렇다면 어떻게 나타날까?)

첫 상담 계획

- 상담가는 상처받기 쉬운 사람에게 잘 맞추어야 한다는 압력을 받는다. (실패는 되도록 피해야 한다. 상담가는 편안하고 침착하게 공감을 하면서 내담자의 경험에 휩쓸리지 말아야 한다.)

- 즉각적인 목표는 안젤라가 자신의 감정을 통제할 수 있도록 돕는 것이다. (안젤라가 이것을 원하는지는 나중에 알아보라.)
- 상담 결과는 내담자가 어른 자아상태에 머물 수 있는 능력과 감정 조절에 달려 있다. (이것이 어느 정도까지 가능한지는 아직 정확하지 않지만 2~3회기 후에 재검토하라.)

핵심기법

상담가의 감정적인 반응의 관리와 유지

이것을 돕기 위하여

- 마음을 가다듬을 수 있도록 상담 회기 전에 여유를 가져라.
- 어떤 내담자는 그들의 어려움에 압도당하여 상담가와의 첫 만남에서 지나치게 초조해한다는 것을 기억하라.
- 당신이 권위적인 위치에 있다는 것을 스스로 상기시켜라. 상담가와 내담자 모두 첫 회기를 이끌어 나갈 수 있는 지식과 기술이 있다.
- 당신이 상담 회기 동안 초조하다면, 조용히 앉아 규칙적인 호흡에 집중하고 말을 아껴라. 지나치면 부족한 것만 못하다는 것을 기억하라.

2. 첫 회기의 구조화

구조를 만들고 그것을 유지하려는 **구조적 기아**(structure hunger)[8]는 인간의 내재된 욕구이다. 우리는 새로운 환경에 있을 때 가장 상처받기 쉽다. 첫 회기의 구조에 대해서는

8) E. Berne, *Sex in Human Loving* (Penguin, Harmondsworth, 1970/81), p. 192, 'The Six Hungers' : 삶에서 가장 중요한 문제 중 하나는 어떻게 시간을 구조화하는가이다. … 구조화의 기아는 우리 사회에 만연하며 영양실조나 말라리아만큼 치명적이다. 이것이 심각해질 때 대부분의 사람들이 문제의 원인이 되는 즉각적인 기아로 바뀌며, 권태를 경감시키기 위해 문제를 만들어낸다.

처음 몇 분에 내담자에게 설명해 주어야 하는데 이것은 초조함을 감소시키고 함께 조절하는 데 도움이 된다. 또 이 시점에서는 내담자의 심리적인 필요를 이야기하기 전에 상담 서비스가 내담자에게 적합한 것인지를 함께 결정하는 것이 중요하다. 이것은 내담자를 **보호**하기 위한 것이다. 무엇이 일어나고 왜 일어나는지를 **설명**하는 것은 상담 과정에서 중요한 개입이다. 그러나 내담자가 상담 과정이나 상담가에 대한 정보와 지식이 가장 부족한 첫 상담에서는 아마도 거의 그렇게 할 수 없을 것이다.

첫 회기를 구조화하는 방법은 여러 가지가 있다. 이때 상담가의 주요 딜레마 중 하나는 서비스에 대한 명확한 정보를 알려 주어야 하는 동시에 내담자로 하여금 그들의 어려움을 말할 수 있도록 적합한 기회를 제공해야 하는 것이다. 이를 위해 첫 회기를 둘로 나누는 것이 가장 쉬운 방법이다.

1. 상담 계약을 논의한다.
2. 치료에 대한 계약을 논의하고 임시적인 동의가 이루어진다.

첫 회기를 30분 더 연장하는 것은, 상담가에게는 어떤 서비스가 제공되는지 설명할 시간을 주고 내담자에게는 치료받기를 원하는지 결정할 수 있는 기회를 준다. 내담자의 내면과 개인적인 것을 이야기하기 전에, 이러한 논의를 하는 것은 내담자가 어른 자아 상태에서 상담의 기간과 조건을 좀 더 쉽게 생각할 수 있게 한다. 이것은 선택의 가능성을 좀 더 제공한다. 이렇게 구조화하는 과정을 통해 내담자는 앞으로 상담이 어떻게 진행될지를 자연스럽게 알게 된다. 상담 과정을 설명하는 데 보낸 시간을 청구하는 것은 좋은 방법이 아니다. 내담자는 이것에 대해 자세하게 알 권리가 있다. 이렇게 하는 것은 내담자에게는 선택의 기회를 주고 상담에 대한 책임감을 갖게 하며, 상담가에게는 특정 상황에서 비밀을 공개할 수도 있게 해 준다. 그러므로 상담가와 내담자는 보호받는다.

계약을 협상하면서 내담자의 강한 감정 유지하기

내담자는 많은 스트레스로 인해 첫 계약이 이루어지기 전에 그들의 감정을 '쏟아' 내야 한다고 느낀다. 내담자가 느끼고 있는 감정에 민감한 것은 중요하지만, 상담 개입이 진전되기 전에 기본 계약을 성립해야 하는 것 또한 중요하다. 다음의 사항을 기억하라.

- 상담 회기 전에 주어지는 정보는 상담업무와 관리계약, 상담치료계약과 접촉 간의 경계를 분명히 유지하는 데 도움이 된다.
- 계약이 완성되기 전, 기본 작업이 동의되기 전까지는 직접적인 상담 개입을 시작하지 마라.
- 비밀보장의 경계를 동의하기 전에 내담자를 도와주기 시작하면 상담가는 난처한 입장에 놓이게 될 수 있다.
- 상담 첫 회기 시작 시 알코올이 없는 음료수를 제공하라. 음료수는 치료가 시작되기 전까지 내담자의 감정을 관리하고 유지할 수 있게 도와준다.

*** 예문**

폴린(Pauline)은 상담실에 들어오자마자 흐느끼며 울기 시작했다. 그녀는 전에 상담을 받아 본 적이 없었고 이 첫 상담 전에 어떤 정보도 받지 못했다. 상담가는 폴린이 심각하게 스트레스 받은 것을 알 수 있었다. 그리고 그녀에게 문제가 무엇인지 물었다. 폴린은 울부짖으며 열두 살짜리 딸이 남편과 잤다는 사실을 잊기 위해 술을 많이 마셨다고 했다.

다른 상담가는 비슷한 상황을 다른 방법으로 다루었다. 그 상담가는 문제가 무엇인지 묻지 않고 내담자의 스트레스를 인정했다. 그리고 내담자의 정보가 필요하다고 설명하며 내담자의 문제를 말하기 전에 계약에 동의하라고 했다. 그러고 나서 상담가는 내담자가 감정을 추스를 수 있도록 상담 계약을 하기 전에 물을 주었다.

핵심기법

- 첫 회기의 시간과 구조에 대한 정보를 제공하라.
- 보호
- 설명
- 상담 회기 구조를 유지하라.
- 직접적인 상담 개입에 들어가기 전에 기본 상담 동의서에 동의하라.

첫 작업에 동의하고 서비스 설명하기

상담가는 서비스가 무엇이고 그것이 어떻게 이루어지는지를 설명할 필요가 있다. 서비스에 대한 명확한 설명이 필요하다. 상담가는 내담자가 의문점을 분명히 하고 더 많은 정보를 얻을 수 있도록 질문할 기회를 주어야 한다. 확신시켜 줄 때에 근거 없는 걱정(예를 들면 "제가 말한 것을 모두 의사에게 말할 건가요?", "제가 상담하러 온 것을 선생님이 알아야만 할까요?"와 같은 것)이 있을 수도 있다는 것을 이야기함으로써 걱정을 덜어 줄 필요가 있다.

TA 상담가는 첫 회기를 분명하게 접근할 필요가 있다. 내담자가 상담을 미룰 수도 있기 때문에 전체적인 정보를 주는 것은 삼간다. 또 너무 많은 정보로 내담자에게 부담을 주는 것은 도움이 되지 않는다. 어떤 내담자는 많은 질문을 하는 반면 또 다른 내담자는 거의 질문하지 않는다. 내담자에게 맞추면서 서비스에 관한 적절한 설명을 해 주는 것이 중요하다. 우리가 사용하는 용어도 주의해야 한다. 내담자가 특별히 요청하지 않는 한 기술적인 용어로 이야기하는 것은 별로 좋지 않으며 효과가 없고 좋은 의사소통이 아니다. 마찬가지로 지나치게 사적인 용어를 사용하는 것은 상처받기 쉬운 시기에 내담자를감정적으로 이끌 수 있으며, 상담가의 말과 칭찬을 듣지 못하게 한다. 또한 어버이–어린이 자아상태의 교류를 유도하여 지나친 감정적 유대를 촉발시킬 수 있다. 전체적으로 보았을 때 이때에는 친밀하지만 중립적인 태도가 가장 효과적이다. 이러한 태도는 어른 자아상태의 교류를 허용하여 감정적 거리를 두게 하며 그렇게 함으로써 내담자나 상담가가 더 이상 계속하기를 원하지 않는 감정의 지나친 상실을 막아 준다.

TA 면접 상담의 설명에 포함할 것

다음 사항을 면접 상담의 설명에 포함시켜라.

계 약

- TA 상담은 상담가와 내담자 간의 명백하게 동의한 계약에 근거한다.
- 계약이 이루어졌다면 재평가를 위해 정기적으로 검토해야 한다.
- 계약대로 진행되지 않으면, 문제가 있는 지점을 살펴보고 필요할 때마다 새로운 계약을 만든다.

관계의 평등

- 내담자와 상담가는 각기 다른 분야의 지식과 경험을 갖고 있는 적극적이고 동등한 파트너이다.
- 내담자와 상담가는 '예', '아니요' 라고 할 수 있는 권리를 가지고 있다.
- 상담가는 내담자에게 무엇이 도움이 되고 무엇이 도움이 되지 않는지, 또 그가 무엇을 걱정하는지를 바탕으로 한다.

어떤 정상적인 반응은 내담자에게 염려를 줄 수도 있다

- 슬픔 또는 분노와 같은 강한 감정들은 고통스러울 수도 있다.
- 나아지기 전에 더 악화되는 느낌.
- 상담은 효과가 없다.

TA의 철학적 근거와 상담 과정에 내담자를 포함시키는 것을 내담자에게 분명히 설명해 준다.

핵심기법

설명하기와 계약하기

- 단순하고 일반적인 용어로 설명하라.
- 면접 상담 계약의 첫 30분은 무료로 하라.
- 비밀보장의 한계에 동의하기 전까지는 내담자가 자신의 문제에 대해 이야기하지 못하게 하라.

감추어진 기대

상담 서비스를 설명할 때는 내담자의 전후 상황을 참고할 필요가 있으며 이것이 내담자의 기대에 어떤 영향을 줄 것인지 고려해야 한다. 예를 들어, 흔히 내담자를 환자라고 지칭하는 의료기관에서 온 사람은 상담이 그들에게 무엇인가 해 줄 것이라고 기대하면서 환자의 역할을 계속하려 할 것이다. 또 어떤 사람들은 고용주, 보험회사, 배우자에게 증명하기 위한 서류를 만들기 위해서 상담을 하러 온다. 상담가는 내담자의 감추어진 기대를 살펴보아야 하고 내담자와 직접 이야기하여 기대가 충족되었는지 알 필요가 있다.

상담의 한계

쓸데없는 기대에서 오는 원치 않은 결과를 피하기 위해서는 상담 시작 전에 상담의 한계와 상담에서 다루지 않는 것에 대해 분명히 설명하고 의논해야 한다. 부모들은 10대 자녀를 상담에 보내기만 하면 부모가 생각하는 훌륭한 청년이 될 것이라고 기대하지만 이렇게 되는 경우는 극히 드문 일이다. 실망한 부모는 자신의 자녀가 치료되지 않았다고 화를 내며 상담 비용을 지불하지 않기도 한다. 내담자는 이따금 '가족들은 나의 변화를 좋아하지 않을 거야.', '결혼생활이 깨질 수도 있어.' 와 같은 특정한 결과에 대해 두려움을 갖기도 한다. 하지만 아무것도 장담해서는 안 된다.

내담자가 강한 금지를 표현하는 것은 변화를 원치 않는 영역임을 상담가에게 알려 주는 것이다. 이 경우, 원치 않는 결과의 위험을 갖기보다는 상담을 하지 않는 것이 더 낫다. 상담이 꼭 사람을 더 행복하게 만드는 것은 아니다. 문제를 자각한다는 것은 자신이 원하지 않는 현실과 직면하게 하므로 불편하다. 내담자가 될 사람은 이것을 알아야 한다.

핵심기법

감추어진 기대와 상담의 한계

- 감추어진 기대를 인식하고 그것에 대하여 내담자와 솔직하게 이야기하라.
- 처음부터 상담의 한계점과 상담가가 할 수 있는 것을 분명히 하라.
- 원하지 않는 결과의 위험을 갖기보다는 상담을 시작하지 않는 것이 더 낫다.

첫 상담 동의 만들기 : TA 계약

에릭 번은 '무엇을 할 것인가에 대해 잘 정의된 두 사람의 공약'[9]이라는 분명한 행동 과정으로 계약을 정의했다. 치료는 효과적이어야 하며, 계약은 관련된 모든 사람들과 함께 논의하여 결정되어야 하고 적어도 다음의 세 가지가 포함되어야 한다고 믿었다.

- 상담 업무 계약
- 상담 관리 계약
- 상담 치료 계약

필요하다면 구조화된 계약서를 사용하거나 3자 계약을 할 수도 있다.

---

9) E. Berne, *Principles*, p. 88.

상담 업무 계약

상담 업무 계약은 제공되는 서비스의 조건과 기간을 명시한다. 주요 상담 기법은 설명이 필요하다. 명확하고 간단한 설명을 하며 내담자가 그 내용을 받아들이고 소화시킬 수 있도록 충분한 시간을 주고 정보를 분명히 이해하게 한다.

시간, 기간, 주기

약속 시간, 기간, 주기와 비용은 이 영역에서 다루어야 하는 기본 요소이다. TA 상담 회기는 일반적으로 주 1회 50분이고 상호 약속된 시간에 한다.

비 용

- 기관이 서비스를 제공할 때, 비용은 기관 정책에 따른다.
- 개인 상담가의 비용은 상담가의 경험과 자격에 의해 정해지고 지역에 따라 다르다. 비용은 운영 비용(사무실 대여, 음료수, 난방 등), 관리 시간, 슈퍼비전 비용, 경리 비용, 보험, 휴가 비용, 결손 비용 등 지불해야 하는 모든 비용이 포함되어야 한다.
- 현재 비용과 변경 과정에서 생기는 비용도 분명히 설명해야만 한다.

약속을 어겼을 때의 방침과 절차

이런 것들을 설명할 필요가 있다.

- 정해진 기간 동안 약속한 상담 회기를 지키지 못했을 경우 그 회기를 전체 숫자에 포함시킬 것인가?
- 내담자가 지키지 못한 회기도 청구해야 하는가?
- 약속 취소의 허용 기간이 있는가?

업무 시간 외 접촉 방법

이것을 명백히 한다.

- 업무 시간 외에 연락할 수 있는가? 어떻게 할 수 있는가? 언제 할 수 없는가?
- 내담자가 상담을 받고자 하지만 당신이 가능하지 않을 때 어떻게 할 것인가?
- 전화 상담에도 비용이 드는가?

휴가 기간

이런 것들과 관련하여 언급해야만 한다.

- 단기상담을 받으려는 내담자에게는 휴가 기간이 아니라면 해당되지 않는다.
- 장기 내담자에게는 상담가의 휴가 기간을 알려 주고, 그 기간 동안 내담자가 상담이 필요하다면 대신할 수 있는 방법을 설명해 주어야 한다.

대리 상담

부재 기간 동안에 도움이 필요한 내담자들에게는 대리 상담을 하는 것이 좋다.

- 동료 한 사람과 함께 일하고 서로 대신할 수 있는 것이 가장 간단한 해결책이다.
- 한 동료와 대리상담에 대해 특정 동의를 하는 것도 또 다른 방법이다. 대리인을 계속 유지하는 것이 바람직하다. 서로 일하는 방법을 알고 상담을 연결하는 과정도 쉽기 때문이다.
- 내담자가 자신의 상담가 대신 대리인을 보아야 할 경우, 이전과 같은 대리인이라면 훨씬 쉽다. 유지한다는 것은 믿음을 강화시킨다.
- 어떤 때는 불가피하지만 대리 상담을 갑작스럽게 한다면 내담자나 상담가 모두에게 엄청난 스트레스를 준다.

윤리 강령과 상담

상담가가 윤리 강령에 따라 일한다는 것을 분명히 한다.

기관 참여

기관 개입은 다음의 것들이 설명되어야 한다.

- 기관이나 위탁인에 대한 상담가의 책임성.
- 상담 내용에 대해 제3자가 서비스의 내용을 한정할 수 있다.
- 전체 회기 수는 상담가의 결정으로 조절될 수도 있고, 그렇지 않을 수도 있다.
- 상담 보고가 필요한지, 무엇을 보고해야 하는지, 어디에 보고해야 하는지는 설명되어야 한다.

최근에는 많은 상담가들이 내담자에게 상담 계약에 대한 정보를 안내책자로 만들어주기도 한다. 내담자가 시간이 있을 때 읽을 수 있고, 중요한 정보를 기억하지 않아도 필요할 때 확인할 수 있어 편리하다.

상담 관리 계약

상담 업무 계약이 이루어지면, 상담가는 상담 관리 계약을 설명하기 시작한다. 이것이 첫 30분 동안의 두 번째 단계이다.

비밀보장

가장 중요한 것은 비밀보장과 그것에 대한 한계이다. 일반적으로 대부분의 TA 상담가는 내담자나 내담자와 관련된 사람들의 안전에 대해 심각하게 고려해야 하며 보호를 위해 비밀이 깨질 수도 있다는 것에 동의해야 한다. 계약 위반은 어떠한 것이든지 내담자가 알고 있어야만 하므로 내담자와 직접 접촉해 함께 상의할 수 있도록 노력해야 한다.

비밀보장은 일반적으로 내담자가 불법적인 행동을 하지 않는다는 조건에서 이루어진다. 비밀보장은 학습과 임상의 안전을 공개적으로 논의해야만 하는 슈퍼비전으로까지 확대하지 않는다. 일반적으로 내담자의 신상정보는 보호받는다. 하지만 일반적인 건강 서비스 기관에서는 각 환자들이 받는 치료가 효율적인지 관리할 의무가 있고, 환자가 누구인지 아는 것이 중요하기 때문에 이것이 지켜지지 않는다. 마찬가지로 범죄자를 다루는 법조계 상담가에게도 비슷하게 적용된다.

내담자가 비밀유지의 한계를 분명히 이해하도록 서로 합의한다. 요즘에는 상담가가 내담자와 문서로 계약하는 것을 선호하고, 그 서류에는 상담가와 내담자의 사인을 첨부한다.

쌍방 계약의 예[10)]

허 조 은
TA 전문상담사 (사) 한국TA상담협회 제000호
경기도 성남시 분당구 구미로 16 성우스타우스 C동 854호
전화 : 031-713-1150

상담 서비스 계약서

상담 계약입니다.

내담자 이름 :

상담가 이름 :

비밀보장

모든 회기는 비밀이 보장되고 테이프로 기록될 수도 있습니다. 모든 비밀은 유지되고 모든 기록은 자료 보호법의 적용을 받습니다.
단, 다음 사항은 예외입니다.

1. 내담자가 비밀을 누설해도 된다고 하였을 때.
2. 법정에서 요구하였을 때.
3. 비밀이 유지될 수 없는 중대사항일 때.
   예를 들면, 자신이나 타인을 상해할 가능성이 있다고 보일 때 혹은 사기나 범죄의 경우.
4. 상담 대리인이 알아야 할 때. 이때는 일반적으로 내담자와 의논한다.
5. GP나 기관이 보고를 요구할 때. 내담자에게도 이 보고서의 복사본을 보낸다.

10) 저자는 영국 상담 학회지에 발표된 문서화된 계약서를 사용했다.

상담 회기

상담은 _____ 회기로 하지만, 재검토와 재조정은 가능합니다.

상담 비용 _____ 회기당 (매년 검토한다.)

1. 내담자에 의한 상담 회기의 취소
   취소는 _____ 회기 전에 해야 하며 그렇지 않을 경우 비용을 지불합니다.
   집단 상담 회기 비용은 참가와 관계없이 지불합니다.
2. 상담가에 의한 취소
   내담자에게 가능한 적절하게 연락해 주어야 합니다.
3. 결근
   필요하다면 대리 상담가로 가능합니다.
4. 상담의 종결
   ________ 회기에는 상담 종결을 알려 줍니다.

상담 윤리 강령

허조은은 (사)한국TA상담협회의 상담 윤리 강령을 따릅니다.

초기 상담 계약

내담자가 걱정할 만한 원인을 탐색하고 이런 감정과 그에 따른 행동을 관리하기 위해 함께 전략을 만듭니다. 내담자와 상담가는 이를 위해 함께 책임을 나눕니다. 이 상담 계약은 내담자나 상담가가 필요하다고 생각되면 재검토와 재조정이 가능합니다.

내담자 사인 ____________ 날짜 ____________

상담가 사인 ____________ 날짜 ____________

3자 계약

제3자나 기관으로부터 의뢰를 받으면 상담 중간보고서, 종결보고서, 그리고 감사도 있을 수 있다. 제3자가 관련된 계약을 하는 가장 쉬운 방법은 관련된 모든 사람, 즉 내담

3자 계약서의 예[11)]

상담 서비스 계약서

사회복지사 _____, 상담가 _____, 내담자 _____와의 계약입니다.

사회복지사는,

1. 상담가에게 내담자를 소개한다.
2. 상담 후 2주 내에 결과를 상담가로부터 보고받는다.
3. 사회복지사 혹은 상담가 혹은 내담자가 필요하다면 중간보고서도 받는다.
4. 적절한 시기에 상담과 관련된 일을 논의하기 위해 내담자와 상담가가 함께 만난다.

상담가는,

1. 내담자의 상담 욕구를 평가한다.
2. 만약 내담자가 상담받기를 원하지 않거나 상담이 그들의 욕구를 충족시키지 못한다면 사회복지사에게 보고한다.
3. 상담을 한다.
4. 상담을 할 수 없을 때는 적절한 통보를 한다.
5. 위임받은 일의 적절한 종결보고서와 중간보고서를 제공한다.
6. 적절한 시기에 상담과 관련된 일을 논의하기 위해 내담자와 사회복지사가 함께 만난다.

내담자는,

1. 약속을 지킨다.
2. 상담에 참석하지 못할 때는 적절한 연락을 취한다.
3. 사회복지사에게 보고서가 보내지기 전, 자신에 대해 상담가가 쓴 어떤 보고서도 읽어 볼 권리가 있다.
4. 상담가가 쓴 보고서에 자신의 의견을 첨부할 수 있는 권리가 있다.
5. 적절한 시기에, 상담과 관련된 일을 논의하기 위해 사회복지사와 상담가가 함께 만난다.

_______________ 사회복지사 _______________ 날짜
_______________ 상담가 _______________ 날짜
_______________ 내담자 _______________ 날짜

11) 역주 : 사회복지사와의 3자 계약의 예.

자, 상담가, 제3자 모두의 권리와 책임을 분명히 제시한 계약서를 만드는 것이다.[12] 계약은 글로 남기고 각각 복사본을 가지고 있는 것이 유용하다.

계약할 때의 문제

공개적 의사소통

앞에서 본 계약들은 개방의 정도 때문에 독특하게 보일 수도 있다. 공개적 의사소통은 TA의 중요한 원칙으로서 관련된 모든 사람(I' m OK, You' re OK)이 동등하게 존중받을 수 있는 임상 방법 중 하나다. 이것은 **권력게임**[13]을 중지시키고, 비밀을 유지하는 데 도움을 주며, 분명한 의사소통을 가능하게 한다. 또한 상담 과정에서 내담자와의 합의를 이루는 데 도움이 된다. 이것은 윤리적으로 고려해야 하는 중요한 점이다.

문서 혹은 구두 계약

이 정보가 내담자를 위해 쓰여야만 한다는 것은 앞서 상담 업무와 상담 관리 계약을 만들 때 여러 번 제시된 바 있다. 그러나 특히 사설 상담가는 문서로 하는 것보다 구두로 하는 계약을 더 선호하며 많은 내담자들도 그렇게 느낀다. 어떤 내담자는 계약에 사인할 것을 거부하는데, 그것은 흔히 있는 일이다. 그러한 경우 대부분의 내담자는 상담가가 오직 자신의 이익만 추구하려 한다고 말한다. 이러한 내담자와의 언쟁을 피하기 위해 상담가는 문서 계약을 하지 않을 수도 있다.

상담 분야에서 관습과 임상은 변화하고 있음을 기억할 필요가 있다. 내담자의 불평과 법적 고소도 직면해야 하며, 다루고 배워야 할 것 중에 하나이다. 훌륭한 비즈니스처럼 합의를 도출한 윤리적인 원칙을 인식하는 이러한 변화는 구두로 하는 계약이 이제

---

12) F. English, 'The three way contract' , *Transactional Analysis Journal*, 5, 4 (1975), pp. 383–4.

13) C. Steiner, *Healing Alcoholism* (Grove, New York, 1979/81), p. 101 : 협력적인 관계는 모든 사람들이 동등한 권리를 가지고 있다는 가정에 기초한다. 그것은 권력게임이 허용되지 않거나, 사람들이 서로 비밀을 갖지 않은 상황에서 가장 잘 이루어진다.

과거의 것임을 보여 준다. 다음의 이유들 때문에 상담 업무와 상담 관리 계약은 구두가 아닌 문서로 할 것을 추천한다.

- 관련된 모든 당사자들에게 절대적인 명확성을 보장한다.
- 만약 내담자나 상담가가 본래 동의한 계약을 위반한다면 계약한 문서가 보호를 제공한다.
- 내담자가 상담가에게 불평한다면, 계약한 문서를 통해 처음 동의한 것이 무엇인지를 정확하고 분명하게 보여 줄 수 있다.
- 이것은 상담 관계에서의 경계를 만들어 준다.

계약은 단순하게 하고 만약 의문이 생기면 전문가의 검토를 받아라.

핵심기법

- 내담자에게 계약을 구체화하기 위해서 개인적인 권한과 확신을 향상시켜라.
- 내담자와 계약을 논의할 때에는 단호하며 민감하라.
- 슈퍼바이저와 의논하라.

연습문제

1. 당신의 습관과 운영 방법에 맞추어서 간단한 상담 업무 계약을 만들어라.
2. 파트너와 함께 상담가, 내담자의 역할 놀이를 하고, 세 가지 예시 상황을 만들어 내담자에게 당신의 상담 업무 계약을 소개하라.
3. 파트너에게 서로 다른 세 가지 유형의 내담자 역할 놀이를 부탁하라.
   (a) 즐겁고 협동적인 사람, (b) 의심이 많고 적대적인 사람, (c) 수동적인 사람
4. 당신이 경험한 것과 과정을 논의하라.
5. 앞으로 발전시켜야 하는 기법을 확인해 보아라.

계약 동의

내담자가 상담가와 상담 업무와 상담 관리의 세부 사항에 동의한다면, 상담 업무 논의는 끝나고 상담이 시작된다. 상담가와 내담자의 동의가 아직 이루어지지 않았다면 그 이유를 요약해 보는 것이 중요하다. 가능하면 내담자가 앞으로 할 행동을 알려 준다. 다른 종류의 서비스 찾기, 다른 상담가를 찾기, 필요하다면 처음 소개했던 기관으로 돌아가기 등이 있다.

TA 상담에 적합하지 않은 내담자

TA 상담에 적합하지 않은 내담자는 일반적으로 다음과 같은 특징이 있다.

- 자기 반영을 할 수 없거나 할 의사가 없는 사람.
- 자신의 감정을 느낄 능력이 없는 사람(자신의 감정 세계에서 도망 다니는 사람).
- 적극적이고 동등한 파트너가 아닌 수동적으로 받기를 원하는 사람.
- 새로운 견해나 준거틀을 받아들이고 싶지 않은 사람.
- 치유 과정에 필요한 부분인 심리적 고통(애도 혹은 슬픔과 같은 것)을 직면할 수 없거나 원하지 않는 사람.
- 상담을 거부하거나 사회복지사, 배우자의 탓으로 돌리고 핑계를 대는 사람.

그러나 이렇게 시작은 하지만 어떤 내담자는 2~3회기 후에는 완전히 다른 태도로 바뀔 수 있다는 것을 알고 있는 것도 중요하다. 계속 고집을 부린다면 상담이 별로 도움되지 않을 것이라고 말해 준다. 사람을 거부하는 것이 아니라 접근방식을 거부하라.

상담 계약

상담 계약은 TA 모델 안에서 발달되었다. 그 개념은 사실에 대한 확인 없이 폭넓게 쓰여 왔다. 상담 계약을 한다는 것은 TA 임상의 대표적인 특징 중 하나이다. 계약이 없다면 TA가 아니다. TA 상담가는 상담 계약을 상담의 초점으로 두고 내담자와 상담가 모두가 쉽게 기억할 수 있는 명료한 계약을 만들기 위해 많은 시간을 보낼 것이다. 이 계약은 상담 전체 과정을 통해 다시 점검되고 논의될 것이다. 상담이 진전됨에 따라 새로운 목표가 나타나면 계약은 다시 조절되기 쉽다.

계약 형성

TA 상담가는 어린이도 이해할 수 있는 명료하고 단순한 언어를 사용해서 계약을 만든다. TA 상담 계약은 항상 '나는 ~할 것이다'는 동적인 말과 함께 시작된다. 내담자가 스스로 자신의 삶과 이 과정을 책임진다고 마음먹게 하려는 의도이다. 긍정적 확신의 언급은 이미 목표가 눈앞에 있음을 표현한다. 그렇게 함으로써 내담자로 하여금 스트레스 상황에서도 계약을 떠올리게 한다. 계약을 만드는 데 시간을 많이 보낸다는 것은 상담 과정이 이미 진행되고 있다는 것이다.

효율적인 계약은 다음의 논의와 명확성을 포함한다.[14)]

- 상담에 온 목적은 무엇인가?
- 목표에 도달했음을 어떻게 알 수 있을까?
- 목표 달성을 위해 버려야 할 것은 무엇인가?
- 포기한 것 대신 새롭게 나타나는 것이 무엇이라고 상상하는가?
- 목표가 달성되지 못하도록 자신이 어떻게 방해하는가?
- 목표 달성을 위해 상담가가 무엇을 하기를 원하는가?

처음으로 상담 계약에 대해 이야기할 때, 상담 업무 논의에서 본격적인 상담으로 바뀌는 지점을 내담자에게 분명히 말해야만 한다. 그래야 상담 계약의 첫 탐색을 시작할

---

14) 많은 저자들은 계약 질문을 위한 자신만의 번안을 가지고 있다. M.M. Holloway and W.H. Holloway, *The Contract Setting Process* (Midwest Institute for Human Understanding, Medina, OH, 1973), p. 35; M. James, 'Treatment Procedure', in *Techniques in Transactional Analysis* (Addison-Wesley, Reading, MA, 1977), pp. 106-7.

수 있다. 매우 구체적이고 사실적으로 한 후에, 좀 더 편안한 유형으로 들어가는 것이 중요하다. 자신이 찾고 있는 변화의 정확한 본질을 알고 있다면, 그는 아주 특별한 내담자다. 아주 잘 맞추어진 계약을 만들기까지는 수 회기가 걸릴 수도 있다. 하지만 자신이 무엇을 원하고 무엇을 필요로 하는지 충분히 이해할 때까지 내면을 탐색하기 때문에 이 시간은 헛되이 보낸 것이 아니다. 좋은 상담 계약을 만드는 것은 찬장을 치우는 것처럼 간단한 것은 아니다. 이것은 반영될 필요가 있고, 회상을 통해 재조직하거나 버리고 또

사례 : 안젤라

안젤라는 20대 중반의 날씬한 여성이다. 그녀는 대학을 졸업하자마자 들어간 회사에서 자신이 얼마나 빨리 진급하게 되었는지를 설명하였다. 그녀의 성공은 놀라웠고 부모에게도 기쁨이었다. 그녀는 집안에서 유일하게 대학을 간 자녀였다. 이것만으로도 그녀는 가족 안에서 큰 자랑거리였다. 그랬기 때문에 그녀의 빠른 진급은 그들에게 있어 '더할 나위 없이 좋은 일'이었다. 하지만 안젤라는 당황스러웠고 부모의 행동에 대해 불편함을 느꼈다. 그녀의 부모는 친구들과 가족들에게 끊임없이 그녀에 대해 자랑했고, 그녀의 다른 형제, 자매들을 무시하였다. 그녀는 이런 식으로 혼자 돋보이는 것을 원하지 않았다. 이것은 그녀와 그녀의 형제들 간에 어려움을 초래하였다. 그녀의 성공은 그녀가 잘나서가 아니라 '적절한 시기에 적절한 곳에 있었던' 행운 때문이었다. 그녀는 그러한 칭찬을 받을 만하지 않다고 느꼈고, 그래서 당황스러웠다. 안젤라는 부모에게 감춘 공포와 초조의 증상을 조절하려고 애썼다. '나는 부모님이 이것을 알까 봐 더 이상 참을 수가 없어.' 그녀는 다시 침착해지기를 원했고 자기 자신을 통제한다고 느끼고 싶었다.

안젤라의 어려움은 직접적인 원인이 있는 것처럼 보인다.

- 부모의 칭찬으로 경험하는 압박
- 그녀와 형제들 사이에서 일어나는 경쟁심과 기분 나쁜 감정에 대한 염려
- 운이 좋아 승진했다는 그녀의 견해
- 자신의 성취가 특별히 뛰어나지 않다는 믿음

통제를 되찾으려는 안젤라의 바람은 상담을 통하여 가능하다. 그녀가 원하는 것은 상담가가 그녀를 도울 수 있다고 기대하는 것과 맞아 떨어진다. 초기 상담 계약은 성사될 수 있다. 상담 계약 질문을 통해 안젤라는 '나는 긴장을 풀고 내가 원하는 것을 알 것이다.'라고 상담 계약에 동의했다.

는 다시 사용하기 위해 가져올 필요가 있다는 것을 알게 될 것이다.

상담 계약을 처음 사용할 때, 일반적인 동의는 첫 회기 끝에 나타난다.

내담자-상담가의 짝

내담자의 문제와 목표는 제공되는 서비스의 성격과 맞추는 것이 중요하다. 상담 업무와 상담 관리 계약이 맺어졌을 때에도, 상담 치료 계약은 아직 동의되지 않을 수도 있다. 상담 시작에 앞서 내담자에게 이 부분의 가능성에 대해 언급해야만 한다.

이런 일이 발생할 수 있는 이유는 다음과 같다.

- 상담가와 내담자 사이의 '궁합' 이 맞지 않을 수 있다.
- 내담자의 목표와 기대가 이룰 수 없는 것일 수도 있다. 예를 들면 대인관계에서 어려움을 겪고 있는 내담자가 자신이 아닌 상대방에게만 초점을 두어 자신이 문제임을 고려하지 않는 경우와 같다.
- 내담자는 상담가가 제공할 수 없는 서비스를 필요로 할지도 모른다. 가정이나 탁아소에서나 가능한 매일 상당한 양의 접촉을 요구하는 서비스를 필요로 할 수도 있다.
- 내담자나 상담가가 서로 효과적이라고 생각하는 것의 차이를 크게 느껴 상담과 관계의 효과를 약화시킬 수도 있다.

*** 예문**

준(June)은 상담가와 1회기 상담을 한 후, '상담가가 지나치게 경멸적이고 내 문제를 이해하지 못했기 때문에' 상담을 하지 않기로 결정했다.

어떤 상담가는 자신의 신념 때문에 내담자의 문제를 다룰 수 없다고 느낀다. 천주교 신자인 앤(Anne)은 낙태하는 사람과는 일하기 어렵다고 생각한다. 연령, 성, 계층과 문화는 내담자/상담가의 '짝' 결정에 영향을 미치는 요소들이 될 수 있다.

핵심기법

- 당신을 어떻게 생각하는지 내담자에게 물어보아라. 서로 간의 차이가 무엇이라고 생각 하는가? 일단 얘기를 하고나면 지각된 '차이' 는 사라진다.
- 만약 내담자와 상담을 하지 않기로 결정한다면 명확한 이유를 주고 분명히 하라.
- 무엇을 말할지 조심해서 생각하라. 당신은 내담자의 필요를 충족시켜 줄 수 없다는 인상을 주기 원하지 않는다. 당신의 신념을 내담자에게 강조하는 것을 피하라. 확신할 수 없다면, 먼저 슈퍼비전에서 의논하라.

연습문제

1. 당신의 신념 체계를 조사하라. 상담에서 어떤 문제를 다루는 것이 어렵다고 생각하는가?
2. 다루어야 하는 내담자의 문제에 영향을 주는 '미해결된 과제' 가 무엇인가?
3. 당신과 나이, 성, 계층, 문화가 (a) 비슷한 내담자 혹은 (b) 당신과 다른 내담자를 보는 당신의 견해에 어떻게 영향을 주는가?
4. 동료와 의논하기.

요 약

이 장에서 우리는 첫 회기가 상담에 얼마나 중요한지를 알았다. 상담가는 내담자에게 맞추기 위하여 의사소통 유형을 조정하며, 환영하고 공감하는 환경을 만들었다. 이러한 기법은 그 자체만으로도 상담 관계를 발전시키고 깊이 있게 하는 기름진 터전이 된다. 보호와 유지는 이 관계의 확고한 발판을 제공한다. 우리는 상담가가 첫 상담 회기 동안 명백한 상담 계약과 상호존중을 바탕으로 하는 관계를 성취할 수 있다는 것을 알았다. 그것은 건전하고 윤리적이며 전문적인 임상에 근거된 것이다.

다음 장에서 우리는 내담자의 이야기를 탐색하면서 상담가와 내담자가 어떻게 관계를 깊게 하는지 알아볼 것이다.

임상의 주춧돌이 될 중요한 개념이 많이 소개되었다.

- 라포
- 공감
- 대면
- 확신
- 상보 교류
- 이면 교류
- 첫 번째 교류
- 처음 몇 분
- 긍정적 스트로크
- 시간의 구조화
- 보호
- 상담 업무 계약
- 상담 관리 계약
- 3자 계약
- 상담 계약
- 공개적 의사소통
- 권력게임
- 준거틀

우리는 모든 상담 단계에서 중요한 핵심 기술을 살펴보았다.

- 설명
- 재확신
- 지지

참고문헌

계 약

Loomis, M. (1982) 'Contracting for change', *Transactional Analysis Journal*, 12(1), pp. 51–5.

교 류

Berne, E. (1964/1985) *Games People Play*. Harmondsworth: Penguin. Chapter 2, 'Transactional Analysis'.

첫 3분

Berne, E. (1966/1978) *Principles of Group Treatment*. New York: Grove. Chapter 3, 'The First Three Minutes'.

스트로크 경제

Steiner, C. (1981) *The Other Side of Power*. New York: Grove. pp. 88–9, 'The Stroke Economy'.

시간의 구조화

Berne, E. (1972/1987) *What Do You Say After You Say Hello*? London: Corgi. pp. 21–5, 'Time Structuring'.

03

관계 정립과 내담자의 내면 세계 분석

내담자와의 관계가 시작되었다. 이것은 처음 시작되는 단계이기 때문에 관계가 강화되고 발전되기 위해서는 민감하고 조심스러운 주의 집중이 필요하다. 이 단계에서 내담자와의 핵심 목표는 다음과 같다.

- 내담자의 내면 세계에 맞추어 관계를 만들고 강화하기
- 내담자가 자신의 어려움을 자세하게 묘사하도록 돕기
- 내담자 이야기로 말하기
- 내담자 내면 세계 분석하기
- 내담자의 내면 세계에 의해 당신이 영향받고 있음을 보여 주기
- 변화의 가능성에 대한 희망을 심어 주기

상담가가 기대할 수 있는 핵심 결과들,

- 강한 치료적 동맹

- 내담자의 자아상과 자아상태 구조, 스트로크 패턴, 시간의 구조화를 이해하기
- 내담자의 어린이 자아는 경청되고 보호받고 있음을, 어버이 자아는 이해받고 있음을, 어른 자아는 현실을 인식하고 있음을 느낀다.
- 내담자는 상담가를 충분히 신뢰할 만하고, 그를 통해 변화가 가능하다고 느낀다.

1. 탐색하기

내담자가 내면 세계에 초점을 두도록 도와주기

일반적으로 2~3회기인 상담 초기 단계에서는 내담자가 내면 세계에 초점을 두어 그들의 감정을 경험하도록 돕는 것이 중요하다. 어떤 내담자들은 자신의 내면 세계에 익숙하고 그것을 자주 경험하지만, 또 다른 내담자들에게는 이것이 두렵고 낯설며 어려움 그 자체이기도 하다. 각각의 내담자와 내면 여행을 시작하면서 내담자의 불안 수준을 평가하고, 내담자의 필요에 따라 상담 접근을 적용해야 한다. 내담자가 당신과의 첫 경험을 만들기 위하여 **상보 교류**를 계속하는 것은 좋은 방법이다. 이를 위해서는 당신의 스타일과 접근에 익숙해져야만 한다. 내담자는 자신이 필요로 하는 방법으로 상담가가 할 수 있음을 느끼기 원한다(내담자가 상담가에게 말하는 자아상태는 상담가가 반응해야 하는 자아상태이다). 이것은 안전을 확보하고 관계를 지속할 수 있도록 도와준다.

질문하기

상담 접근은 언급된 문제를 확대하고 탐색하기 위해 내담자의 경험에 대한 민감한 질문을 할 필요가 있다. 일반적이면서 공개적 질문을 하는 것은 내담자가 그들 내면 세계의 정점, 계곡과 평지를 탐색함으로써 여기에 점차 익숙해지도록 돕는다.

우리는 지난 과거(어린이 자아와 어버이 자아의 내용)가 어떻게 현재 어른 자아의 현실성에 영향을 미치는가에 관심을 두기 때문에 이러한 탐구 방법은 TA 상담에서 중요하다.

*** 예문**

◆ 가족과 멀리 떨어져 생활한 것은 어땠나요?

◆ 당신이 입양되었다는 말을 들었을 때 내면에 어떠한 느낌이 들었나요?

'무엇'과 '어떻게'라는 질문이 내면 세계를 탐색하게 한다. 일반적으로 '언제', '왜'로 시작하는 질문은 특정한 정보를 요구하므로 탐색 과정을 방해하고 내면 세계를 열지 못하게 하므로 탐색을 어렵게 한다. "왜 집에서 멀리 떨어져 살았습니까?"와 "언제 당신이 입양된 것을 알았나요?"라는 질문은 자기 탐색을 어렵게 하고, 그 사실에 압도되어 단순한 반응만 하도록 하는 경향이 있다. 그렇지만 때때로 어떤 중요한 정보를 원할 때는 이러한 질문이 필요하다. 질문 유형은 내면 세계로 들어가는 시작점이다. 이것은 지금까지 내담자가 말하지 않은 경험들을 TA 상담가가 좀 더 조사하고 싶을 때 사용할 수 있는 강력한 도구가 된다. 폐쇄적이거나 지배적인 질문은 내담자로 하여금 꼼짝없이 심문당한 것 같은 느낌을 준다.

흔히 일어나는 위험 : 어버이 자아상태에 의한 차단

내담자의 어버이 자아상태는 사고와 느낌의 탐색을 차단하려 한다. 이 시점에서 상담가는 상보 교류를 사용해 어버이 자아를 알아차리고 인정하는 것이 매우 중요하다. 상담가의 어버이 자아와 내담자의 어버이 자아 중 누가 상담을 지배할 것인가의 전쟁이 일어날 수도 있는 위험한 일이다.

*** 예문**

정보를 수집하는 초기 상담 동안에 재정 고문인 필립(Philip)은 그의 미래에 대하여 상당한 불안을 표현했다. "저는 노년기에 생활할 만큼의 충분한 돈이 있는지 두려워요."

상담가가 좀 더 구체적으로 지금의 경제적 상태를 묻자 그는 갑자기 심리적인 벽을 쌓으면서 상담가를 몰아냈다. "정말 뻔뻔하군요. 이 주제는 우리가 말하려는 것이 아닙니다." 그러자 상담가는 지나치게 통제적인 어버이 자아상태로 반응했다. "당신은 저를 믿고 개인적인 질문에도 기꺼이 대답해야만 합니다. 그렇지 않다면 여기 올 필요가 없지요."

상담가와 내담자는 누가 상담 과정을 주도할지에 대해 싸움을 했다. 이러한 교류는 관계 형성에 대한 신뢰를 후퇴시켰다. 상담가는 평형 상태로 되돌리려고 애썼고 다행히 상담가는 자신이 어버이 자아상태로 들어간 것을 재빨리 인식했기 때문에 그 상황을 돌이킬 수 있었다.

상담가가 이해했다는 것을 보여 주기 : 과녁 맞히기 교류(bull's-eye transaction)

과녁 맞히기 교류는 내담자가 이해받았다고 느끼게 하는 가장 유용한 교류이다.[15] 이것은 내담자에게 하나의 교류를 가지고 세 가지 자아상태 전체에 반응할 수 있는 상담가의 능력을 보여 준다. 과녁 맞히기 교류는 세 가지 자아상태 모두를 다루는 설명이며 상담가와 대면하는 내담자의 경험을 증진시킨다. 상담가는 예리한 민감성을 통해 내담자의 내면 현실을 풀어내고 이해하며 이를 통해 내담자는 그들의 경험에 초점이 잘 맞추어졌다고 느낀다. 이 교류는 그림 3.1에서 확인할 수 있다.

*예문 과녁 맞히기 교류 1

당신은 불안해 보이는군요.	어른 자아에서 어린이 자아로
당신은 비밀로 유지하기 원하는데	어른 자아에서 어버이 자아로
상담에서 처음으로 자신의 친밀한 이야기를 시작할 때 많은 사람들이 그렇게 느낍니다.	어른 자아에서 어른 자아로

15) E. Berne, *Transactional Analysis in Psychotherapy* (Souvenir, London, 1961/1980), p. 236 : 이상적인 중재는 '과녁 맞히기'이다. 이것은 내담자 성격의 세 가지 모든 양상이며 말할 때는 이 세 가지 자아를 모두 쓰기 때문에 의미가 있고 받아들이기에 적절하다.

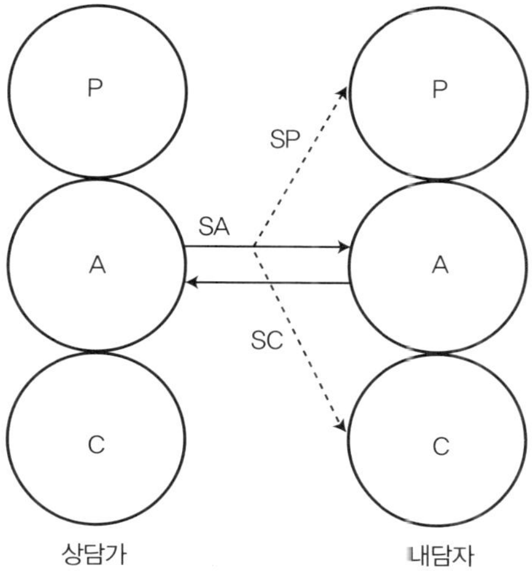

>>>**그림 3.1** 과녁 맞히기 교류

Stan Wollams로부터 승인받아 재인용함.
Transactional Analysis. Dexter, MI: Huron Valley Institute Press.

> 이 예문에서 상담가는 내담자의 두려움을 인식한다[A-C : 어린이 자아에게 자극(SC)]. 원인에 대해 말하기를 주저하는 것을 인식하고[A-P : 어버이 자아상태에게 자극(SP)] 내담자의 어른 자아에게 호소하고[A-A : 어른 자아에게 자극(SA)] 친밀한 것에 대해 처음으로 이야기할 때 대체로 많은 사람들이 불편하게 느끼는 것은 일반적이라고 이야기하면서 어린이 자아상태와 어버이 자아상태를 개입한다. 교류는 내담자의 내적 갈등 해결에 목적이 있다[말하고 싶다(어린이 자아), 그러면 안 돼(어버이 자아상태)]. 그리고 어버이 자아와 어린이 자아 모두를 받아들일 수 있는 해결 방법을 찾는 데 도움을 준다[말해도 괜찮다. 이것이 치유의 한 부분이다(어른 자아)].

과녁 맞히기 교류에서 어린이 자아든 어버이 자아든 어떤 것을 먼저 다루든지 특별히 정해진 것은 없다. 순전히 어느 자아상태를 먼저 말하는 것이 더 좋은지는 당신의 결정에 달려 있다. 그러나 내담자에게 어린이 자아나 어버이 자아로 끝맺기보다는 어른 자아로 끝맺는 것이 좋다. 그렇게 되면 어버이 자아, 어린이 자아 모두 마지막 말을 담당하지 않게 되며 어른 자아가 두 자아상태에게 합당한 해결책을 만들어 준다.

*** 예문** **과녁 맞히기 교류 2**

저는 당신이 화가 난 것을 볼 수 있습니다.	어른 자아에서 어린이 자아로
그리고 당신은 연약함을 보이고 싶지 않군요.	어른 자아에서 어버이 자아로
많은 사람들은 고통스러운 기억을 처음으로 불러올 때 울지요.	어른 자아에서 어른 자아로

위의 예문에서 상담가는 내담자의 스트레스를 인식한다(A-C : SC), 그것을 표현하지 않으려는 것을 알아차리고(A-P : SP), 내담자의 어른 자아에게로 간다(A-A : SA). 처음으로 고통스러운 이야기를 할 때 우는 것은 많은 사람들이 일반적으로 경험하는 정상적인 것으로 어린이 자아와 어버이 자아가 개입된다. 교류는 내담자의 내적 갈등 해결에 목적을 두고[나는 울고 싶어요(어린이 자아), 그래서는 안 돼(어버이 자아)], 어버이 자아와 어린이 자아 모두가 받아들일 수 있는 답을 찾게 도와준다 [울어도 괜찮다. 이것이 치유의 한 부분이다(어른 자아)].

사례 : 안젤라

이해했다는 것을 보여 주기

안젤라의 두 번째 회기

두 번째 방문에서 안젤라는 침착해 보이려고 매우 애를 썼으며 긴장한 것처럼 보였다. 그녀는 손으로 무릎을 꽉 잡고 있었고, 이야기하는 동안에 적절한 말을 찾듯이 입술을 깨물곤 했다. 어른 자아가 담당하고 있지만 언제든 긴장된 어린이 자아가 금방 터져 나올 것 같았다.

어른 자아-어른 자아 상보 교류

안젤라의 계약은 자신을 감당할 수 있는 적절한 통제력을 느끼는 것으로 제시되었다. 그러므로 여기서 그녀를 지지해 주는 것은 중요하고, 잘할 수 있다는 것을 충분히 느낄 수 있도록 도와주어야 한다. 어른 자아에 있는 안젤라를 돕는 것이 옳다고 판단한 상담가는 어른 자아-어른 자아 상보 교류를 사용할 것을 결정한다. 많은 스트레스를 받은 사람을 볼 때 상담가는 양육적인 어버이 자아상태로 반응하려는 강한 유혹을 느낀다. 이것은 잘못된 것이다. 왜냐하면 안젤라의 어른 자아 기능을 약화시키고 어린이 자아가 중심 역할을 하도록 만들기 때문이다. 안젤라는 연약하다고 느껴지는 혼란스러운 어린이 자아보다는 효율적인 어른 자아를 경험하는 것이 필요하다.

상담가의 반응

이것은 중요한 영역이다. 상담가는 안젤라에게 마치 그녀의 어머니처럼 반응하기를 원하는 자신을 알아차렸다. 이것은 상담 회기 후 자율 슈퍼비전을 해야 한다는 의문을 일으켰다.

- 사람들은 안젤라에게 양육적 어버이 자아로 반응하려고 하는가?
- 그녀의 어른 자아는 버려졌는가?

이것은 상담가 자신의 반응의 의미와 안젤라 이야기를 이해한 다음에 재검토해야만 하는 중요한 부분이다.

어떻게 회기가 진전되는가?

회기는 다음과 같이 시작되었다.

상담가 : 오늘 당신을 만나 기쁩니다.	인사. 스트로크(A)
안젤라 : 안녕하세요.	반응(A)
상담가 : 지난 상담에 대해 생각해 보았나요?	피드백을 허락하는 질문하기(A)
안젤라 : 아니요, 별로요.	설명을 생략하기(A). 이렇게 짧게 대답하는 것은 표정이나 제스처로 표현되며 스트레스를 도함하는 이면적 의사소통과는 맞지 않다.
상담가 : 때때로 우리는 상담을 시작할 때 순간적으로 모든 감정이 터져 나올 것처럼 느낄 수도 있어요.	제스처와 표정을 가지고 이면적 수준에서 의사소통하는 어린이 자아 접근의 좋은 예를 보여 주는 과녁 맞히기(A–C)
꾹 참는 것만이 유일한 선택처럼 보이지요.	몸짓과 표정을 가지고 이면적 수준에서 의사소통하는 어버이 자아 접근의 좋은 예를 보여 주는 과녁 맞히기(A–P)

대화	해설
어려움을 일으키는 것을 천천히 찾아 보는 것은 중요합니다.	어른 역할을 지지하는 과녁 맞히기(A–A)와 어린이 자아의 두려움을 고려하여 조절할 수 있는 속도로 진행하는 것은 어버이 자아상태 선택보다 더 좋은 방법을 제안한다.
안젤라 : 잘될 수 있으리라고 생각하세요?	안젤라는 이미 상담가의 과녁 맞히기 제안을 따르면서 어른 자아 질문인 척 그녀의 두려움을 드러냈다. 이것은 확신하기 위해 새로운 방법으로 만들어진 직접적인 요구이다(A).
상담가 : 보장할 수는 없지만 저는 당신이 어려움을 이해하고 적절한 해결책을 찾을 것이라고 생각합니다.	이해와 해결의 과정을 설명함으로써 확신이 주어진다. 상담가는 어린이 자아를 고집하는 것을 피하고 어른 자아가 중심 역할을 하도록 설명한다.
문제가 있다는 것을 언제 처음 알았나요?	닫힌 질문은 시간을 고정시켜 내담자가 과거를 돌이켜 보는 과정을 시작하도록 도우며 상담가의 마지막 말을 연결하기 위해 설정되었다(A).
안젤라 : 약 6개월 전이었죠. 사무실에 갈 때 마다 아픈 것 같았어요. 처음에는 대 수롭지 않게 여겼는데 무엇인가 있다는 생각이 들었어요.	처음 문제의 본질과 안젤라의 반응에 대한 중요하고 사실적인 정보가 주어진다(A).
상담가 : 무엇이 있다는 것을 언제 알았나요?	안젤라의 문제를 구분하고 확정하는 두 번째 닫힌 질문(A).
안젤라 : 직장에서만 이런 증상이 나타났는데 점점 나빠지더니 땀을 흘리기도 하고 심각해진다는 것을 알았어요.	안젤라가 알아차린 것과 심각했던 때를 확대시킨다(A).
상담가 : 이런 경험을 무엇이라고 생각하나요?	언제 그리고 무엇이라는 두 가지 중요한 사실이 있다. 상담가는 안젤라가 좀 더 자유롭게 탐색을 시작하도록 했다(A).

2. 이야기를 이야기하기

현상학적인 기억을 가져오기

상담가는 상담이 진전됨에 따라 내담자가 그들의 이야기나 역사와 관련된 양상을 알아낼 수 있도록 도와주어야만 한다. 이것은 아마도 몇 회기가 걸릴 것이다. 상담 계약은 분명해야 하고, 내담자와 합의되어야 하므로 회상의 깊이와 범위는 상담가와 내담자가 함께 결정해야 한다. 꼭 필요치 않은 부분은 탐색을 시작하지 않는 것이 일반적인 규칙이다. 왜냐하면 이것은 문제와 직접적으로 관련되어 있지 않기 때문이다.

이끌어 내기

현재 '잠겨 있는' 혹은 자아상태로부터 깊이 저장해 둔 정서적 에너지를 자유롭게 해 주는 것을 이끌어 내기라고 한다.[16] 이 에너지는 의식적으로 혹은 무의식적으로 차단되어 있을 수 있는데 상담가의 공격적인 기술을 통해 나타날 수 있으며 이를 통해 좋지 않은 기억, 정서적인 고통과 성격의 감추어진 양상들을 떨쳐 낼 수 있다. 초기 단계에서 상담 관계는 내담자가 이렇게까지 심각한 문제를 다룰 수 있을 만큼 충분히 안전한 것은 아니다.

이끌어 낸 감정 에너지는 불필요하게 상처받기 쉽게 만드는데, 이러한 취약성은 불안정한 결과를 가져올 뿐 아니라 그것을 해결하기 위한 많은 시간을 요구한다. 금전적인 문제에 대해 이야기하는 것을 꺼렸던 필립의 예에서처럼, 이러한 상황은 상담가가 의도하지 않았던 무엇이 드러나거나 내담자 자신이 계속적으로 어떤 것을 노출할 때 발생한다. 상담가는 유해한 결과 없이 재결합될 가능성이 있는지 또는 이것을 상담 작업에 넣어야 하는가에 대해 결정해야 한다.

내담자와 이야기하는 가운데 과거와 현재의 양상이 모두 포함될 필요가 있다. 중요

16) Ibid., pp. 40-1.

한 사건들, 사람들, 결과와 결정은 감정적인 내용과 함께 탐색되어야 한다. 내담자는 무엇이, 언제, 어떻게라는 맥락에 초점을 둔 자신의 경험을 회상하는 데 도움을 받는다.[17] 내담자의 이야기는 자신이 기억한 그대로이고, 자신이 해석한 회상이며 인생이라는 것을 염두에 두는 것은 중요하다. 이것은 모든 면에서 실제적으로는 정확하지 않을 수도 있다. 상담가는 실제라고 느낀 것을 가지고 지각된 진실을 다루기 때문에, 결국 이것은 문제되지 않는다. 우리가 사실이라고 회상하는 모든 것은 잊은 것도 있고, 꾸며낸 것도 있고, 초점이 변화된 것일 수도 있다. 이것은 정상이다. 내담자가 맥락을 다시 가져오도록 도우므로 그들은 자신이 느꼈던 경험을 좀 더 분명하게 기억할 수 있다.

사례 : 안젤라

문제와 가족 각본

안젤라는 직장에 관련된 문제가 심리적인 것임을 갑자기 자각했다. 그것은 그녀를 놀라게 했다. 가족 가치인 금욕주의와 자신들의 인생을 살아가는 데 '쓸데없는 소리하지 말고 해라' 접근은 잘 표현된 예이고, 안젤라도 그런 접근을 가졌다. 심리적 도움을 찾는 것은 가족 밖의 각본이었다. 심리적인 문제는 사실이 아니라고 생각했기 때문에 심리적 도움은 불필요하다고 여겼다.

맥락으로서의 안젤라 부모의 이야기

상담가는 그녀 부모의 이야기를 좀 더 탐색하면서, 안젤라의 아버지는 광산 지역에서 대가족의 장남이었다는 것을 알았다. 그 가족은 근근이 생계를 유지했다. 그래서 그녀의 아버지는 어린 시절, 가족을 위하여 돈을 벌기 위해 학교를 그만두었다. 어렸을 때 그는 음악에 재능을 보였고 음악가가 되기를 꿈꾸었다. 그는 그의 꿈을 버리고 인생의 대부분을 가족을 돕는 데 보냈지만, 그것을 자랑스럽게 여겼다. 그의 음악적 재능은 결국 탄광 밴드에서 트럼펫을 연주하는 것으로 표현되었다.

안젤라의 엄마는 사무 일을 하는 아버지와 교구에서 쉴 새 없이 일하는 어머니 사이의 무남독녀였다. 그녀의 부모는 자녀를 더 이상 갖지 못했기 때문에 외동딸을 끔찍이 사랑했다.

---

17) 맥락 의존성을 마음에 두고, 우리가 가능한 완전하게 상황을 회복시키기 위해 내담자에게 용기를 줄 수 있다면 그들의 회상을 향상시킬 수 있다[J. McNamara and C. Lister-Ford, 'Ego states and the psychology of memory', *Transactional Analysis Journal*, 25, 2(1995), p. 144].

안젤라의 부모는 댄스파티에서 첫눈에 반했다. 안젤라의 큰언니를 임신하면서 그들이 존경하는 가족들로부터 결혼이 거부되었지만 그들은 매우 행복했다. 하지만 안젤라의 엄마는 그녀에게 기대가 컸던 가족을 실망시켰기 때문에 많은 죄책감을 가졌다. 그리고 안젤라의 아버지는 수입 없이 어떻게 살 것인가에 대한 걱정으로 초조했다. 그러나 두 가족 모두 그들의 자식을 야단치지는 않았다.

안젤라의 반응

그녀가 알고 있는 부모의 역사를 되돌아보면서, 안젤라는 잠잠해지더니 여러 번 숙고하기 시작했다. 부모의 결혼을 묘사할 때 그녀 눈에 눈물이 고이고 뺨으로 흘러내렸다. 그녀는 아무 말도 없었다.

안젤라의 출생

부모의 이야기에 대한 회상이 끝나갈 무렵, 상담가는 안젤라에게 계속 이야기할 것을 요청했다. 그녀는 위의 세 형제 출생에 대해 재빨리 묘사했다. 그리고 엄마가 첫 임신에서 그랬듯이 10년 후 '실수로' 안젤라가 태어났다고 했다. 안젤라는 몇 분간 조용했다. 상담가는 부드럽게 '실수로'라는 묘사가 무엇인지 질문했다. 안젤라는 질문에 직접적으로 대답하지 않았다. 대신 그녀는 깊은 숨을 내쉬고 잠시 있다가 다시 위를 올려다본 후 상담가를 쳐다보았다. "그들은 저를 지우려고 했어요." 그녀는 흐느끼며 울었다.

안젤라의 엄마는 할아버지가 네 번째 자녀를 갖지 말라고 남편에게 말하는 소리를 들었다. 가족은 지난 10년 동안 아이들을 키웠고 이제 경제적인 어려움에서 겨우 빠져나올 때였다. 처음으로 돈 문제를 걱정하지 않아도 되었다. 안젤라의 엄마는 임신과 출산이 쉽지 않았고 그녀의 건강은 언제나 신통치 않았다. 하지만 어떤 이유에서였는지 부부는 이런 충고를 무시하고 네 번째 아이를 갖기로 결정했다.

안젤라의 아동기

안젤라는 형제들과의 많은 연령 차로 인해 가족 안에서 영원한 아기가 되었다. 그녀의 어린 시절에 대한 모든 이야기는 밝고, 명랑하고 많은 사람들에게 사랑받는 모습으로 묘사되었다. 그녀가 이야기한 것을 다시 생각하면서 안젤라는 "나는 항상 더 해야만 한다고 느꼈어요. 나의 부모는 나에게 최선의 것을 주려고 열심히 일하며 희생했다고 말했어요."라고 언급했다.

그녀가 2학년이 되었을 때 가족의 형편은 좀 더 나아졌다. 그들은 할 수 있을 때면 언제나 초과 근무를 할 수 있는 공장에 취직하기 위해 옆 마을로 이사했다. 그들은 그녀를 사립학교에 보내기로 결정했다. 공부를 잘하는 그녀의 재능에 대해 부모는 기뻐했다. 그녀는 사회적으로 '하나는 해냈다.'고 느꼈다. 그러나 그녀는 그녀보다 더 잘사는 다른 친구들만큼 좋다고 느끼지는 못했다. 안젤라는 학교에 갈 때마다 자주 메슥거리고 걱정이 되었지만 부모를 실망시키지 않으려고 공부하는 것에만 '집중'했다. 15세가 되었을 때 그녀는 대학을 들어가기 위해 공부해 왔던 것을 이해하게 되었다. 안젤라는 "어느 누구도 이것을 이야기한 적은 없어요. 하지만 이미 결정되어 있었지요. 저는 대학을 가지 않는 것은 생각해 본 적이 없어요."라고 말했다.

내담자 이야기 분석하기

내담자 이야기를 평가하는 것은 중요하다. 이것은 상담가에게 구조적이고 일관성 있게 나누어진 이야기를 재고함으로써 가려내서 분석하게 한다.

자아 이미지

내담자의 자아 이미지에서부터 시작하는 것은 언제나 중요하다.[18] 자아 이미지는 내담자가 그들의 생생한 어린이 자아상태를 전달하는 인상이다. 이것은 자세, 몸짓, 음성을 통하여 의사소통된다. 헤어스타일과 옷 입은 스타일, 그들의 직업까지도 더 깊은 실마리를 제공하는 데 도움이 된다. 자아 이미지는 직관[19]을 사용하여 인상을 형상화한 것이다. 전체적인 자각이나 내담자에 의해 전달되는 지배적인 인상을 그리는 것은 내담자와의 관계에서 한발 물러서서 우리가 어떻게 영향을 받았는지 재검토하는 데 지극히 도움이 된다. 때때로 우리 대부분은 “그는 다 큰 아기예요.”, “그녀는 바보 같은 소리만 해요.”, “그들은 10대 같아요.”라고 언급할 때 이렇게 한다.

어떤 사람에게는 직관의 능력을 발달시키고 사용하는 것이 더 쉬운데, 이것은 부분적으로 기질적인 것이다. 고전영화인 〈스타워즈〉의 영웅 루크 스카이워커(Luke Skywalker)는 이것의 일부는 연습에서 오고 일부는 우리 지각의 신념에서 온다는 것을 발견하였다. 직관적인 지각의 사용은 의도적으로 우리의 눈을 흐리게 하여 모든 것의 초점을 벗어나게 한다. 하지만 이 과정에서 새롭고 놀라운 이미지가 더 분명하게 나타날 수도 있다.

자아 이미지는 상담가가 자신의 내적이고 행동적인 반응을 내담자에게 조심스럽게 주의 집중할 때 강해질 수 있다. 안젤라가 자아 이미지를 형성하는 가운데 상담가는 그

---

18) ‘자아 이미지’ …는 내담자 자신을 둘러싼 사람들과의 관계에서 사용하는 본래 자아상태의 독특한 지각이다[E. Berne, *Intuition and Ego States*(TA Press, San Francisco, 1977), p. 102].

19) 직관은 경험에 근거된 지식이며, 어떻게 그가 결론에 도달했는지 그 자신이나 다른 사람에게 정확하게 공식화하는 판단과 추리 없는 대상과의 감각적 접촉을 통해 획득된다(ibid., p. 4).

녀의 양육된 어린 시절의 욕구를 이해하기 시작했다. 상담가가 보는 안젤라의 이미지는 자신의 욕구나 필요를 충족시키지 않으려고 애쓰는 긴장되고 초조한 어린아이였지만 그녀는 진정으로 따뜻한 품에 안겨서 확신을 느끼길 원했다. 그녀는 가족의 '아기' 이기는 했지만 무조건적인 사랑은 결핍되었다. 안젤라의 부모가 겪은 어려운 이야기와 연결된 이미지는 더 큰 그림을 그렸는데, 그 안에는 두 세대나 되는 가족들이 있었음에도 불구하고 그녀의 욕구와 필요, 신뢰의 능력을 강화해 줄 수 있는 부드러움은 없었다. 상담가는 안젤라의 현재 어려움이 부분적으로 가족의 역사에 근거되었다고 결론지었다. 그녀는 개인적이고 고유한 방법으로 가족각본 증상을 경험하고 있었다.

연습문제

내담자의 이야기 분석에서 기법 발달시키기

1. 아래의 질문을 통해 내담자의 삶의 이야기를 탐색하라.
   - 어머니의 이야기
   - 아버지의 이야기
   - 내담자의 출생, 아동기, 그리고 형제와의 관계에 대한 이야기
2. 자아상을 만들고 내담자에 대해 그것이 당신에게 무엇을 말해 주는지 반영하라.

자아상태 구조

구조적인 자아상태는 심리적인 상태와 성격구조[20]를 묘사한다. 이것은 각 내용이 어떻게 형성되었지 보여 준다. 그에 비해 기능적인 자아상태는 자아상태가 어떻게 사용되는

20) 자아상태는 행동 유형과 관련하여 동반되는 감정 체계이다. [이것은] 심리적인 현실이다. … [자아상태는] 다음과 같이 분류할 수 있다. (1) 부모상을 닮은 자아상태 (2) 자율적으로 현실의 객관적인 평가를 하는 자아상태 (3) 과거의 유물을 묘사하는 것. [E. Berne, *Games People Play* (Penguin, Harmondsworth, 1964/1985), p. 23]

>>>**그림 3.2** 자아상태 구조 모델
Souvenir 출판사로부터 승인받아 재인용함.
Eric Berne (1961) *Transactional Analysis in Psychotherapy*. London: Souvenir Press.

지를 묘사한다. 내담자의 구조적인 자아상태를 도표화함으로써 상담가는 내담자가 그들의 경험을 어떻게 만들고 형성했는지를 이해할 수 있으며 이와 함께 세대 전이 경험, 가족의 역사가 부모에서 자녀로 어떻게 전달되어 내려가는지 이해하게 한다.

모델은 그림 3.2에서 볼 수 있으며 세 영역은 다음과 같다.

- 어버이 자아 무비판적인 생각, 감정과 중요한 타인으로부터 투사된(의심할 여지가 없는) 행동
- 어른 자아 현실에 맞는 생각, 감정과 행동, 합리적인 현실성
- 어린이 자아 개인의 해결되지 않은 사고와 감정, 과거 경험으로부터 직접적으로 가져온 행동의 '유물'[21]인 미해결된 과제. 어린 시절에만 국한된 것이 아니라 개인의 과거 전체의 삶으로 확대된 것이다.

21) 어린이 자아상태는 자신의 어린 시절의 유물인 감정, 태도, 그리고 행동 유형의 집합이다(Berne, *Transactional Analysis*, p. 77).

●●● 사례 : 안젤라

자아상태 구조

안젤라의 상담가는 다음 영역에 초점을 두었다.

- 안젤라가 부모로부터 투사된(의심 없이 받아들인) 감정, 태드, 행동(또한 부모 역할을 할 만큼 나이 든 형제의 것들도 포함) (어버이 자아상태)
- 지금-여기에 적합하지 않고 아직도 해결되지 않은 과거의 직접적인 경험으로부터 온 것 (어린이 자아상태)
- 지금-여기 현실에 근거한 현재의 감정, 태도, 행동 (어른 자아상태)

안젤라의 자아상태 구조는 그림 3.3과 같다. 이것은 다음과 같이 요약될 수 있다.

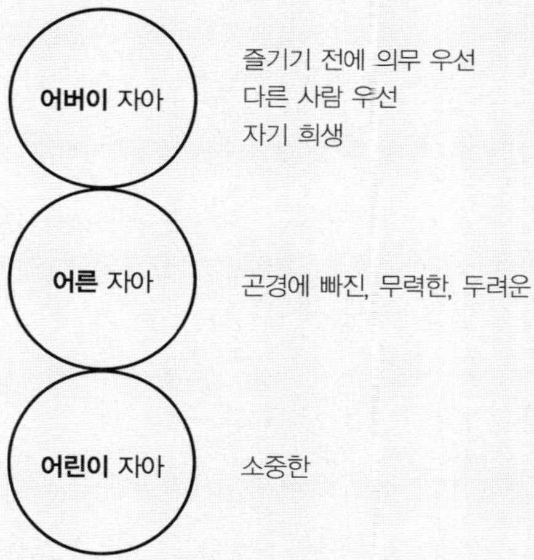

>>>그림 3.3 안젤라의 자아상태 구조

Souvenir 출판사로부터 승인받아 재인용함.
Eric Berne (1961) *Transactional Analysis in Psychotherapy*. London: Souvenir Press

- 어버이 자아　즐거움보다 책임이 앞선다. 항상 다른 사람을 먼저 생각한다. 자신을 희생하는 고통이 필요하다.
- 어른 자아　내가 지금 경험하는 증상은 단지 생리적인 것이 아니다. 나는 직장을 바꾸고 싶지만 어떻게 해야 할지 모른다. 나는 갇힌 것 같고 어찌할 바를 모르겠고 두렵다.

- 어린이 자아　나는 부모에게 희망이다. 나는 그들의 고통을 보상해야 한다. 나는 재능이 있고 그들을 기분 좋게 해 줄 수 있다.

안젤라의 자아상태 구조 분석

안젤라의 자아상태 구조를 도표화하면서, 상담가는 그녀의 각본에 분명한 그림을 만들기 시작했다. 그것은 다음과 같이 요약될 수 있다.

열심히 일하고 부지런하며 자신을 희생하는 것이 미덕이다.

안젤라는 그녀의 욕구와 필요를 승화시킴으로써 미덕을 성취했다. 그녀의 초조함과 불안함은 어떤 부분에서는 '너는 특별하다.'는 메시지에 의해서 만들어진 갈등에서 왔고, 또 다른 부분에서는 '강해져야만 한다.', '주어진 대로 살아라.'라는 지나친 가족각본에서 왔다.

'어떻게 하면 좋다고 느낄 수 있을까?': 스트로크 유형 분석하기

> 어떻게 하면 좋다고 느낄 수 있을까? 사람들이 당신의 등을 긁어 주거나 미소를 지으며 '안녕' 이라고 말하는 것은 당신에게 스트로크를 주는 것이다. 스트로크는 다른 사람이 기분 좋을 수 있도록 어떤 행동이나 말을 하는 것이다.[22)]

어린 시절에 우리는 가족과 문화를 통해 기본 스트로크 유형을 배운다. 가족은 우리가 무엇을 해야만 부모가 '가려운 곳을 긁어' 주고 기분 좋게 해 주는지를 보여 준다. 어른으로서 우리는 삶과 관계를 통해 우리가 찾는 스트로크의 유형을 가져온다. 상담가로서 내담자를 이해하기 위해 배워야 하는 중요한 부분은 그들의 기분을 좋게 유지하는 스트로크가 무엇인지를 찾아내는 것이다.

22) A.M. Freed, *T.A. for Tots (and Other Prinzes)* (Jalmar, Rolling Hills, CA, 1973/86), pp. 62–3.

스트로크란 무엇인가?

심리적으로 건강하기 위해서는 다음과 같은 것들이 필요하다.

- 자극 : 우리 인생을 재미있고 의미 있게 할 수 있는 상황과 경험
- 우리가 누구인지, 무엇을 하는지에 대한 인정
- 다른 사람과의 정서적, 신체적 접촉

종합적으로 이것은 스트로크 욕구로 묘사된다.[23] 스트로크는,

- 긍정적(우리를 기분 좋게 하는 것) 혹은 부정적(우리를 기분 나쁘게 하는 것)
- 조건적(행동에 근거한) 혹은 무조건적(존재에 대한 스트로크).

●●● 사례 : 안젤라

스트로크 유형

안젤라가 자신의 욕구를 고려하기 시작했을 때, 그녀가 어떻게 스트로크를 찾고 사용하는지를 이해하는 것이 중요하며 이는 가족각본과 연결된다. 안젤라의 가족역사는 경제적 생존이 가족의 행복을 향해 나아가도록 하는 행동, 즉 조건적 스트로크를 보여 준다. 예를 들면, 그녀의 아버지는 자신의 꿈을 좇기보다는 가족을 위해 어린 나이에 일을 시작한 것을 자랑스럽게 느꼈다. 안젤라는 그가 받은 조건적 긍정적 스트로크의 많은 예를 말했다. 명랑한 아이, 막내(형제들과 다르게 선물과 같은), 처음으로 대학에 간, 이러한 것들은 '가려운 곳을 긁어 주고 기분 좋게 하는' 조건들이다. 이러한 조건적 긍정적 스트로크는 안젤라의 기분을 좋게 했고 가족들로부터 인정받게 했으며 친밀감을 느끼게 해 주는 것이었다.

전체적으로 안젤라의 스트로크 균형은 조건적 긍정적이다. 그녀는 상담가와 관계를 발전시키면서, 아마 이와 비슷한 유형의 스트로크를 형성하려고 할 것이다. 왜냐하면 이렇게 하는 것이 훨씬 더 가깝다고 느끼기 때문이다. 상담가는 안젤라가 자신을 좋게 느낄 수 있도록 하는 데 필요한 충분한 스트로크를 주면서 조심스럽고 민감하게 반응할 필요가 있다. 상담이 진전됨에 따라, 상담가는 점진적으로 안젤라에게 스트로크 주는 방법을 바꾸고 무조건적인 스트로킹으로 나아갈 것이다. 스트로크의 유형을 바꾸는 것은 쉬운 일이 아니다. 우리는 우리에게 작동되는 것에 매달린다. 변화는 천천히 조심스럽게 이루어져야만 한다.

---

23) E. Berne, *Sex in Human Loving* (Penguin, Hormondsworth, 1970/1981), pp. 191–2.

스트로크 균형[24)]은 우리가 찾는 긍정적 · 부정적, 조건적 · 무조건적인 스트로크의 측정치이다. 이들은 우리를 편안하게 해 주는 것, 불편하게 하는 것, 충분한 것, 부족한 것과 같은 스트로크의 종류를 말해 준다. 예를 들면, 우리가 우리의 세계 안에서 어떻게 기능하고 어떤 관계를 찾는지를 보여 준다.

시간의 구조화 분석

우리의 스트로크의 욕구가 충족될 수 있음을 분명히 하기 위해, 우리는 우리가 필요한 스트로크의 종류를 받을 수 있는 방법으로 시간을 구조화한다.[25)] 시간은 여러 방법으로 구조화될 수 있다.

1. **회피** 말 그대로 다른 사람으로부터 접근을 회피하고 홀로 시간을 보내는 것 혹은 다른 사람과 있으면서 떨어져 있거나 접촉을 하지 않는 것. 관계 안에서 상처받을 위험(나쁜 느낌)은 가장 적지만 너무 오랫동안 회피한다면 스트로크가 결핍될 가능성이 크다.
2. **의식** 사회적으로 예측성이 강한 의식화된 교환("안녕, 좋은 날이군요.", "네, 그렇군요.") 혹은 계속적인 사회적 교환 없이 지나치게 의식화된 사회적 활동. 우리는 영향력이 없는 예측된 스트로크를 받기 때문에 위험은 최소화된다.
3. **소일** 음식, 패션, 음악과 같은 좋아하는 주제를 이야기하기. 교환의 예측성 때문에 안전성이 높다. 스트로크는 좀 더 의미 있지만 아직도 영향은 적다.
4. **활동** 결과 중심적이고 목표 지향적인 과업과 우리의 능력에 의해 평가된다. 일은 대부분 어른에게 핵심 활동이다. 예측성은 약화되고 위험은 증가된다. 그 결과 스

---

24) 어린이는 입력된 그들의 스트로크의 조절에 의해서 통제된다. 그리고 성인은 스트로크를 얻기 위해 사회의 요구에 반응하고 행동한다. [C. Steiner, *Scripts People Live* (Bantam, New York, 1974/1982), p. 135].

25) 인간의 영원한 문제는 어떻게 시간을 구조화하는가이다. … 구조화의 기아는 … 감각과 감정의 기아를 피하기 위한 … 생존 가치를 가지고 있다(Berne, *Games People Play*, pp. 15–19).

트로크는 더 강하게 느껴지고 긍정적이거나 부정적인 영향력은 커진다.

5. **심리게임** 스트로크의 용어로 예측할 수 있으나 부정적인 결과를 가져오는 다른 사람과의 반복적인 상호작용. 예를 들면, "왜 해 보지 않나요?", "네. 그렇게 생각했지만, 일이 잘되지 않기 때문에…."(두 사람 모두 쓸모없게 느껴진다). 이 교환은 게임하는 한 사람이 막다른 골목에 다다를 때까지 지속된다. 두 사람은 상대방에게 인정받지 못했다고 느끼고 부정적으로 스트로크 된다.
6. **친밀** 정서적 가까움, 사랑, 혹은 일이 잘못되거나 거부당했을 때 우리 자신을 여는 것. 나와 중요한 사람에게 나의 취약성을 드러내는 것. 위험은 높지만 결과적으로 이러한 스크로크는 최대의 영향력을 갖는다.

시간의 구조화와 스트로크의 논의를 요약하면 다음과 같다.

- 회피는 외적인 스트로크가 없고, 내적인 스트로크에 의존한다.
- 의식은 약간 안전하나, 낮은 수준의 스트로크를 제공한다.
- 잡담은 좀 더 안전하고, 예측할 수 있는 스트로크를 준다.

사례 : 안젤라

안젤라의 시간의 구조화 분석

안젤라는 시간을 구조화하는 핵심 방법으로 활동을 사용했다. 일을 열심히 해 성공함으로써 조건적 긍정적 스트로크를 받는 것을 확신했다. 만약 그녀에게 어려움이 온다면 이러한 스트로크를 받을 수 없음을 염려했다. 가족과 동료가 긍정적인 스트로크를 주지 않아서 그들의 자존감이 상실되는 것은 그녀 자신의 자존감이 떨어지는 것이라고 생각했다. 이것에 대한 그녀의 초조함은 이해할 만하다. 그녀의 성취에 대한 자신의 스트로크는 이미 긍정적인 것에서 부정적인 것으로 바뀌었다.

상담가는 안젤라가 가족과 잡담을 하며 자신의 성취에 대해 긍정적인 스트로크를 얻는 데 시간을 보내라고 말했다. 가족이 아닌 다른 사람과 구조화한 시간에 대한 언급이 없는 것도 중요한 점이었다. 그녀는 일 이외에는 흥미가 없어 보였다. 그녀가 스트로크를 받는 기본적인 사회 집단으로서 가족에게 지나치게 의존되어 있는가? 이 점은 상담이 진행됨에 따라 앞으로 더 고려해 볼 필요가 있다.

- 활동은 예측할 수 없는 스트로크를 준다. 능력에 따라 긍정적 혹은 부정적일 수 있다.
- 게임은 예측할 수 있는 높은 부정적인 스트로크를 제공한다.
- 친밀은 영향이 큰 긍정적 스트로크를 가져올 수도 있고 가시같이 아픈 부정적 스트로크를 가져올 수도 있다.

시간의 구조화를 찾는 습관화된 스트로크의 탐색은 다음 장에서 볼 수 있듯이, 우리가 습관적인 역할을 하게 하는 심리게임으로 이끈다.

3. 보편적인 몇 가지 질문

내담자와 이론에 대해 얼마나 이야기해야 할까?

TA의 전체적인 철학적 근거는 관계의 동등성과 정보 공유에 근거한다. 이것은 내담자를 지루하고 혼란스럽게 해서 부담을 주는 것이 아니라, 감정적인 고통을 경험하는 대신 그들 자신에 대하여 이야기할 수 있게 해 준다.

때때로 내담자와 이론적인 부분을 나누는 것은 진정으로 유용할 때도 있고, 그렇지 않을 때도 있다. 다음과 같은 경우라면 정보를 많이 주는 것이 좋다.

- 어른 자아가 강한 사람
- 내담자의 이해와 자각이 증진할 때
- 내담자가 경험을 기꺼이 받아들이고 그들의 감정적인 반응을 탐색할 때

정보를 나누지 않아야 할 때는 다음과 같다.

- 당신의 이론이 환상적이거나 혹은 당신의 기분을 좋게 만들기 때문에 그렇게 할 때
- 내담자를 혼란시킬 때
- 이것이 내담자로 하여금 감정을 경험하지 못하게 할 때

◆ 다른 방법이 없고 어떤 것을 해야 할지 모를 때

많은 기술을 사용하는 것은 치료적인 관계를 방해할 수 있는가?

때때로 TA를 시작하는 상담가는 많은 기술을 사용하는 것이 관계를 망가뜨리지 않을까 염려한다. 기술은 단지 상담을 진전시키기 위한 도구에 불과하다. 그것은 끝을 내는 방법이 아니며 그 자체가 종결도 아니다. 그것을 통해 상담가는 내담자에게 돌봄, 관심과 기막힌 주의 집중, 그리고 내담자와 함께 그의 내면 세계로 들어가는 여행을 보여 준다. 내담자는 상담가의 참여를 알아채기 시작하고 자신만의 문제라거나 혼자라는 느낌 대신 상담가가 자신을 바꿀 수 있다는 희망을 더 가질 수 있다. 물론, 다른 어떤 개입과 마찬가지로 집중적인 접근은 관계에 거리를 가져올 수 있다. 그러나 이것은 개인적인 스타일의 문제이지 기술이 잘못되었다는 것은 아니다. 실습을 하면 할수록 기술은 더 친숙하고 더 쉽게 느껴져서 자연스럽게 된다. 내담자는 상담가의 신호를 알아챈다. 만일 상담가가 개방적이고, 가까이 할 수 있으며, 함께 참여한다면 내담자는 상담가의 접근이 무엇이든지 이것을 느낄 수 있을 것이다. 마찬가지로 만일 상담가가 회피하고 방법적인 면에만 중점을 두며(시간만 보낸다) 관계에 초점을 맞추지 않는다면 내담자는 이 또한 알아챌 것이다.

요 약

이 장에서 우리는 상담가의 참여를 발전시키고, 내담자로 하여금 그들의 이야기를 하게 하며, 삶에서 더 중요한 많은 일들을 정서적으로 회고하게 하여 상담 관계를 세우고 통합하는 여러 가지 방법을 살펴보았다. 상담가는 내담자를 이해하기 위해 내담자의 자아상태 구조를 분석하고 스트로크 균형과 시간의 구조화의 방법을 분석하였다.

여기서 고려된 주요 개념들은 다음과 같다.

- 자아 이미지
- 이끌어 내기
- 자아상태 구조
- 시간의 구조화

우리가 사용한 핵심 기법은 다음과 같다.

- 상보 교류
- 질문하기
- 과녁 맞히기 교류
- 자아 이미지의 창조
- 자아상태 분석
- 스트로크 균형 분석하기
- 시간의 구조 분석하기

연습문제

3.1 텔레비전의 연속극, 소설이나 영화에서 하나의 캐릭터를 골라 보자.
(a) 그 이야기의 핵심 양상을 결정하라.
(b) 그들의 자아 이미지 평가, 자아 구조 상태, 스트로크 균형, 시간의 구조화, 담당한 역할과 가족게임, 핵심 각본 선택과 각본 매트릭스, 그리고 핵심 허가의 예비 평가를 만든다.
(c) 파트너와 함께 당신의 견해를 나누고 TA 평가를 한다.
(d) 파트너는 당신의 평가에 피드백을 한다.

3.2 (a) 파트너가 당신의 내담자 역할을 해 보자.
(b) 과녁 맞히기 교류를 연습하라.

3.3 역할 놀이를 계속해 보자.

(a) 파트너는 당신이 어떻게 하였는지 피드백을 하라.

(b) 이야기의 핵심을 구체화하는 연습을 하라.

(c) 파트너는 당신이 어떻게 하였는지 다시 한 번 피드백을 하라.

(d) 당신이 잘한 것에 대해 스스로 스트로크를 주어라.

(e) 더 배워야 할 것이 무엇인지 알아보고 파트너와 함께 전문가가 되기 위한 목표를 알아내라.

참고문헌

과녁 맞히기 교류

Woollams, S. and Brown, M. (1978) *Transactional Analysis*. Ann Arbor, MI: Huron Valley Institute Press. Chapter 4, pp. 76–7.

자아상태

Clarkson, P. and Gilbert, M. (1988) 'Berne's original model of ego states: some theoretical considerations', *Transactional Analysis Journal*, 18 (1): 20–9.

04

관계 발전과 내담자의 내면 세계 분석 완성하기

이제 당신과 내담자는 상담 안에서 안전하고 신뢰로운 관계를 형성하였다. 이 장에서 우리는 당신이 내담자와 어떻게 더 깊은 관계를 맺을 수 있는지, 또 내담자가 자신의 어린이 자아와 어떻게 더 깊은 관계를 갖는지 살펴볼 것이다. 상담 관계는 여전히 연약하다. 아직은 '시기상조'이므로 조심스럽고 민감하게 엮어 가는 것을 계속할 필요가 있다. 다음 단계에서는 내담자가 자각하는 능력이 생기기 시작하면서, 동시에 자신이 좋아하지 않는 행동이나 피하고 싶은 행동을 보게 되는 시기이므로 점진적인 도전이 포함된다. 또한 그들의 관계를 새로운 시각으로 보기 시작하는데 이러한 변화는 불편하고 고통스러울 수 있기 때문에 상담 안에서 당신은 공감과 새로운 자각의 강조 사이의 미묘한 균형을 유지할 필요가 있다.

핵심 목표는,

- 내담자의 내면 세계 분석을 완성하기
- 핵심 각본 양상을 구별하기

- 그들의 각본 이야기에 대한 중요한 인식을 대면하도록 도울 때 당신의 기술과 민감성을 사용하여 관계를 발전시키기

이 목표들을 인식함으로써 몇 가지 발전이 나타난다.

- 상담가가 내담자의 내면 세계와 관련된 완전한 그림을 갖게 된다.
- 상담가와 내담자는 상담의 목적을 달성하기 위해 무엇을 해야 하는지에 대한 비공식적인 동의를 하게 된다.
- 내담자와의 상담 작업 관계가 기로에 서게 된다. 각본 이슈를 직면하고 그것을 다룰 수 있을까?

1. 내담자 이야기의 분석을 완성하기

심리게임의 핵심 분석하기

다음 단계는 내담자의 각본 속의 핵심적인 심리게임을 분석하는 것이다. 이 게임이 내담자를 각본 속에 가두었다.

심리게임의 정의

> 게임은 잘 정의되고 예측할 수 있는 결과를 가지고 오는 상보적 이면교류 과정의 반복이며 … 이것은 계속 일어나는 교류들이고 숨겨진 동기를 가지고 있으며 반복적이고, 가상적이고 그럴듯하다.[26]

심리게임은 행동을 하는 각본을 말한다. 다시 말하면 각본은 심리적 게임을 통해 진행된 것이다. 게임은 다음 세 가지 특징을 가지고 있다.

---

26) E. Berne, *Games People Play* (Penguin, Harmondsworth, 1964/1985), p. 44.

◆ 이면적이고 조작된 성질
◆ 적어도 한 사람의 자아상태를 바꾸는 것은 게임 뒤에 숨겨진 진정한 동기를 나타낸다.
◆ 나쁜 결과 혹은 마지막의 '결말'

당신이 처음으로 게임에 대해 생각할 때, 드라마 삼각형[27)]을 사용하여 내담자 이야기 속에 있는 주요 인물의 역할을 분석하는 것은 드라마 게임이 어떻게 작동하는지 간단하고 즉각적으로 통찰할 수 있는 효과적인 방법이다. 사람들이 이러한 역할을 담당할 때, 그들은 반복적이고 예측 가능한 드라마 각본 안의 가족 역할[28)]을 하기 위해 그들의 자율성을 포기한다. 이것은 반복되어 피할 수 없는 결과를 가져온다.

드라마 삼각형의 역할 분석하기

> 단 세 가지 역할만이 드라마 분석에 나타난다. … 감정적인 노출. 이 행동 역할은 박해자, 구원자, 희생자이다. 드라마는 그 역할이 성립될 때 시작된다. 역할의 변화가 없다면 드라마는 존재하지 않는다.[29)]

그림 4.1은 드라마 삼각형의 위치를 보여 준다. 역할은 다음과 같다.

◆ 구원자는 다른 사람이 스스로 할 수 있을 때에도, 누구보다 그들을 위해 더 많이 일한다. 혹은 자신의 상황이 손해를 보는 경우에도 그렇게 하거나 또는 둘 다이다.
◆ 박해자는 의도적이고 체계적으로 통제하며, 다른 사람을 괴롭히고 벌준다.
◆ 희생자는 무능력하게 한 단계 아래로 행동한다.

---

27) S. Karpman, 'Fairy tales and script drama analysis', *Transactional Analysis Bulletin*, 7, 26(1968).
28) 자녀를 '양육' 한다는 것은 우선적으로 그들에게 어떤 게임을 할 것인가를 가르치는 것이다. 다른 문화와 다른 사회 계층은 다른 종류의 게임을 선택한다.(Berne, *Games People Play*, p. 151)
29) Karpman, 'Fairy tales', p. 52.

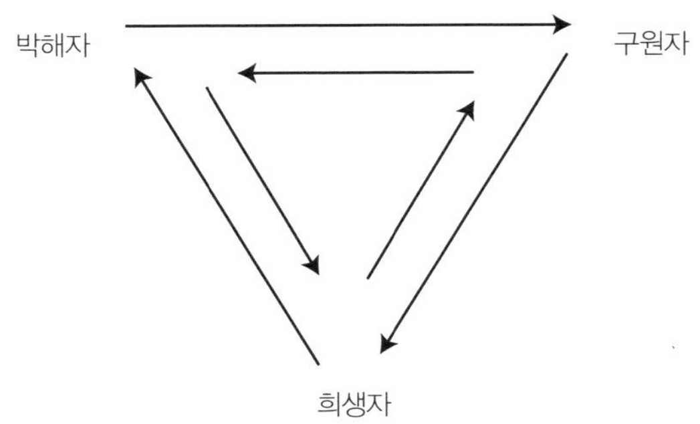

>>>그림 4.1 드라마 삼각형과 행동 역할

The drama triangle was originally published in 'Fairy Tales and Script Drama Analysis' by Stephen B. Karpman, MD, in the *Transactional Analysis Bulletin*, Volume 7 (26), pp. 39–43, 1968. Stephen B. Karpman과 국제교류분석협회로부터 승인받아 재인용함.

사례 : 안젤라

가족 드라마

안젤라의 이야기는 적어도 두 세대를 통하여 가족이 서로 구원하고 박해하는 것을 묘사한다. 그녀의 아버지는 자신의 꿈을 버리고 그의 부모를 구원하고 더 많은 수입을 위해 일했다. 그의 가족은 그가 여분의 수입을 가져올 수 없었다면 잘 지내지 못했을 것이다. 그러나 그의 선택은 분명히 자신에게 이로운 선택이 아니었고, 경제적으로 어려운 환경에서 살게 했으며, 그의 창조력을 발휘할 수 없게 하는 희생자로 만들었다.

안젤라는 어떻게 게임을 하는가?

자신의 꿈 같은 것은 생각하지도 못하고 사는 가족으로부터 그들이 경험할 수 없었던 즐거움을 안젤라가 대신 경험함으로써 그녀는 가족을 구원하고 있다. 대학에 대한 그녀의 언급을 기억해 보자. "그것은 결정되어 있었어요. 대학에 가지 않는 것은 생각해 본 적이 없어요." 그녀는 마치 '돕는 것이 행복이다.'[30]라는 가족들이 밟아 온 길을 꿈 같은 상태로 최면에 걸린 듯 설명하는 것 같았다. 아버지가

30) Berne, *Games People Play*, pp. 145–6 : 돕는 것이 행복이라는 것은 '이면적 동기를 끊임없이 갖는 끊임없는 도움이다. (S) 그는 참회할지도 모른다.'

그의 가족을 기쁘게 하는 대신 어머니는 그녀의 가족을 실망시켰고, 그로 인해 영원한 죄책감을 느꼈다. 안젤라는 부모의 혼란스러운 갈등 사이에 끼어 있는 것 같았다. 지금은 그들이 기쁘다는 것을 확신하는 상황에 매달려 있지만, 이젠 증상을 통해 자신이 선택의 희생자라고 느끼기 시작한다. 만일 가족에 대한 인식을 가지고 그녀의 어려움을 해결할 수 있다면, 그녀는 자신의 가족이 행복하지 않다는 사실에 화가 날지도 모른다. 안젤라가 학과를 생각 없이 선택한 것처럼 직업도 그렇게 했기 때문에 어느 순간에는 자신이 선택한 것에 대해, 그리고 무엇에 근거를 둔 것인가에 대해 질문할 가능성이 높다. 이런 상황에서 안젤라는 지난 수년 동안 가족을 실망시켜 왔던 그 모든 것을 바꾸기 위해 맞추며 살 것인가 아니면 부모를 실망시키더라도 지속적인 행복을 추구할 수 있는 자율적인 선택을 할 것인가에 대한 역사적인 딜레마에 빠져 있는 자신을 발견하게 되었다.

안젤라의 지난 두 세대의 이야기 속에 등장한 주인공의 역할로부터 가족게임의 역동을 정확하게 볼 수 있다. 도움이 필요하다고 지각되는 희생자에게 그들은 구원자이다. 구원의 행동을 통해 결국 그들은 스스로 희생자의 위치로 간다. 박해자 역할은 보이지 않게 전개되었다. 가족원은 체계적으로 다른 사람에게 가장 최선이라고 생각하는 것을 하고, 그런 선택을 통해 서로를 통제한다. 예를 들면, 안젤라에게 맞지 않은 학교에 그녀를 보낸 것과 대학을 가야만 한다는 결정을 내린 것이 그것이다.

게임 확인하기

게임을 찾아내는 것은 상담 과정 동안 가능한 게임의 목록을 나열하여 다른 게임들[31]과 익숙해지므로 적합하지 않은 것을 제거하는 것이다. 이렇게 하여 가장 적절한 것을 남긴다. 때때로 핵심 게임은 하나 이상이다. 안젤라가 말한 "돕는 것이 행복이다."는 소위 '좋은'[32] 핵심 게임인데 이것은 안젤라의 가족에게 사회적으로 긍정적인 결과를 가져올 수 있고, 가족 개인들의 희생에 의해 가족이 성장하는 데 도움이 되기 때문이다. 그러나 지금 세대는 이러한 종류의 희생이 더 이상 필요하지 않다. 가족이 처한 사회적 맥락과 직업의 기회는 안젤라 부모의 어린 시절로 이미 끝났다. 이 가족이 생존하기 위해 안젤라는 더 이상 게임을 할 필요가 없다.

안젤라는 많은 통찰을 얻었다. 그녀는 이제 그곳에서 나올 준비가 되었고, 자신의 각본을 선택할 준비가 되었다.

31) Ibid. 번의 심리게임 용어 사전은 가장 유용한 참고문헌이다.
32) Ibid., p. 145.

핵심 각본 선택 분석하기

각본이란?

> [각본은] 부모의 영향에 의해 인생 초기에 발달된 프로그램이며 삶의 가장 중요한 양상으로서 개인의 행동을 결정한다.[33)]

각본은 세대를 통해서 전달된다. 그것은 한 세대에서 다음 세대로 전해져 내려온다. 각본은 가족의 전통, 지식, 신념, 태도와 열망을 전달하는 도구이다. 그것은 강제적이며, 적응을 요구하고, 자유로운 선택 대신 순응하는 것이므로 가족 문화가 보존되고 세대를 통해 전달된다. 각본은 인생에서 중요한 전환점이고, 그 결과는 결말을 이끄는 것으로 정의된다.

어떻게 각본이 전달되는가?

여기에 가장 중요한 몇 가지 방법이 있다.

1. 비언어적으로,

- **스트로킹** 어린이가 부모, 조부모, 나이 든 형제 혹은 다른 중요한 사람들로부터 어떻게 기분이 좋고 나쁨을 느끼게 되는가?
- **모델링** 함께 사는 가족 안에서 다른 사람을 통해 본 각본 드라마이다. 예를 들면, 게임을 통해 '행동은 말보다 영향력이 크다.' 라는 것을 배운다.

2. 언어적으로,

- **속성** 어린이에게 속성을 주고는 마치 그 속성이 진짜인 것처럼 아이를 대하는 것이다. 예를 들면, '그는 명석하다.' (속성)는 '너는 분명히 이 답을 알고 있을 것이다.' (교류). '그녀는 남자 아이 같아.' (속성)는 '너는 매일 나무에 기어오르는구나.' (교류)
- **분명한 교훈** 예를 들면, '너 자신보다 다른 사람을 먼저 생각하라.'

---

33) E. Berne, *What Do You Say After You Say Hello?* (Corgi, London, 1974/1987), p. 418.

주요 각본 선택

이것은 내담자의 계약과 연결되어야 하고 계약을 성취하기 위해 해야만 하는 각본의 주요 주제이다. 각본에 다른 양상이 있을 수도 있는데, 계약 그 자체를 위해서 그것은 무시될 수 있다.

●●● 사례 : 안젤라

핵심 각본 선택

안젤라의 이야기에는 그녀의 자존감에 관한 세 가지 주요 각본 양상이 있다.

1. **희생** 자신의 욕구와 필요가 우선시되는 것이 아니라 자신은 중요하지 않다고 하는 것.
2. **다른 사람을 기쁘게 하기** 자신에게 스트로크를 주는 가족을 옆에 두기 위해 가족들이 기뻐하는 행동을 하는 것.
3. **강해지기** 자신이 어떻게 느끼는지는 무시한 채 다른 사람의 욕구와 필요를 제공하면서 해야 하는 것만을 하며 가족을 기쁘게 하는 것이 자신을 강하게 한다는 것.

각본 매트릭스

몇 개의 매트릭스는 각본 도해[34]를 보여 준다. 이것은 각본의 주요 모습을 한눈에 볼 수 있는 그림 형태로 보여 주는 효과가 있다. 내담자의 각본 매트릭스는 작업을 계획할 때 참고 도구로 유용하며, 이것은 당신이 주요 양상을 빠뜨리지 않았는지를 확인할 수 있게 해 준다. 스타이너(Steiner)의 수정된 매트릭스가 가장 사용하기 쉽다. 이것은 그림 4.2에서 볼 수 있다. 메시지의 다른 형태는 다음과 같다.

대항지령은 실제 부모(혹은 중요한 타인)의 어버이 자아상태로부터 자녀의 어버이 자

34) F. English, 'Sleepy, spunky and spooky: a revised second order structural diagram and script matrix', *Transactional Analysis Journal*, 2, 2(1972). C. Steiner, *Scripts People Live* (Bantam, New York, 1974/1982), p. 105. S. Woollams and M. Brown, *Transactional Analysis* (Huron Valley Institute, Ann Arbor, MI, 1978), p. 177.

아상태로 오는 강력한 메시지이다. 그 메시지는 가족이 사는 사회적, 문화적 맥락에 적합한 것이다. 이것은 언어적으로 주어지며, 어떻게 삶을 살고 목표를 달성하는지를 안내하는 무조건적이며 절대적인 기억이다. 그러한 메시지에는 '몰이꾼(drivers)'[35)]이라고 알려진 다섯 가지가 있다.

- 강하라(Be strong).
- 완벽해라(Be perfect).
- 나/타인을 기쁘게 하라(Please me/others).
- 서둘러라(Hurry up).
- 열심히 노력하라(Try hard).

이러한 메시지는 우리로 하여금 각본 행동을 하게 한다.

- 어떤 것이 당신의 절대적인 몰이꾼인가?
- 내담자와 일하는 데 어떻게 영향을 미치는가?

메시지의 두 번째 형태는 **프로그램**이다. 이것은 부모의 오염된 어른 자아로부터 나와 성장하는 자녀의 어른 자아 발달을 오염시키는 각본을 어떻게 따르는지에 대한 메시지이다. 또한 이것은 언어적, 비언어적이며 각본을 지지하는 정보를 준다. 예를 들면, 열심히 일하라와 개인의 욕구를 부정하라의 각본에서 부모는 자녀에게 놀거나 쉬지 말고 열심히 일하라고 말할 것이다. 또한 이러한 각본 행동은 부모에 의해 자녀에게로 모델링된다.

세 번째 메시지 유형은 **금지령**이다. 금지령은 강력한 메시지이고, 항상 부모의 어린이 자아상태에서 자녀의 어린이 자아상태로 비언어적으로 전해진다. 이것은 태어나면

35) T. Khaler, 'Drivers: the key to the process of scripts', *Transactional Analysis Journal*, 5, 3, 280–4(1975).

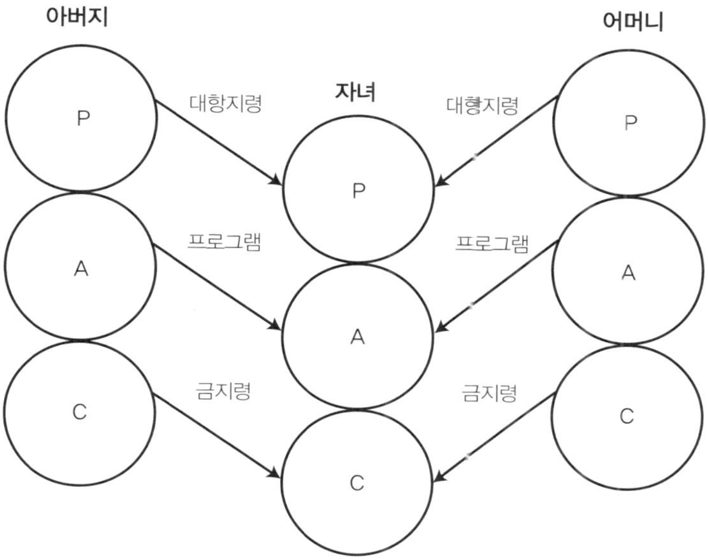

>>>그림 4.2 각본 매트릭스

Claude Steiner에 의한 'Script and Counterscript'의 각본 매트릭스로부터 참고. Originally published in the *Transactional Analysis Bulletin*, Volume 5, Number 18, pp. 133–5, 1966. Claude Steiner의 국제교류분석협회로부터 승인받아 재인용함.

서부터 전달되고 어머니의 자궁에서부터 시작된 것일 수도 있다. 전달되는 내용은 부모의 해결되지 않은 갈등이다. 이러한 메시지에는 열두 가지 기본 유형이 있다.[36]

- 존재하지 마라(Don't exist).
- 네 자신이 되지 마라(Don't be you).
- ~ 하지 마라(Don't do anything).
- 어린이가 되지 마라(Don't be a child).

---

36) R. Goulding and M. Goulding, 'Injunctions, decisions and redecisions', *Transactional Analysis Journal*, 6, 1, 41–8(1975).

- 성장하지 마라(Don't grow up).
- 잘(건강)하지 마라(Don't be well/healthy).
- 생각하지 마라(Don't think).
- 느끼지 마라(Don't feel).
- 친밀하지 마라(Don't be close).
- 소속되지 마라(Don't belong).
- 중요한 사람이 되지 마라(Don't be important).
- 성공하지 마라(Don't succeed).

우리는 거의 금지령을 인식하지 못하고 자각 없이 자동적으로 그것을 따르기 때문에 상당한 값을 치르게 된다.

- 어떤 것이 가장 잘 자각되는가?
- 어떤 허가를 자신에게 해독제로 줄 수 있는가?

사례 : 안젤라

각본 매트릭스

안젤라의 각본 매트릭스는 그림 4.3에서 볼 수 있다.
어머니에 의해 전달된 대항지령은 다음과 같다.

- 다른 사람을 기쁘게 하라(세상이 원하는 사람이 되고 세상에 좋은 일을 하기 위해).
- 열심히 노력하라(우리가 세운 목표를 달성하기 위해).
- 강하라(그리고 네가 원하는 것을 차단하라).

아버지로부터 온 것은 다음과 같다.

- 다른 사람을 기쁘게 하라(세상이 원하는 사람이 되어 가족이 생존할 수 있도록).

프로그램은 하나의 자기희생이다. 안젤라가 그들 가족의 이야기를 회상하는 가운데 그녀의 부모는 이 메시지를 묘사했고 모델링했다.

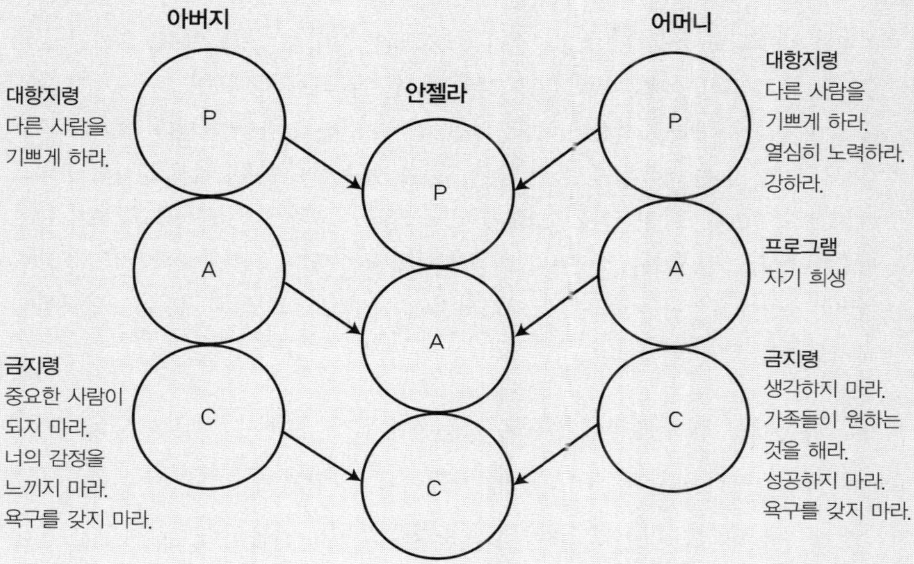

>>>그림 4.3 안젤라의 각본 매트릭스

Claude Steiner에 의한 'Script and Counterscript'의 각본 매트릭스로부터 참고. Originally published in the *Transactional Analysis Bulletin*, Volume 5, Number 18, pp. 133–5, 1966. Claude Steiner의 국제교류분석협회로부터 승인받아 재인용함.

어머니에 의해 전달된 금지령은 다음과 같다.

- 네가 원하는 것을 생각하지 말고, 가족이 원하는 것을 하라.
- 성공하지 마라(내가 했던 것처럼 너의 목적 달성을 실패하라).
- 성장하지 마라(가족의 아기로 남아 있어라).
- 욕구를 갖지 마라(욕구를 무시하라).

아버지로부터 온 것들은 다음과 같다.

- 중요한 사람이 되지 마라(자신의 권리는 중요하지 않다).
- 너 자신의 감정을 느끼지 마라(다른 사람들의 감정을 느껴라).
- 욕구를 갖지 마라(그것들을 거부하라).

핵심 허가의 분석

> 진정한 허가는 낚시 허가증처럼 단순하게 허락하는 것이다. 낚시 허가증을 가진 소년은 어쩔 수 없이 낚시하지 않는다. 그는 그가 원하는 때에 사용하거나 사용하지 않을 수도 있고, 언제라도 상황이 허락한다면 낚시하고 싶을 때 할 수 있다. 허가는 외부에서 '내담자'를 자유롭게 할 수 있는 기회를 제공하기 때문에 각본 분석의 주요한 치료 도구이다. … 치료자는 "그렇게 해도 괜찮아." 혹은 "그것을 반드시 해야 할 필요는 없어."라고 말하여 어린이 자아를 허가해 줄 수 있다. "혼자 내버려 두라."고 어버이 자아에게 말하는 허가는 … 고정된 유형을 가지고 반응하는 대신에 내담자에게 융통성을 준다.[37)]

허가는 융통성을 주기 때문에 선택을 가능하게 한다. 또한 그것은 부모의 긍정적인 영향이며 심리적으로 계승된 우리의 황금자원이다. 상담가에게 있어서 허가는 가지고 있어야만 하는 심리적인 힘이고, 계약된 목표의 실행에서 사용된다.

●●● 사례 : 안젤라

핵심 허가

그녀의 계약에서 안젤라는 두 가지 핵심 허가를 가지고 있다.

- 사랑받고 사랑스럽기 위해(모든 갈등에 대항해서) 그리고 다른 사람과 함께하고 그들과 친밀해지기 위해
- 개척자가 되어 다른 사람이 할 수 없는 것을 하라.

현재 이 허가들은 조건적이다.

- 사랑스럽고 친밀한 존재는 다른 사람을 기쁘게 하는 것과 연결된다.
- 개척자가 되는 것은 다른 사람이 열망하는 것을 하는 것과 연결된다.

안젤라는 자율성이 제한된 허가를 가지고 있다. 이것은 매우 흔히 발생한다. 안젤라를 그것과 분리하여 허가의 조건을 제거하도록 돕고 그녀가 가족의 한계에 대한 제재 없이 진정한 융통성을 사용할 수

---

37) Berne, *What Do You Say After You Say Hello?*, pp. 124-5.

있게 하는 것은 매우 중요하다. 예를 들면, 만약 안젤라가 가족이 원하는 방향으로 갈 길을 정하고 집을 떠나지 않기로 한다면 그녀는 단순한 개척자일 뿐이다. 하지만 그녀가 진정으로 자율적이기를 원한다면 이러한 조건에서 자신을 자유롭게 해야 한다. 그래야만 그녀는 성숙한 여성으로서 위험을 감수하는 진정한 개척자가 될 수 있다.

안젤라의 이야기 분석

- **자아 이미지** 자신의 욕구와 필요를 추구하지 않으며, 품 안에 있기를 원하고 긴장되고 불안한 어린아이.
- **자아상태 구조** 그림 3.3을 보라.
- **스트로크 균형** 근본적으로 조건적 긍정적이다.
- **시간의 구조화** 활동과 잡담이 두 개의 주요 구조이다.
- **드라마 삼각형의 역할** 기본 역할이 구원자, 희생자로 옮겨 간다.
- **주요 게임** 돕는 것은 행복이다.
- **각본 매트릭스** 그림 4.3을 보라.
- **핵심 허가** 당신은 사랑스럽다. 당신은 친밀할 수 있다. 당신은 개척할 수 있다.

2. 내담자의 상황에 대한 상호이해 동의하기

내담자의 각본의 핵심 양상 구체화하기

일단 당신이 내담자의 각본을 분석했다면, 다음 단계는 내담자의 주요 양상을 구체화하는 것이다. 이것은 상담의 진전으로도 볼 수 있다.[38] 핵심 양상에 동의하는 것은 생동적이며 앞으로의 상담 개입의 토대가 된다.

38) 구체화는 선언이자 … 어떤 정보의 분류이다. … 목적은 이후에 참고할 수 있게 하기 위해서 정보를 고정하는 것이다. [E. Berne, *Principles of Group Treatment* (Grove, New York, 1966/1978), p. 234]

당신의 접근은 다음과 같은 사항을 고려할 필요가 있다.

- 내담자의 성격
- 예를 들면, 사고 감정 혹은 행동과 같이 선호하는 의사소통 방법
- 내담자가 정서적 고통으로부터 자신을 보호하는 심리적인 방법(방어기제)
- 열거한 문제가 가져올 수 있는 불편함의 정도
- 지배적인 자아상태
- 몰이꾼

*** 예문**

내담자는 파탄난 가정이 '냉정한 어머니'의 책임만이 아니라 그가 이상화한 아버지도 여기에 주요 역할을 담당했다는 것을 회피하였다.

다음에서 우리는 각각 내담자의 필요에 근거한 다른 구체적인 방법을 탐색할 것이다.

강한 사고 기능을 가진 내담자 구체화하기

내담자가 특히 강한 사고 기능을 가지고 있을 때, 상담가가 그들에게 근거를 제공한다면 핵심 양상을 통해 사고가 잘 촉진될 것이다.

상담가 : 어머니의 냉정함은 어머니가 혼자서 많은 일들을 맡아야만 했던 시간과 관계가 있는 것처럼 보입니다.

내담자 : 네, 아버지는 가정을 별로 책임지지 않았어요. 거의 집에 없었지요.

상담가 : 어머니에게 더 많은 부담이 있었겠네요.

내담자 : 네, 그랬어요.

상담가 : 헤어지는 데에는 두 사람 모두 책임이 있었다고 보이네요.

내담자 : 그래요. 그렇지요? 하지만 저는 그렇게 보기를 원하지 않았다고 생각해요.

강한 감정 기능을 가진 내담자 구체화하기

내담자가 즉각적으로 감정을 표현하고자 할 때, 느낀 것을 재경험하게 하여 구체화하

는 것이 가장 효과적이다.

상담가 : 당신은 분명히 아버지를 많이 사랑한다고 느끼는군요.

내담자 : 저는 아버지를 존경합니다.

상담가 : 사랑하는 사람의 잘못을 안다는 것은 고통스럽지요.

내담자 : 저는 참을 수가 없어요.

상담가 : 우리는 모두 실수를 해요. 이것은 인간의 한 부분입니다.

내담자 : [훌쩍거리면서] 아버지가 자주 집에 안 계셨다는 것이 상황을 어렵게 했다는 것을 알아요.

상담가 : 부모가 헤어지는 데 두 사람 모두 다 책임이 있군요.

내담자 : [울면서] 저도 알아요.

때때로 구체화하는 것은 내담자와 상담가 두 사람 모두에게 도전이 된다. 그러나 일단 이런 장애물이 극복되면 관계는 깊어진다. 대부분의 내담자는 예전에 알지 못했던 사실을 이해하면 안도하게 된다.

●●● 사례 : 안젤라

구체화하기

상담가는 안젤라 각본의 간단한 부분을 그녀와 함께 구체화하는 것부터 시작하였다. 안젤라가 어른 자아 기능을 강화하고 새로운 관점에 대해 열린 태도를 갖고 싶어 했기 때문에 상담가는 우선 이야기의 주요 양상을 요약하는 인지적인 접근을 가지고 시작했다. 이것은 안젤라가 사고 능력을 강화하여 그녀의 감정을 유지하게 도왔다. 교류와 분석은 다음과 같다.

교류	분석
상담가 : 당신은 다른 사람을 우선으로 하는 규범을 가진 가족에서 자란 것처럼 들리는군요.	자신을 마지막에 두기
안젤라 : 네. 어머니와 아버지는 항상 그들을 마지막에 두었어요.	부모에 대해 동의하기

상담가 : 당신을 임신한 것에 놀라 처음에는환영받지 못했지요. (안젤라는 고개를 끄덕인다.) 하지만 놀라움과 가족의 반대에도 불구하고 당신의 부모님은 당신을 낳고자 했고 항상 당신을 사랑했습니다.

가족은 사랑이다.

안젤라 : 우리 가족은 정말 사랑스러운 가족이에요.

동의하기

상담가 : 형제들과의 나이 차이 때문에 당신은 항상 가족의 '아기' 였고, 당신은 그 역할을 받아들인 것으로 보입니다.

가족의 '아기' 라는 위치

안젤라 : 네, 하지만 지금은 정말로 좋아하지 않아요. 가족들은 제가 얼마나 나이를 먹었는지 잊은 것 같아요.

역할을 받아들였던 과거와 좋아하지 않는 현재와의 차이 만들기

상담가 : 이제는 가족에게 성숙한 여성으로 보이고 싶은가요?

상담가는 안젤라가 가족에서 성숙한 여인으로 새로운 위치를 설정하고 싶은지 물었다.

안젤라 : 물론이지요!

처음으로 각본을 변화하고 싶다는 욕구가 자율적으로 표현되었다.

상담가의 반응

안젤라의 상담가는 그녀가 이렇게 빨리 강한 감정을 느낀다는 것에 약간 놀랐다. 개인적인 견해를 그렇게 강하게 보인 것은 처음이었다. 그녀는 상담가가 기대했던 것보다 훨씬 더 빨리 감정을 표현했다. 안젤라는 '성장하고자' 하는 강한 의지를 보이며 가족 안에서 성숙한 여인으로 새로운 존재감을 만들기 시작했다.

상담가는 현재까지 안젤라 이야기의 모든 각본의 핵심 양상을 구체화하고자 했던 원래의 계획을 버리기로 결정했다. 왜냐하면 상담가가 안젤라의 자율성 발달을 과소평가했기 때문이다.

상담가는 이 놀라운 변화를 마음에 새겼다.

- 실패에 대한 안젤라의 두려움(처음엔 사립학교에서 경험했고 나중엔 직장에서 경험한 실패)
- 그녀의 존재할 권리와 밀접하게 연결되어 있으며 가족을 실망시킬 수도 있다는 두려움(만약 그

녀가 다른 사람들을 기쁘게 하지 않고 다른 사람들의 욕구를 충족시키지 않는다 해도 이것을 원하는가?).

어떻게 성장할 것인가에 대한 안젤라의 긴장과 갈등을 그녀가 원하는 대로 좇아가면 후자의 내용은 아마 순간적으로 나타날 것이다. 만일 전자가 자동적으로 나타나지 않는다면 상담가는 이것을 다음에 소개해야만 한다.

상담가는 계속한다

상담가 : 가족들이 무엇을 했으면 좋겠어요?	일어난 문제를 탐색하기
안젤라 : 다른 사람처럼 저를 대하고 그렇게 소란피우지 마세요. 실수하게 내버려 두세요.	가족 내 변화를 구체화하기
상담가 : 여기서 당신의 역할은 무엇인가요?	안젤라 자신의 역할 탐색
안젤라 : 무슨 말이지요?	안젤라는 이해하지 못한다. 이것은 아마도 새로운 생각일 것이다.
상담가 : 제가 생각하기에 자신의 견해를 따르거나 '야단법석'을 하는 것은 당신의 선택인 것 같네요.	자신의 생각을 '출발점'으로 나누기
안젤라 : 무슨 말을 하시는지 알겠어요. [한참을 조용히 있다가] 제가 하면 되는 거네요?	안젤라가 이 새로운 생각을 탐색한다.
상담가 : 당신 자신에게 물어본 것은 정말 중요한 질문입니다.	자기 탐색에 대한 스트로킹
안젤라 : 잘 모르겠어요. [다시 잠시 있다가] 무서워요.	문제에 더해 스스로 답 찾기
상담가 : 무엇이 무서운가요?	그녀의 두려움에 대해 물어보기
안젤라 : 부모님이 저에 대해 실망하는 것이요.	그녀 가족을 실망시킬 것이라는 두려움을 구체화하기. 이 문제는 예측한 것처럼 순간적으로 나타난다.

상담가 : 그것은 중요한 사실입니다. 당신이 생각하기에 직장에서 초조해 하고 쩔쩔매는 것과 부모를 실망시킨다는 두려움이 어떤 관계가 있다고 생각하나요?	스트로킹. 안젤라의 증상과 두려움 사이에 연결을 만드는 구체화를 제시하기.
안젤라 : 그것은 생각해 보지 못했어요. 그럴수도 있지요. 이런 일이 일어나기 전에 저는 직장을 바꾸려는 생각을 했구요. 부모님은 그것을 좋아하지 않았어요.	구체적 동의. 안젤라는 중요한 정보를 드러낸다.

안젤라와 상담가는 계속해서 관계를 논의하고 바뀐 상담 계약에 도달한다. 안젤라는 그녀의 자율적인 선택을 따르지 않는 것에 대해 얼마나 두려워했는지를 발견하게 될 것이다.

구체화할 것 결정하기

무엇을 구체화할지를 결정하는 것은 조심스럽게 계획되어야 하며 전반적인 TA 분석과 함께 연결되어야 한다. 가장 중요하게 고려해야 할 점은 이 단계에서 너무 도전적이거나 고통스러운 구체화를 함으로서 내담자의 어린이 자아가 두려워하게 되는 것을 피하는 것이다. 상담가는 내담자의 경계선이 어디인지를 아는 것부터 판단해야 한다. 만약 상담이 내담자가 수용할 수 있는 한계를 넘는다면 내담자는 불편해할 것이다. 이것은 상담가가 중지해야 하는 순간을 알려 주는 중요한 경고 사인이다.

상담 재검토

상담 관계는 이제 중요한 지점에 도달했다. 내담자는 그들의 이야기를 완전하게 하였고, 각본의 핵심 양상은 구체화되었다. 내담자가 상담가와 함께 효과적으로 일할 수 있다는 명백한 증거이다. 각본 이해의 근거를 확신하기 위해 초기 상담 치료 계약을 재검토할 필요가 있다. 이때에 내담자와 상담가는 지금까지 진전된 그들의 의견을 언급할 수 있는 기회를 가져야 한다. 내담자가 무엇이 도움이 되었고 무엇이 도움이 되지 않았는지를 이야기함으로써 당신에게 피드백을 줄 수 있는 좋은 기회가 된다. 또한 이것은 당신의 접근을 조절하여 내담자의 욕구에 좀 더 근접할 수 있게 한다. 이렇게 공개적인 피드백은 평등과 존경에 근거한 안전하고 신뢰하는 관계를 만들 수 있도록 도와준다.

요 약

상담가와 내담자는 심리게임과 각본의 핵심 양상에 직면하도록 도전함으로써 상담 관계를 탐색한다. 내담자는 각본을 통해 그들이 선택한 것을 알고 자신의 잠재력을 한정시켰던 사고, 감정, 행동의 결과를 인식할 수 있다. 아마도 여기서 내담자는 좌절을 경험할 수도 있고 좀 더 나아지고자 하는 욕구로 인생을 바꾸려고 할 수도 있다. 이때가 우리의 초기 계약을 재고해 보아야 할 상담의 결정적인 순간이다. 다음 장에서 우리는 내담자의 준거틀에 도전하기 시작하면서 상담 작업이 어떻게 깊어지는가를 볼 것이다.

고려되어야 하는 핵심 개념들은 다음과 같다.

- 심리게임
- 드라마 삼각형
- 각본 선택
- 각본 매트릭스
- 허가
- 각본 양상

우리가 사용한 핵심 기술과 방법은 다음과 같다.

- 게임 구별하기
- 게임 분석
- 각본 분석
- 허가 분석

- 구체화
- 도전
- 계약 재검토

연습문제

4.1 텔레비전이나 소설, 자서전에서 캐릭터 하나를 골라라. 그리고 다음을 분류해 보아라.

(a) 그 캐릭터에 의해서 가장 많이 사용된 드라마 삼각형의 역할
(b) 주요 심리게임
(c) 긍정적인 방법으로 사용된 주요 허가
(d) 각본의 진전을 위해 사용한 주요 허가

4.2 연습문제 4.1의 캐릭터는 당신의 내담자이다.

(a) 그들의 각본 매트릭스를 그려라.
(b) 그들의 잠재력과 자율성을 향상시킬 수 있는 변화를 가져오도록 돕는 계약을 만들어라.

4.3 (a) 상담에서 내담자와 당신의 잠재력을 한정시키는 핵심 방법을 구체화하여라.
(b) 당신의 상담 기술을 확장시키기 위해서 슈퍼바이저와 계약을 만들어 보아라.

참고문헌

드라마 삼각형

Karpman, S. (1968) 'Fairy tales and script drama analysis', *Transactional Analysis Bulletin*, 7 (26): 39.

심리게임

Berne, E. (1964) *Games People Play*. Harmondsworth: Penguin.

각 본

Steiner, C. (1974) *Scripts People Live*. New York: Grove.

구체화

Berne, E. (1966) *Principles of Group Treatment*. New York: Grove, Chapter 11, pp. 234–5.

제 2 부

자각의 발달

05

준거틀 도전하기

지금까지의 상담 접근은 내담자의 어려운 경험을 확장하고 개인사와 연결시키는 것을 분석하는 데에 주로 초점을 두었다. 초기 단계의 목적은 상담 관계의 초석을 세우고 문제 양상에 대한 견해를 공유하는 것이다. 이제 상담은 새로운 단계로 들어간다. 내담자는 자신과 세상을 보았던 방식과 상황에 대한 새로운 견해를 발달시키기 위해 스스로 조사할 필요가 있다. 이것은 결코 쉽지 않다. 대부분은 우리가 하던 대로 하기 위해 고집스럽게 매달린다. 알고 있는 것에 매달리려는 것이 인간의 본능이다. 알지 못하는 것보다 익숙한 것이 더 안전하다고 느끼기 때문이다.

이 단계에서 우리의 주 목표는 다음과 같다.

- 계약 재검토하기
- 내담자의 준거틀 도전하기
- 통찰과 자각 발달시키기

다음과 같은 것들이 필요할 것이다.

- 내담자가 자신을 보는 견해에 대해 질문하기 위한 효과적인 방법 찾기
- 도전할 것이 무엇인지 한계를 정하고 동의하기
- 받아들일 수 있거나 받아들일 수 없는 도전의 방법에 동의하기
- 계약을 다시 체결하고 발전시키기
- 내담자가 내면의 이야기를 자각하게 하고 그것의 근거를 알게 하기
- 상담 동맹을 위하여 내담자의 사고를 강화하기

1. 치료적 기반 준비하기

어른 자아의 정화 : 내담자의 준거틀

TA에서 이 단계의 작업은 정화로 알려져 있다.[39] 이 과정은 세 가지 자아상태의 경계선을 강화시킴으로써 어른 자아상태로부터 어버이 혹은 어린이 자아상태의 오염을 제거하는 데 목표를 둔다. 오염은 어른 자아상태가 어버이 자아상태 혹은 어린이 자아상태의 내용에 의해 '침해' 된 상태이다(그림 5.1).

성장하는 과정에서 자신을 생각할 수 있는 능력과 현실을 정의하는 자녀의 능력은 부모와 중요한 어른, 문화에 의해 무시되었다. 이러한 것은 그들의 준거틀에 따라 현실을 경험하며 자라는 어린이들에게 압력을 준다.

*** 예문**

조(Joe)의 어머니는 여덟 살인 조에게 그가 어떻게 시간을 보내야 하는지 지시한다. 현실은 엄마는 머리가 아픈 반면, 조는 에너지가 넘쳐 벽에 공을 차며 아주 시끄럽게 군다. 엄마는 조에게 사실을 말하기보다 조의 욕구를 억압하는 것으로 상황을 재정의

---

39) E. Berne, *Transactional Analysis in Psychotherapy* (Souvenir, London, 1961/1980), Chapter 4, pp. 47-50 : 심리치료의 과정에서 통찰은 어른 자아가 정화되고 어린이 자아[어버이 자아]와 어른 자아 사이의 적절한 경계가 재정립될 때 발생한다.

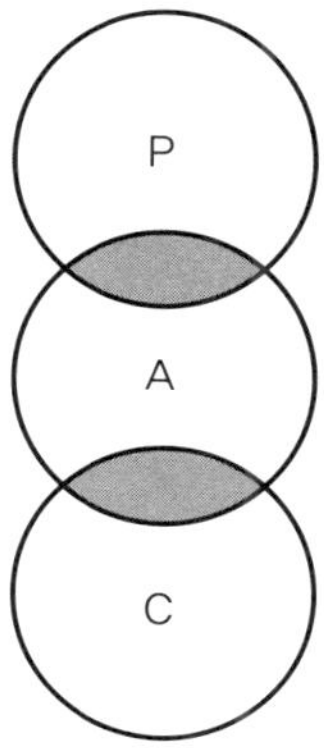

>>>그림 5.1 오염

Souvenir 출판사로부터 승인받아 재인용함.
Eric Berne (1961) *Transactional Analysis in Psychotherapy*. Loncon: Souvenir Press.

한다.

어머니 : 밥(Bob) 삼촌이 요즘 외로우니까 삼촌을 보러 가거라.

조 : 싫어. 나는 지금 재미있단 말이야.

어머니 : 네가 조카니깐 불쌍한 삼촌을 보러 가야지. 그래야 놀 수 있어.

조 : 난 가고 싶지 않아요. 삼촌은 비참해요.

어머니 : 그는 비참하지 않아. 너는 이기적이고 게으르구나. 엄마가 말한 대로 하지 않으면 축구공을 뺏을 거야. [협박하기]

[조는 할 수 없이 동의한다. 어머니는 그에게 삼촌의 욕구를 우선시하고 노는 것을 나중에 하는 것으로 스트로크를 준다.]

어머니 : 넌 착한 아이야. 언제나 다른 사람을 너보다 먼저 돌보렴. 그러면 너의 삶이 잘못되진 않을 거야.

끊임없이 반복되는 이와 같은 유형의 압박하에서 조는 죄책감 없이는 놀지 못한 채로 성장했고(어린이 자아에 의한 어른 자아의 오염), 자신을 위한 시간을 갖기 전에 모든 것을 돌봐야 한다고 믿게 된다(어버이 자아상태에 의한 어른 자아의 오염). 결과적으로 어른이 된 조의 삶은 결코 쉽 수 없게 되었고, 점차 스트레스를 받아 마침내 의사에게 긴장성 두통을 호소한다.

정화 작업은 네 가지 기본 단계가 있다.

1. 문제의 탐색과 확대
2. 어떻게 인생을 사는가 그리고 어떻게 다른 사람과 관계를 맺는가에 대한 내적 메시지 확인하기
3. 스트레스와 불안의 원인이 되는 삶을 가져오고, 도움이 되지 않는 내적 메시지 도전하기
4. 어른 자아를 통해 어떻게 살고 어떤 사람이 되어야 할지에 대한 새로운 선택을 하도록 내담자 동원하기

이 과정은 상담가와 내담자 사이의 작업 동맹을 강화한다. 이 단계에서 내담자는 자신과 다른 사람들의 삶의 견해에 대해 알아차릴 필요가 있다. 이것을 **준거틀**[40]이라 한다.

준거틀은,

- 개인이 세상을 보는 독특한 방법이다.
- 우리가 지각하고 이해하는 방법을 제한하는 것이다.
- 틀에 맞지 않는 것을 걸러내고, 재정의하는 것이다.
- 감정, 사고, 행동에 큰 영향을 준다.
- 각본을 그대로 유지시킨다.

우리의 신념 체계를 직면하고 몰랐던 점을 인식하는 것이 도전이다. 이것은 불안과 두려움을 만든다. 우리의 준거틀은 출생 전에 만들어진다. 처음에는 부모의 희망, 꿈,

---

40) J. Schiff and A. Schiff, 'Frames of Reference', *Transactional Analysis Journal*, 5(1975), pp. 290–4.

열망과 두려움 속에 존재하고, 부모가 우리에게 투사하는 방법으로 존재한다. 우리는 성장하면서 가족과 문화의 특정한 준거틀과 함께 이러한 삶의 질을 적극적으로 받아들인다. 준거틀의 창조는 사회화 과정에서 적절하고 필요한 부분이며 가족 안에서와 마찬가지로 더 넓은 사회 환경에서 생존과 안녕과 예측을 확신하도록 도와준다.

그러므로 준거틀은 특정한 사회와 심리적인 환경에 맞도록 발전된다. 닉(Nick)의 아버지가 공격적이고 난폭하다는 것을 예로 들어 보자. 닉은 자신을 통제하는 것을 준거틀로 발달시켰다. 왜냐하면 이것이 그에게 가장 안전하기 때문이다. 이처럼 우리는 일생 동안 상황의 변화에 맞게 준거틀을 적응시킬 필요가 있다. 닉은 심각한 통제가 필요했기 때문에 친밀한 관계에서 자신을 멀어지게 하는 결과를 초래했다. 통제하는 것을 배우는 것은 만족스런 관계를 위한 결정적인 요소이다.

도 전

상담의 두 번째 단계인 정화는 상담가가 항상 준거틀에 의도적인 도전하는 것이다. 이것은 전적으로 공감하는 것에서 공감과 도전 둘 다로 바뀌므로 지금까지 성립해 온 상담의 결속이 바뀔 수도 있다. 부모와 자식, 사랑하는 사람들, 상담가와 내담자와 같은 모든 관계는 이러한 변화를 거친다. 이것은 신혼 기간 후에 두 사람의 차이점을 나누는 것과 마찬가지다. 유아는 부모를 떠나서 탐색하며 개성을 표현하고 싶어 한다. 엄마는 이러한 분리를 받아들이기 위한 시간이 필요하다. 서로 사랑하는 관계에 있는 사람들은 사소한 말다툼을 통해 그들이 어떻게 다른지를 보기 시작한다. 의문을 갖게 하는 것이 대화와 새로운 이해와 관계를 깊게 한다.

내담자가 개인적인 도전에 계속 직면하는 것은 상담 동맹 관계의 약점이자 강점이 된다. 이것은 내담자를 상처받기 쉽게 만들고 내담자와 상담가 사이의 권력을 불평등하게 한다. 내담자는 신뢰를 더 깊게 해야 하고, 상담가는 타인의 내면 세계의 손님으로서 언제나 신중하고 지혜롭게 엮어 나가야 한다.

슈퍼비전은 중요하다. 상담가는 전문가에게 상담에 대해 정밀한 조사를 받고, 도전을 위해 자신을 열어야 한다. 슈퍼비전은 내담자와 상담가 모두에게 옳은 접근이 사용되고 개입이 효과적인지를 감독하므로 상담에 대한 안전망을 제공한다.

핵심기법

상담가가 초점을 둘 필요가 있는 기본 기법

- 공감적 조율 : 내담자의 불편함과 수치감을 찾기 위해 언어적 혹은 비언어적인 반응에 정확한 주의 집중하기
- 예리한 사고 : 지금-여기 경험과 어린 시절 경험 사이의 연결을 밝혀내기
- 명확한 피드백 : 내담자의 어른 자아로부터 피드백을 듣고 통합하는 것을 도와주기
- 일치 : 내담자를 관찰한 것에 근거한 정직한 반응

어떻게 도전하는가?

'도전' 이 무슨 뜻인지 살펴보자. 도전을 하는 이유는 질문하는 태도를 창조하여 예전의 사고, 감정, 행동을 재고하도록 개방하는 것이다. 내담자와 대립하거나 대항하는 태도는 상담가의 면전에서 지배에 따르거나 반목을 유도하므로 잘해도 도움이 되지 않을 뿐더러 최악으로는 해가 된다.

비언어적인 도전

의문스러운 태도는 여러 가지 방법으로 촉진할 수 있다. 예를 들어, 언급한 것에 대해 기대하는 대로 대답하지 않거나, 내담자의 말이 공중에서 울려 퍼지게 내버려 둠(침묵으로 교차 교류하는 것)으로써 가능하다.

*** 예문**

남성 내담자가 여자친구를 찾는 어려움에 대해 이야기한다.

내담자 : 저는 항상 제가 가장 좋아하는 여자에게 제 자신을 바보로 만들어요. 하! 하!

상담가는 언어적인 반응은 전혀 하지 않았지만 내담자에게 더 이야기하라는 듯이 따뜻한 눈길로 바라본다. 내담자는 웃음을 멈추고 점차 침묵한다. 그의 얼굴에 슬픔이 지나간다. 상담가의 비언어적인 도전은 내담자가 자신을 비난하는 농담('위험을 앞에 두고 빈정거리는 유머' [41])과 자신의 고통을 어떻게 무시 하는지를 알아차리게 돕는다.

내담자 : 사실 저는 끔찍하게 외롭고, 이것을 받아들이기가 너무나 두려워요.

양육적 어버이 자아상태를 사용하여 도전하기

양육적 어버이 자아상태를 사용하여 그가 가장 원하지 않는 것을 지적하는 것은 도전에 도움이 되는 또 다른 방법이다.

*** 예문**

상담가와 내담자는 자신의 건강을 증진시키는 방법에 대해 의논하고 있다.

내담자 : 건강하지 않다고 느끼는 것에 지쳤어요. 저는 담배, 초콜릿, 술을 끊고, 강도 높은 운동 프로그램을 시작할 거예요.

상담가 : 그것은 당신 삶의 큰 변화처럼 들리네요. 우리 신체는 점진적인 변화에 더 잘

---

41) E. Berne, *What Do You Say After You Say Hello?* (Corgi, London, 1974/1987), Chapter 17, p. 337 : 자학적인 웃음이나 미소는 '자학 교류' 라 불리는 특정한 종류의 자극이나 반응 후에 발생한다. 모임 집단의 모두가 알고 있듯 6개월 동안 술을 마시지 않은 알코올 중독자가 전형적인 예이다. 어느 날 그가 와서 얼마간 다른 사람과 함께 이야기했다. 그들의 모든 문제가 사라졌을 때쯤, 그는 자신을 드러내며 말했다. "지난 주말에 무슨 일이 있었게?" 그의 미소 띤 얼굴을 보며 그들은 안다. 그들 역시 웃을 준비가 되었다.

반응하지요. 좀 더 부드러운 접근을 고려해 보았나요?

내담자 : 어떻게요?

상담가 : 담배, 초콜릿, 술을 한 번에 끊는다는 것은 아주 힘든 일이지요. 그것을 적응하는 데는 보통 꽤 오래 걸려요.

내담자 : 알아요. 5년 전에 한 번 했어요. 근데 제가 너무 성질을 부려서 남편이 그냥 그만두라고 했지요.

상담가 : 강도 높은 운동 프로그램을 우선순위에 두는 것이 어떨까요?

내담자 : 아마 불가능할지도 몰라요. [잠시 있다가] 그러나 무엇인가는 해야죠. 계속 이렇게 지낼 수는 없어요. 제가 아이들을 실망시키는 것처럼 느껴져요. 나쁜 모델을 만드는 것 같아요. 제가 무엇을 할 수 있겠어요?
[눈물이 고이기 시작한다.]

상담가 : 저는 당신이 얼마나 절망스러워하는지 알 수 있어요. 규칙적인 운동을 천천히 하면서 좀 더 부드럽게 시작하고 점차 줄이는 것이 어떻겠어요?

내담자 : 제가 그렇게 하지 못할까 봐 걱정이에요.

상담가 : 당신의 목표에 도달할 수 있는 가장 좋은 방법은 무엇이라고 생각하나요?

내담자 : 글쎄, 선생님이 그렇게 말한다면, 네. 전에는 제가 열심히 하지 않아서 유지할 수가 없었지요? 그러나 이번에는 정말로 하고 싶어요.

농담을 사용하여 도전하기

어떤 내담자에게는 농담을 사용하는 것이 위협을 주지 않으면서도 효과적인 도전을 하는데 도움이 된다.

*** 예문**

내담자가 자신의 상사에게 대단히 화가 났다.

내담자 : 다시는 그와 얘기하지 않을 거예요.

상담가 : 상사와 말하지 않는 것은 당신에게 흥미로운 의사소통의 문제를 만들겠네요.

내담자 : [통찰하는 웃음을 터뜨리며] 맞아요! 제가 그에게 얼마나 나쁜 취급을 당했는지 다른 방법으로 알려 주어야 한다는 생각이 들거요.

상담가 : 연차 평가 시기가 가까워 온다고 말하지 않았나요?

내담자 : 네.

상담가 : 그때가 좋은 기회라고 생각하나요?

내담자 : 네, 그럴 거예요.

도전을 위해 특별한 방법 선택하기

우리는 도전하기 전에 내담자와 함께 가장 적합한 방법을 계획할 필요가 있다. 공감적 조율, 관찰 그리고 치밀한 사고는 어떤 방법이 내담자에게 가장 잘 맞는지를 분석하는 데 도움을 준다.

도전이 작동하는지를 어떻게 아는가?

도전의 핵심은 내담자로 하여금 비일관성에 직면하게 하는 것이다. 예를 들면, 그들이 말하는 것과 행동하는 것 또는 그들이 사고하는 것과 그들이 실제로 느끼는 것 사이이다. 그러나 도전이 효과적이라는 것을 어떻게 아는가? 내담자가 이것을 보여 주는 두 가지 주된 방법이 있다.[42]

- 도전 후에 침묵의 시간이 따른다(반응). 그리고/또는
- 내담자가 웃음 혹은 깨달음을 얼굴로 표현한다(조명).

42) 통찰하는 웃음은 … 치료적 성공의 표시이다.(p. 235), 어버이적 웃음은 관대하거나 조소적이다. 임상에서 어린이 자아의 웃음은 불손하거나 의기양양하다. 치료에서의 어른 자아의 웃음이 통찰의 웃음이다.(p. 288); E. Berne, *Principles of Group Treatment* (Grove, New York, 1966).

지나치게 예민한 내담자들

어떤 내담자들은 지나치게 예민하여 도전을 비판으로 받아들이고, 때로는 도전을 하지도 않았는데도 도전으로 받아들인다. (그들이 확고하게 보여도) 그들의 자존감은 낮다. 그들은 끊임없는 무조건적 긍정적 스트로크가 필요하다. 조건적 부정적 스트로크는 그들의 자신감을 공격하며 아프게 한다. 이런 집단의 사람들은 이전에 무조건적 긍정적 스트로크가 충분하게 주어지지 않았기 때문에 쉽게 드러난다. 특징적으로, 이러한 실패는 내담자가 크게 실망하고 엄청난 분노로 반응하게끔 만든다. 그럴 경우 상담가는 흔히 비난을 받은 것처럼 느끼고 그런 잘못을 또 저지를까 봐 염려한다. 이러한 내담자들에게는 의도적인 도전을 하지 않고 그들의 상황에 대해 자신의 관점에서 보도록 내버려 두면서 끊임없는 공감과 무조건적 스트로크를 계속해서 사용한다면 내담자들은 스스로 도전할 수 있을 것이다. 자기 조사의 과정과 과녁 맞히기 교류의 사용은 일반적으로 이것을 성취하도록 돕는 최선의 방법이다.

*** 예문**

내담자는 갈등 속에 있다. 그의 늙은 아버지는 임종이 가까이 왔다. 어떻게 보면 몇 주 더 살 수 있을 것도 같지만, 또 다른 한편으로 보면 어느 순간에 돌아가실지도 모른다. 올해 초에 내담자는 휴가 계획을 하고, 이미 아주 값비싼 돈을 지불했다. 이제 바로 그때가 되었다. 그는 휴가를 갈 것인지 말 것인지에 대한 갈등으로 인해 짜증이 났다.

내담자 : 제가 어렸을 때 아버지는 저에게 해 준 것이 아무것도 없어요. 저는 왜 아버지가 돌아가실지도 모른다고 생각하면서 휴가를 포기하고 그의 주위에 있어야만 하는지를 알 수가 없어요. 아버지는 결코 저를 생각해 준 적이 없거든요.

상담가 : 당신에게 정말로 어려운 문제겠네요. 당신은 아버지가 당신에게 잘못했다고 느끼지만 이것이 아버지에게 마지막 인사를 할 수 있는 기회라고도 느끼지요. 이것은 커다란 결정입니다. [상담가는 공감을 하고 과녁 맞히기 교류를 사용한다.]

내담자 : 아버지는 또 저를 꼼짝 못하게 해요. 죽을 때까지 저를 못살게 굴어요.

상담가 : 꼼짝 못하게 한다는 것이 무엇이지요?

상담가는 지금-여기에서 내담자가 선택할 수 있다는 것을 지적하고 싶은 충동을 느낀다. 그의 아버지가 그를 꼼짝 못하게 한 것이 아니라는 것을 알려 주고 싶다. 내담자의 준거틀에 대해 직접적으로 도전하는 것은 판단하고 싶은 상담가의 욕구를 즉각적으로 해소시켜 준다. 하지만 상담가는 현명하게 이것을 피하고, 꼼짝 못한다는 내담자의 감정 속으로 들어가 질문하는 과정을 시작하는 좀 더 공감적인 접근을 택한다. 코너에 몰린 내담자의 감정을 표현할 수 있도록 용기를 주는 것은 그가 과거로부터의 아픈 갈등을 내려놓고 내담자가 지금-여기에서 결정을 하도록 도와준다.

도전 스타일로 움직이기

상담 기반을 준비하는 첫 단계는 도전에 지나치게 예민한 내담자의 경우를 제외하고는 대개 내담자와 새로운 단계의 본질을 이야기하는 것이다. 문제에 대한 공감적 접근은 질문과 도전을 받음으로써 어려움이 초래되는 내담자 삶의 특정 양상을 지금 여기로 가져오는 의도와 연결될 필요가 있다. 다음의 것들을 염두에 두는 것이 교류를 용이하게 한다.

1. 정교화(제3장에서 설명함)는 이러한 접근에서 전환을 위한 다리가 되었다. 내담자가 선호하는 유형에서 무엇이 도움이 되고 무엇이 도움이 되지 않는지에 대한 충분한 정보가 주어져야만 한다.
2. 접근 방법의 전환은 현재 맺고 있는 관계와 마찬가지로 부드럽고 민감하게 해야 한다.
3. 당신이 항상 하던 대로 내담자를 대하라. 스타일을 지나치게 바꾸어 다른 사람이 되지 말아라. 그렇게 되면 내담자는 혼란스러워지고 치료는 결렬될 것이다.
4. 도전 후에는 내담자가 무엇을 경험하는지 체크하라.

도전하기 위해서 합의를 확인하기 : 계약의 재검토

준거틀에 도전한다는 것은 사실상 내담자가 자신을 보는 경험의 선택된 양상을 바꾸도록 돕는 것이다. 이를 위해 상담가는 명확한 설명을 해 주어야만 하고, 내담자가 자기 이해를 분명히 하여 어떤 걱정이나 염려도 의논할 수 있도록 충분한 기회를 주어야 한다. 이런 논의의 형태는 계약 재검토의 한 부분이며 상담 접근의 변화가 요구된다. 또한 여기에서는 내담자와 이해된 동의가 확인된다. 사실 논의는 근거가 필요하다.

상담가는 어떤 준거틀의 양상을 계획에 두기 원하는가? 상담이 진행되면서 새로운 문제를 고려하거나 혹은 하려고 했던 문제들이 더 이상 중요하지 않다는 것을 지적하면서 근본적인 부분에서의 합리적인 검토를 하는 것은 필수적이다.

- 상담가에게는 현재 상태에 따라 계획 변경을 할 수 있는 허가가 필요하다. 그러나 그것은 항상 내담자에게 도움이 되어야 한다는 것을 염두에 두어야 한다.
- 내담자는 계획 변경에 동의할 필요가 있다.

*** 예문**

상담가는 준거틀에 대한 질문을 하는 방향으로 첫 논의를 시작한다. 상담가는 먼저 계획을 설명한다.

상담가 : 우리가 상담을 함께 시작했을 때 당신이 좀 더 단호해지는 것을 기본 목표로 삼았지요?

내담자 : 네, 맞아요.

상담가 : 이 목표에 얼마나 도달했다고 느끼시나요?

내담자 : 문제에 대해서는 많은 이해를 하게 되었지만 아직 엄청나게 좋아진 것 같지는 않아요. 아직 제 자신을 단호하게 할 수는 없는 것 같아요.

상담가 : 저도 그렇게 보이네요. 아마도 다음 단계로 갈 준비가 된 것 같아요. 이제 예전 습관대로 하는 내적 신념에 대해 알아봐야겠군요.

내담자 : 음….

상담가 : 당신의 어린이 자아와 어버이 자아는 서로 다른 사고와 감정을 표현할 기회가 필요해요. 당신의 어버이 자아는 정중하지만 어린이와 같은 상태를 유지하고 싶어 하고 당신의 어린이 자아는 경계선 밖으로 넘어가는 것을 두려워하는군요.

내담자 : 알아요. 어떻게 할 수 있을까요?

상담가 : 어버이 자아와 어린이 자아의 목소리를 들을 필요가 있어요. 그것을 통해서 당신이 현재 어떻게 되기를 원하고, 어떻게 그 갈등에서 벗어나기를 원하는지 결정할 수 있어요.

내담자는 그 계획에 동의하지만 더 많은 정보를 원한다. 상담가는 우선 내담자의 이전 질문에 대답함으로써 일반적인 접근 방법을 설명한다.

상담가 : 여러 가지 방법이 있어요. 효과적인 방법 중 하나는 당신 생각에서 만들어진 어버이 자아와 어린이 자아를 크게 말하는 것이지요.

내담자 : 그것은 좀 당황스럽네요.

상담가 : 처음에는 그렇게 느낄 수 있어요. 하지만 제가 도움이 되는 몇 가지 기술을 제시할 수 있어요. 일반적으로 대부분의 사람들은 곧 익숙해집니다.

내담자 : 저는 그렇게 되지 않을 것 같아요.

상담가 : 그럴 수도 있지요. 이 방법이 마음에 들지 않는다면 그만두고 새로운 방법을 찾을 수도 있어요. 당신이 필요하다면 "아니요."라고 말할 수 있지요?

내담자 : 잘 모르겠네요.

상담가 : 저를 기쁘게 하기 위해서 한다고 생각하나요?

내담자 : 아마도 그럴 거예요.

상담가 : 당신이 어떻게 그렇게 생각하게 되었는지 말해 줄 수 있을까요?
[상담가는 내담자가 단호하게 되는 것이 어렵다고 느끼는 바로 그것을 계약에 포함시켜야 한다고 인식하면서 도움을 제공한다.]

내담자 : 잘 모르겠어요. [내담자는 잠시 반영한다.] 제가 그것을 알 수 있도록 질문해 준다면 도움이 될 것 같네요.

상담가 : 좋은 생각이군요. [단호해진 내담자를 스트로킹 하기] 제가 언제 그렇게 해야 하나요? [더 단호해질 수 있도록 용기 주기]

내담자 : 한 회기에 몇 번만 하면 돼요.

상담가 : 네. 그렇게 하지요.

내담자 : 저는 제 자신에 대해 몰랐어요. 제가 무엇을 원하는지 당신에게 바로 말했군요. 그렇지요?

상담가 : 네, 그랬어요.

내담자 : 제가 벌써 그렇게 하는군요. 믿을 수가 없어요.

상담가 : 당신 자신을 믿을 수 있어요, 당신이 그랬지요.

계약이 재검토되고 동의되었다. 상담가는 계속할 필요가 있으며, 관련된 어떤 새로운 문제가 나올지도 모른다는 것에 대해 의논해야 한다. 이러한 것들은 상담 작업에 통합될 것이고, 그래서 변화를 만드는 방법에 대해 동의를 한다.

내담자가 주도권 유지하기

내담자에게 무엇이 허용되고 무엇이 허용되지 않는지 '해야 하는 것'과 '하지 말아야 하는 것'을 의논하는 것은 권력 차이를 재정립하는 주요 방법이다. 또한 이것은 내담자가 통제력을 갖게 한다. 상담에서 직면의 근본적인 위험은 내담자가 상담 과정에서 노출되어 굴욕과 창피를 느끼는 것이다. 이것은 내담자가 자각하지 못했던 것이 뚜렷한 어려움으로 강조되기 때문이다. 가장 민감한 접근을 사용한다 할지라도 이러한 상황은 발생할 수 있다. 내담자에게 진실을 말함으로써 잠재적인 수치심은 감소하고 내담자는 상담가가 굴욕과 창피를 주려는 것이 아니라는 상담가의 진정한 의도를 알게 된다. 하지만 만일 그들이 상담가의 잘못이 있었거나 개입이 편안하지 않았던 경험이 있을 때에는 내담자가 사용할 수 있는 비상 신호(emergency cord)를 약속해 두는 것이 좋다. 비상 신호는 내담자가 최악의 상황을 경험할 때라도 절대적으로 사용할 수 있다. 이것은 간단해야 하며 사용하기 쉬운 것으로 미리 테스트해 보아야 한다. 이것은 '멈춤!' 혹은

'잠깐!' 과 같은 하나의 단어일 수도 있으며, 비언적인 것일 수도 있고, 손짓이나 일어서는 것과 같은 동작 혹은 작은 초인종 같은 도구를 사용할 수도 있다. 이런 일에 지나치게 주의 집중할 필요는 없다.

내담자와 함께 준비되지 않은 것이라면 아무리 훌륭한 개입이라 할지라도 실패할 수 있다. 다음의 것을 기억하라.

- 도전할 수 있는 경계선 동의하기
- 비상 신호 정하기
- 잠재적인 수치심에 대한 신호에 민감하게 반응하기

사례 : 톰

톰이 상담가를 편안하게 느끼기까지는 시간이 걸렸다. 그는 아직도 그가 말한 어떤 것이나 아주 작은 오해도 자신의 잘못이라고 생각하는 경향이 있었다. 그는 "미안합니다. 제 잘못입니다. 이것을 잘 못해요."라는 말을 자주 했다. 어떤 도전도 확고해야 하며 미묘하고 민감한 방법으로 틀이 잡혀 있어야 한다. 그렇지 않으면 상담을 완전하게 하기 위해 갈등각본을 이용하게 되거나 자신을 항상 실패자라고 느낄 것이다.

톰의 부모는 그가 열 살 때 교통사고로 돌아가셨다. 인간적인 따뜻함과 사랑을 주기에는 돈이 너무나 많았던 나이 든 숙모가 그의 법적 보호자가 되었다. 그녀는 아이를 좋아하지 않았기 때문에 톰을 사립학교에 보냈다. 학교의 친절한 집사는 숫기 없고 슬픔에 잠긴 소년이 외톨이임을 알아챘고 어린 톰에게 할 수 있는 한 아버지 역할을 했다. 톰은 안전하게 느꼈다. 그러나 방학 동안 숙모에게 돌아가는 것은 일반적으로 약간의 우울증을 갖게 하였고, 다시 학교로 돌아오게 되면 이러한 우울증에서 간신히 빠져나왔다. 그가 17세가 되었을 때, 숙모가 심장마비로 돌아가셨지만 톰은 무감각했다. 숙모의 관리자가 톰의 엄청난 부의 신탁자가 되었다. 톰은 무엇이 되고 싶은지에 대한 특별한 생각 없이 대학에 입학했고 졸업 후에는 상업은행에 입사했다. 톰은 잘생겼지만 수줍어하며 자신감이 없었고, 이 점이 여자친구를 만드는 것을 어렵게 했다. 35세에 수많은 여자와 데이트했지만 지속되는 관계를 한 번도 맺을 수 없었다. 그는 외로웠고 우울했으며 삶의 진전이 없었다.

톰은 상담가와 표면적인 연결을 맺었다. 그는 모든 상담 시간과 약속을 잘 지켰으며, 그의 외로움에 대해 말했지만 무엇인가 빠져 있었다. 마치 실제로는 자신이 존재하지 않는 것처럼 말했다. 톰의 상담가는 연결이 잘되지 않은 장거리 전화로 말하는 것 같이 느꼈다. 의사소통은 거의 없었고 앞뒤가 맞지 않았다. 상담가는 톰의 친밀한 관계에서 무엇이 잘못되었고 왜 그가 깊은 관계로 가는 데 실패하는지 금방 알 수 있었다. 이것은 수 회기 동안 계속되었고 진정한 톰의 내면을 보는 데 잇따라 실패하자 상담가는 무력함을 느꼈다. 톰은 자신의 내면에 담을 쌓았고 상담가는 상담이 실패한 것처럼 느꼈다. 상담가는 이것을 슈퍼비전에서 논의하면서 자신의 경험이 톰의 경험과 같다는 것을 느꼈다. 상담가는 톰이 감정의 담을 쌓는 동안 그의 절망을 느낄 수 있었다. 톰은 마음을 열 준비를 해야만 했고, 그의 감정을 털어 내야 했다. 상담가는 이것을 톰에게 어떻게 얘기할 것인가를 고려하면서 그의 상처받기 쉬움을 점차 의식하게 되었다. 마치 처음으로 엄마가 되어 아기를 안고 있는 것 같은 난감한 기분이 들었다.

고민 끝에 상담가는 톰이 전에 사용한 담이라는 단어를 은유로 사용하여 그의 준거틀에 도전하기로 결정했다. 이것은 톰이 비판적인 느낌이나 노출된 느낌을 최소화하는 데 도움이 되었다. 교류는 표면상 어른-어른 자아상태임에 틀림없었다. 하지만 톰의 어린이 자아는 제3자처럼 말하고 있었다. 이것은 그의 어린이 자아에 초점 두는 것을 약화시켜 어린이 자아를 보호하고자 하는 것이다.

상담가 : 톰, 우리는 함께 좋은 일을 정말 많이 했어요. 마치 다음 단계가 담을 열도록 도와주는 방법을 찾는 것처럼 보입니다. 그래서 수줍은 톰이 좀 더 내다볼 수 있지요. 그가 어떻게 느끼는지 우리 두 사람에게 알려 주세요. 어떻게 생각하나요?

톰 : 좋아요, 그러나 수줍은 톰은 내다보는 것 이상은 하고 싶지 않아요.

상담가 : 제 생각도 그래요. 그는 노출하기를 원하지 않고 주목받고 싶어 하지도 않아요. 그는 우리가 아주 민감해지기를 바라고 있어요. 하지만 벽 어딘가에 작은 구멍을 만드는 것을 톰이 승낙할 수 있을까요?

톰 : 밑바닥 근처에서 몇 장의 벽돌을 꺼낼 수는 있어요. 그러면 수줍은 톰은 위험하다고 느끼지 않을 거고 누구도 그 안을 들여다볼 수는 없지만 톰은 내다볼 수 있을 거예요.

상담가 : 좋은 생각이에요. 당신과 수줍은 톰은 이것이 큰 차이를 만들 수 있다는 것을 알 필요가 있어요. 단지 벽돌 몇 장이라도 말이죠.

톰 : 어떤 차이를 만들 수 있나요?

상담가 : 정확하게 말할 수는 없어요. 그러나 수줍은 톰과 오랫동안 연결되어 있지 않았던 세상을 연결시킬 것이고, 그로 인해 소통할 수 있을 거예요. 처음에는 좀 두렵게 느껴질 수도 있다고 생각해요.

톰 : 저도 그럴 수 있다고 생각해요. [공간을 뚫어지게 쳐다보면서 긴 침묵이 흐른다.] 제 생각에는 괜찮을 것 같아요. [잠시 쉬었다가] 네. [긴 침묵 후에] 네.

상담가는 톰과 함께 그가 '하는 것'과 '하지 않는 것'에 대해 논의하였다. 그가 멈추기 원하는지를 아는 것이 가장 중요했다. 상담가는 그것을 존중했고 앞으로 더 나갈 것을 강요하지 않았다. 그가 특별히 '하는 것'은 없었다. 사무실에서 회의할 때 '비상 신호'로 그가 말할 것을 동의하였다. "감사합니다. 우리는 여기서 잠시 멈출 것입니다." 상당히 긴 말이지만 이것을 사용할 수 있게 습관화해야 하고 톰에게 두 번째 본성처럼 되어야 하는 것이다. 그가 필요하다고 느낀다면 사용할 수 있다는 점은 의심의 여지가 없었다.

정화 작업 요약

이 장의 첫 부분에서 우리는 정화 작업을 하는 상담의 두 번째 단계로 움직이는 데 초점을 두었다. 우리는 내담자가 다음의 것을 할 수 있도록 한다.

- 자신과 다른 사람, 그의 삶의 문제를 보는 견해와 관련된 낡은 패턴을 유지시키는 준거틀에 도전하기
- 내담자의 어른 자아 강화시키기. 지금-여기에서 그의 문제와 각본 사이의 연결을 만들기 시작한다(어린 시절 경험을 통해 발달된 사고, 감정, 행동의 낡은 방법).

내담자 중심을 목표로 하는 개입을 통해, 우리는 상담에서 내담자의 강화된 어른 자아를 사용할 수 있게 하였다. 어떻게 보면 그는 이제 동료 상담가가 되었다고 볼 수 있다. 앞으로는 상담에서 내담자가 좀 더 활동적이고 직접적인 개입을 만들어 나갈 수 있을 것이다. 다음 단계에서는 내담자의 내면 대화를 외재화하고, 새로운 방법으로 생각하며 느끼고 행동하는 경험을 할 것이다.

2. 내면에서 느낀 경험을 재경험하기

자아상태 대화

이 기술은 여러 가지 방법으로 실행할 수 있다.[43] 상담가는 내담자에게 어버이, 어른, 어린이의 세 자아상태가 각각 다른 의자에 앉아 있다고 상상하게 한다. 그리고 의자 사이를 움직이며 자아상태가 서로 대화할 수 있게 한다. 주로 어버이와 어린이 자아가 서로 이야기하도록 하고, 상담가가 때때로 내담자의 어른 자아를 불러서 요약하고 개입한다.

자아상태 대화는 각각의 다른 자아상태의 사고, 감정과 행동을 분리할 수 있으며, 내담자의 내적 경험으로부터 이러한 것들을 탐색할 수 있는 좋은 방법이다. 대부분의 사람들은 내적인 대화에 매우 익숙하기 때문에 우리가 진정으로 원하고 필요로 하는 것이 무엇인지 알아차리지 못한다. 우리의 준거틀을 만드는 데 영향을 주었던 사람들이 우리의 머릿속에 살고 있으며 이로 인해 이들이 타인이나 세상, 그리고 자신을 어떻게 생각하는지가 결정되고 우리는 이것을 내적 대화로서 경험한다.

외재화된 자아상태 대화는 두 가지 기본 기능이 있다.

- 명백히 하기 기능은 어떠한 이야기가 우리와 함께 머물고 있으며 계속해서 영향을 주고 있음을 들을 수 있게 하는 것
- 거리 두기 기능은 한 발짝 뒤로 물러나서 우리가 말하는 것이 무엇인지 듣게 해 주고, 우리에게 들리는 것이 무엇인지를 창조하게 하는 것

강력한 인식 혹은 통찰의 결과이다. 자기 자신에게 귀 기울여 듣는 것은 우리 자신에

---

43) 자아상태 대화의 잘 알려진 몇 가지 접근을 다음의 것을 포함한다. E. Stuntz, 'Multiple chair technique', *Transactional Analysis Journal*, 3 (1973), pp. 105–8; J. McNeel, 'The Parent interview', *Transactional Analysis Journal*, 6 (1976), pp. 61–8.

대해 다른 사람이 말하는 것을 듣는 것과 같다. 이것이 우리를 멈추게 하고, 생각하게 하며, 질문하게 한다.

자아상태 대화 설정

보통 세 개의 의자가 사용되는데, 각각의 의자는 각각의 자아상태를 의미한다. 이것은 흔히 내적으로만 이야기되는 어버이 자아와 어린이 자아의 대화를 외재화하려는 목적으로 사용된다. 어른 자아상태는 이 두 개의 자아상터와 결정되어 있는 현실 사이의 개입 역할을 담당한다. 주로 이 기능은 주도적인 어버이 – 어린이 자아상태의 대화 강도에 따라 사라지거나 약화된다. 자아상태 대화는 어른 자아 기능을 강화시키는 데 도움이 된다. 자아상태 대화의 마지막 부분에서 내담자는 자신의 이야기를 듣는 것을 당황스러워하지만 이 과정을 통해 그들이 현실처럼 받아들였던 그들 내면의 이야기는 약해지고 힘을 잃어버리게 된다.

자아상태 대화를 어떻게 만드는가?

우선 내담자에게 방법을 설명하라. 세 개의 의자를 가져오게 하고 각각이 어떤 자아상태를 의미하는지 이야기하게끔 한다. 내담자는 경험된 자아상태의 특성을 대표하는 다른 의자들을 선택할지도 모르기 때문에 내담자가 직접 하는 것이 더 좋다. 예를 들어, 크고 딱딱한 의자는 엄격한 어버이 자아상태를 대표하고, 낮고 둥근 의자는 겁 많은 어린이 자아상태를 의미할 수도 있다. 각각의 의자 사이의 공간 또한 의미가 있다. 똑같은 모양의 의자만 가지고 있다면 이러한 효과는 얻을 수 없을 것이다. 어른 자아는 일반적으로 어버이 자아와 어린이 자아 사이에 놓게 되는데, 그것은 어른 자아의 개입 기능을 강조하는 것이다. 그들이 각각 다른 자아상태로 달할 때 의자들 사이로 움직일 수 있다고 내담자에게 말해 주어야 한다.

내담자는 시작하는 의자를 선택하는데, 일반적으로 어떤 대화가 더 강력한가에 따라 어린이 자아 혹은 어버이 자아의 의자를 선택한다. 그들은 자신이 선택한 자아상태로부터 큰 소리로 말하는데 보통은 오직 내면 세계에서만 들었던 것이다. 내담자가 하나의 자아상태에서 말하는 것을 끝내면 다른 자아상태의 의자로 옮겨 간다. 자아상태 대화는 막 이야기한 자아상태의 빈 의자에게 향한다. 이것은 다음과 같은 상태가 될 때까지 계속한다.

- 해결에 동의하거나
- 하나의 자아상태를 버리거나
- 임패스(impasse)가 나타날 때까지

임패스는 '갈 곳이 없는' 혹은 막다른 상태를 말하며, 두 자아상태가 그들의 상태를 그대로 지키고 있는 것이다. 이러한 상태에 도달했을 때 다음 회기에서 다시 할 것에 대한 동의를 구체화하고 명백히 해야 한다(막다른 골목을 분명히 하기 위해서 내담자가 말했던 것을 다시 말하라).

대화하는 동안 어른 자아는 내담자를 어른 자아 의자로 오게끔 해 어른 자아를 가져온다. 이것은 상담에서 상담가에 의해 제시되는데, 내담자는 대개 어버이 – 어린이 대화에 사로잡혀 있기 때문이다. 어른 자아는 해결점에 도달하게 하며, 혹은 막다른 골목에 도달했다는 것을 강조해 주는 중요한 역할을 할 것이다. 그래서 마지막 자아상태 대화에서는 내담자가 어른 자아로 움직이도록 요청하고 상담 요약을 해 주어야 한다.

내담자는 때때로 의자와 이야기하거나 자신을 드러내는 것을 당황스럽게 느끼며, 도움이 되지 않는다고 생각한다. 만약 내담자가 자아상태 대화의 사용을 원하지 않는다면 그것을 존중하는 것이 중요하다. 모든 기법은 아무리 좋은 것이어도 그것을 사용하는 사람이 편안하게 느낄 때 효과적이다. 내담자에 따라 기법(혹은 임상 환경)은 수정될 수도 있다. 내담자에게 사용할 수 있는 수정된 형태로는 '당신의 어린이 자아가 뭐라고 말하나요?', '당신의 어버이 자아가 거기에 어떻게 반응하나요?', '당신의 어른 자아가 동의하나요?' 등이 있으며 이것 외에도 다양하다. 어떤 내담자는 이렇게 수정된 기법을 더 편안하게 느낀다.

어린이 자아와 어버이 자아의 대화

일단 기법에 동의하면, 다음 단계는 어떤 자아상태가 대화할 것인가를 결정하는 것이다. 우리는 좀 더 구체적으로 어떤 어버이 자아상태가 이야기하기를 원하는지, 또 어떤 어린이 자아상태가 표현하고 싶어 하는지를 구별하기 위해서 내담자가 어버이 자아상태와 어린이 자아상태의 내용을 살펴보고 탐색하도록 용기를 준다.

어버이 자아상태

어버이 자아상태는 우리가 자라면서 받은 부모의 영향을 단순히 통합한 것이 아니다. 오히려 이것은 우리의 지배적인 경험의 독특한 모습들로 구성되며, 특정 상황에서 어떻게 생각하고 느끼고 행동하는지를 말해 준다. 어떤 것은 별로 영향을 주지 않지만, 또 다른 것들은 독과 같이 해로워 자율성을 파괴시키기도 한다. 이것은 과거의 우리에게 영향을 주었지만 더 많은 부분에서 우리의 현재 어버이 자아상태를 지배하고 조종한다. 여기에 내재된 각 개체의 분리를 통해 어버이 자아의 내용을 잘라 내는 것은 유용하다. 우리는 각 독특한 자아상태들이 가지고 있는 영향력을 구별할 수 있다. 항상 자신의 어버이 혹은 어린이 자아상태로부터 지시받았다는 것을 기억하는 것은 도움이 된다. 그러므로 메시지는 흔히 한 세대에서 다음 세대로 전해진다. 자아상태 대화를 통해 내담자는 과거로부터 만들어진 사람과 직접적인 대화를 할 수 있다.

어린이 자아상태

이것은 단지 한 개의 어린이 자아상태가 아니다. 오히려 이것은 분리된 많은 어린이 자아상태로 구성되는데, 각각은 발달 단계의 다른 시점을 대표한다. 번은 이것을 '개인의 어린 시절에 의존된 감정, 태도, 행동들의 유형'[44]이라고 했다. 보통 '내면 아이'라고 알려져 있다. 예를 들어, '아기', '두 살배기 아이', '십대'는 우리 자신이나 서로를 묘사하는 여러 가지 방법들이다. 이 각각의 다른 자아상태는 발달에서 중요한 사건과 관

---

44) Berne, *Transactional Analysis*, p. 69.

계된 고유의 독특한 특징, 태도, 행동 유형을 가지고 있다.

어린이 자아상태의 경험은 개인의 초기 경험을 알아냄으로써 자세히 탐색될 수 있다. 내담자의 자아상태를 탐색하므로 자신에 대한 이해가 깊어지고, 어떤 자아상태에서 어떤 자아상태로 관계 맺기를 원하는지를 결정하는 능력을 경험하기 시작한다. 그리고 어버이 자아와 어린이 자아의 충동에서 좀 더 자신을 억제하는 것을 볼 수 있을 것이다.

사례 : 톰

톰의 내면 대화는 그의 숙모로부터 받은 차갑고 처벌적이며 거친 어버이 자아상태와 사랑받지 못했다고 느끼며 그에게 남겨진 유일한 방어책처럼 후퇴해야만 하는 어린이 자아상태 사이의 대화가 분명하다. 톰은 한 개의 의자만 쓰기 원했다. 그는 어린이 자아로부터 시작했다.

어린이 : 저는 정말 외로워요. 아무도 저를 좋아하지 않아요.
상담가 : 왜 아무도 당신을 좋아하지 않는다고 느끼나요?
어린이 : 몰라요. [잠시 쉰다.] 제가 뭔가 잘못되었나 봐요.
상담가 : 무엇이 잘못된 것 같나요?
어린이 : 전 여기 있으면 안 돼요. (전 태어나지 말았어야 했어요.)
상담가 : 여기 있으면 안 된다. (태어나지 말았어야 한다고…)
어린이 : 맞아요.
상담가 : 왜 그렇게 생각하죠?
어린이 : 모르겠어요.

상담가는 톰의 어린이 자아가 처음의 막다른 지점에 왔다고 결정한다. 그리고 이때 어버이(톰의 숙모)를 불러오는 것이 좋다고 생각한다. 상담가는 이것을 톰과 확인할 것이다.

상담가 : 당신의 숙모가 뭐라고 말하는지 들어 보는 것이 좋다고 생각합니다. 어떻게 생각하세요?
어린이 : 모르겠어요. [잠시 쉰다.] 저는 두려워요.
상담가 : 무엇이 두려운가요?
어린이 : 숙모는 저를 좋아하지 않아요.

상담가 : 그것은 두려운 일이지요. 그럼 당신의 어른 자아가 뭐라고 말하는지 우리가 들어 보는 것이 어떨까요?

상담가는 의도적으로 '우리' 라는 단어를 써서 신호하여 겁먹은 어린이가 혼자가 아님을 알려 준다. 상담가는 어른 자아가 어린이 자아를 지지해 주도록 불러오고, 그러는 동안 상담가는 옆에 함께 있다. 이것은 톰이 그 자신의 두려움을 편안하게 느낄 수 있도록 해 주고, 두려움을 이겨 낼 수 있는 힘을 주기 위해서이다. 만일 상담가가 직접 그것을 한다면 톰은 그의 고통스러운 감정에 개입하는 방법을 배우는 기회를 박탈당할 것이다. 이것은 톰에게 도움이 되지 않으며 그의 의존성만 증가시키게 된다.

어린이 : 네, 괜찮을 것 같아요.

상담가 : 톰의 어른, 어버이 자아상태를 가져오기 위해 무엇을 말해 볼 수 있나요? [상담가는 톰에게 자아상태의 변화를 위한 시간을 주기 위해 이렇게 말했다. 변화는 항상 시간을 요구한다.]

어 른 : 네 그래요. [어린이 자아에게 말하면서] 톰, 이건 중요해. 너는 혼자가 아니야. 한번 해보는 것이 어떻겠어?
[톰은 어린이 자아로 돌아간다.]

어린이 : 좋아.

상담가 : 그럼 톰의 숙모님, 뭐라고 말하고 싶으세요?
[다시 상담가는 톰에게 자아상태를 변화시킬 시간을 준다.]

어버이 : 저는 이것이 행복하지 않아요. 이 모든 감정은 불필요해요.

상담가 : 좀 더 말해 보세요.

어버이 : 삶은 계속되는 거예요. 하지만 많은 사람들이 자신을 불쌍하게 여기는 데 대부분의 시간을 낭비하지요.

상담가 : 톰에 대해 말하는 것입니까?

어버이 : 네. 그는 모든 것을 가진 것에 대해 감사해야 해요. 그는 잘 지내고, 직장도 좋아요.

상담가 : 그는 외로워요.

어버이 : 흥, 외롭다고? 그 아이는 자기 멋대로예요. 자신으로부터 좀 빠져나와야 해요. 사람은 믿을 수 없어요. 그들은 돈만 원해요.

상담가 : 그것은 심각한 말씀이네요.

어버이 : 하지만 그건 사실이에요.

상담가 : 톰은 안정적으로 자리 잡을 만한 누군가를 찾고 있어요.

어버이 : 그는 혼자 있는 것이 더 나아요.

상담가 : 무엇이 그렇게 당신을 확신하게 하나요?

어버이 : 저는 사람들이 다치는 것을 보았거든요. 다른 사람의 참견 없이 혼자 사는 게 더 좋아요.

상담가 : 상처받은 적이 있나요?

어버이 : 그것은 당신이 상관할 일이 아니에요.

상담가 : 미안합니다. 그렇게 공격한 것은 아녜요. 그냥 단지 누군가 당신에게 상처를 주었다고 느꼈기 때문이에요.

어버이 : 그럴 수도 있지만 그것에 대해 말하고 싶지 않아요.

상담가 : 예. 말해 주셔서 고맙습니다.

상담가는 어버이 자아상태에 의해서 만들어진 커다란 허가를 알아차렸다. 이 시점에서 더 이상 갈 필요는 없다. 어버이 자아상태는 여기가 한계점이라고 분명하게 지적했다. 어린이 자아가 좀 더 자신감을 느낄 수 있도록 해 주기 위한 어버이 자아의 사랑에 충분한 공간이 있었다. 어린이 자아는 어버이의 허가에 의해 만들어지는 기회가 필요하다.

상담가 : 톰의 어린이, 들었나요? [다시 톰의 자아상태가 변화할 시간을 주면서]

어린이 : 네, 그것이 그렇게 된다는 것은 몰랐어요. 이것이 생각을 바꾸었지요, 그렇지요?

상담가 : 그래요.

어린이 : 제가 다 그런 건 아니죠?

상담가 : 그런 건 아니에요.

어린이 : 이렇게 많은 시간이 지난 뒤에는 받아들이기가 참 힘들어요. [쉬면서, 마치 자신에게 말하는 것처럼] 이것은 정말 내가 아니야.

톰은 한동안 조용히 앉아 그가 들은 것을 되새기고 있었다. 그가 다시 이야기하려는 것처럼 보일 때, 상담가는 말했다.

상담가 : 이제 말할 준비가 되었다고 느끼나요?

어린이 : 네.

상담가 : 우리가 어른 자아의 견해를 물어보는 것이 어떨까요?

어린이 : 네.

[이 작업을 마치기 위해 어른 자아 안에서 양쪽의 자아상태를 통합시키는 것은 중요하다.]

상담가 : 톰의 어른, 우리에게 당신의 생각을 말해 주겠어요?

[잠시 쉬었고 톰은 주저 없이 의자를 바꿔 앉았다.]

어 른 : 이것은 분명하네요. 그렇지 않아요? 왜 어린이 자아가 그것을 원하지 않는다고 느꼈는지 이

제 분명하네요. 이제 확실해졌어요. 어버이 자아는 사람을 믿지 못했고 주위에 사람들이 있는 것을 원하지 않았어요. 이것은 톰과 상관없는 일이에요.

상담가 : 맞아요.

어 른 : 톰은 더 이상 기분 나쁘게 느낄 필요가 없어요. 그것은 톰에 대한 것이 아니잖아요.

상담가 : 맞아요.

톰은 자신이 사랑스럽지 않으며 그러한 사랑을 받을 만하지 못하다고 느끼는 신념에 직면하는 커다란 단계를 가졌다. 상담가와 함께 그는 그의 준거틀에 도전하였다. 톰은 그가 쌓았던 담에서 몇 장의 벽돌을 꺼냈고, 상담가와 함께 그의 어린이 자아를 보기 시작한다. 이 과정을 통하여 그는 문제의 진짜 원인이 다른 사람(그의 숙모)에게 놓여 있었다는 것을 볼 수 있었다. 어린이 자아의 경험, 어버이 자아 상태의 투사, 어른 자아의 현실은 아주 분명하고 명료해졌다.

이제 다음 회기에서 톰은 이것이 무엇을 의미하는지를 이해하고, 그의 삶을 이끄는 방법을 알아야 한다. 어떻게 그가 이것을 계속 유지하는지, 이것이 무슨 의미인지 알기 위한 작업이 더 필요할 것이다. 다음 장에서 우리는 상담가와 함께 그가 이것을 어떻게 다룰지 볼 것이다.

핵심기법

이 단계로 들어가면서, 상담가는 어버이 자아상태 혹은 어린이 자아상태가 언제 주도적이 되는지를 '느끼며', 분명한 방향 감각을 가지고 민감하게 반응하면서 창조력과 직관력을 발달시킬 필요가 있다. 상담 훈련에서 많은 상담가들은 도전과 기술에 기반한 작업을 시작할 때 두려움과 초조함을 표현하곤 한다. 이때 슈퍼바이저는 상담가가 도전하고 경험할 수 있도록 용기를 주고 지지해 주는 것이 필요하다. 두려워하는 것을 무서워하지 마라! 우리의 상담 기술을 발달시키고, 우리의 레퍼토리를 확장시킴에 따라 느껴지는 것을 아는 것은 배우는 과정의 한 부분이다. 이 장의 마지막 연습문제를 통해 역할 놀이 중 당신이 무엇을 경험하는지에 초점을 두어라.

요 약

이 장에서 우리는 내담자의 준거틀에 도전하고 이것을 구별하는 것에 대한 중요성에 대해 알아보았다. 도전이 받아들여졌을 때 각각 다른 내담자들이 어떻게 도전하고 어떻게 인식하는지에 대해서도 논의해 보았다. 그리고 우리는 준거틀을 보여 주는 내담자의 내면 대화를 통해 직접적으로 상담이 어떻게 진행되는지 탐색하였다. 우리가 이야기한 방법들은 다음과 같다.

- 내담자의 통찰 확장시키기
- 준거틀에 도전하기
- 내담자가 주도권을 갖게 하기
- 내면의 어린이 자아가 말할 수 있도록 해 주기
- 어버이 자아의 이야기를 들어 주기
- 어른 자아를 강화시키기

다음 장에서 우리는 내담자가 갖고 온 변화를 완전하게 하기 위하여 어떻게 작업할 것인가를 살펴볼 것이다.

이 장에서 사용된 핵심 개념들은 다음과 같다.

- 준거틀
- 오염
- 정화
- 임패스(막다른 골목, 난국)

핵심 기법은 다음과 같다.

- 설명
- 계약 재고

- 관찰
- 분석
- 자아상태 대화
- 도전
- 공감 조율

다음 장에서 우리는 내담자의 내면 대화 자각을 좀 더 확장시킬 것이고, 그것을 내담자의 것으로 만드는 상담 작업을 할 것이다.

연습문제

5.1 (a) 내담자를 선택하고 그들의 준거틀을 결정하라.
(b) 그들의 오염을 그려라.
(c) 이 내담자의 도전에 있어서 가장 도움이 되는 방법이 무엇이고, 왜 그것이 도움이 되는지 결정하라.
(d) 내담자 역할을 할 파트너를 찾아서 도전에 도움이 되지 않는 방법으로 역할 놀이를 해 보아라. 도움이 되지 않은 이유를 토론해 보아라.
(e) 내담자 파트너와 함께 도전에 도움이 되는 방법을 역할 놀이를 하여라. 이 방법이 왜 도움이 되는지를 토론하라.

5.2 (a) 파트너와 함께, 세 개의 의자를 사용하여 자아상태 대화를 준비하라. 두 사람이 차례대로 내담자 역할을 해보아라.
(b) 대화가 끝난 뒤에 이 방법에서 사용된 경험을 토론하라.
1) 내담자로서 2) 상담가로서
(c) 내적, 외적인 학습 목표를 찾아보고 그것을 달성하기 위해 무엇을 할 수 있는지 알아보아라.

참고문헌

준거틀

Schiff, J.E. (1975) *Cathexis Reader: Transactional Analysis Treatment of Psychosis.* London: Harper & Row, Chapter 5, pp. 49–71.

오염 제거

Berne, E. (1961/1980) *Transactional Analysis in Psychotherapy.* London: Souvenir, Chapter 4, pp. 47–50.

06

어른 자아를 해방시키기

내담자는 어린이나 어버이 자아상태가 어른 자아상태와 다르다는 것을 깨달을 때 커다란 전환점을 맞게 된다. 그러나 이것은 자각의 시작에 지나지 않는다. 어린이와 어버이 자아상태 사이에 있는 내면 대화의 힘은 내담자가 스트레스를 받거나, 어른 자아가 오염되어 자각 능력이 일시적으로 기능하지 못할 때 금방 주도권을 잡게 된다. 이러한 침투로부터 어른 자아를 해방시키기 위해서는 추가적인 작업이 필요하다.

당신의 목표는

- 자각 능력을 확장시키고
- 내담자의 변화를 평가하는 것이다.

당신이 도달하고자 하는 목표는 무엇인가? 이 단계를 마칠 때에는 많은 결실들을 맺을 수 있을 것이다. 당신은 내담자로 하여금,

- 자신의 내면 대화를 주도할 수 있게 하고

- 좀 더 긍정적 스트로크의 균형을 유지할 수 있게 하고
- 교류를 주도할 수 있게 하고
- 심리적인 게임을 줄일 수 있게 하고
- 마지막으로 상담을 종결할지 혹은 계속할지의 문제를 함께 결정할 수 있게 한다.

1. 자각 능력의 확장

내면 대화

앞으로 할 상담 작업에 대해 생각해 볼 수 있는 유용한 방법은 심리적인 에너지 용어를 사용하는 것이다. 어린이 자아와 어버이 자아는 과거의 경험과 다른 사람의 관점이 갖고 있는 에너지로 충전되어 있다. 일단 내담자가 어른 자아의 자각 능력을 갖고 있으면 어른 자아는 어버이 – 어린이 자아의 오염으로부터 자유로워지며 원래의 자아상태를 감춤으로써 그 에너지의 힘을 제한할 수 있다.[45] 특히 그들의 내면 대화가 시작되거나 스트레스를 받으면 어른 자아는 이러한 압력에 저항하기 어려워하며 어버이 – 어린이 자아의 에너지의 힘에 압도당한다. 이 순간에 에너지는 억압에서 벗어나 어른 자아의 자각 능력을 지배하게 된다.[46] 많은 경우, 이 단계에서 시소 효과가 나타난다. 제한되었던 에너지가 어른 자아로 분출되고 다시 억압함으로써(초기 단계에서는 상담가의 도움으로만 가능) 어른 자아는 방해받지 않은 채 자유롭게 기능한다. 내담자는 정신세계에서 일어나는 이러한 에너지의 변화로 인해 종종 낙심하거나 좌절감을 느낀다. 이것은 욕구와는 상관없이 내담자 스스로의 의지로 인해 일어나는 것처럼 보일 수도 있다. 어떤 새로운 기술을 배울 때에도 그렇듯이 완전히 습득하기 전에는 일시적으로 후퇴하는 단계가

45) E. Berne, *Transactional Analysis in Psychotherapy* (Souvenir, London, 1961/1980), p. 40 : 갇혀 있는 에너지는 표출될 수 있는 잠재력을 가진 위치 에너지에 해당한다.

46) E. Berne, *Transactional Analysis in Psychotherapy*, p. 40 : 갇혀 있지 않은 해방된 에너지는 운동 에너지에 해당한다.

있다.

그렇다면 상담가는 어떻게 내담자를 도울 수 있을까? 가장 좋은 접근 방법은 분출되는 에너지가 내담자의 어른 자아를 언제 압도하는지 지속적으로 분석하는 것이다. 이를 위해 어른 자아가 자각 능력을 잃어버리는 순간이 언제인지를 정기적으로 논의하고 분석하며, 그 원인이 무엇인지 알아내도록 도와야 한다. 이러한 방법을 통해 자각 능력은 지속적으로 확장되고 강화될 수 있다. 특히 내담자에게는 이 과정과 원인에 대해 분명한 설명을 해 주어야 하고, 그것은 정상적인 과정이며 결국에는 중단될 것이라는 것도 알려 주어야 한다.

사례 : 톰

톰은 숙모가 그녀의 경험에만 의존하여 편견을 가진 채 그에 대해 잘못 생각하고 있었다는 것을 알게 되었고, 그로부터 몇 주가 지난 뒤 우울한 기분으로 상담에 참석하였다. 톰은 자신감이 회복되면서 용기를 내어 자기 사무실에 근무하는 한 여인을 저녁식사에 초대했다. 그들은 즐거운 시간을 가졌고 잘 되어 가는 것처럼 보였다. 며칠 후 톰은 그녀에게 다시 한 번 전화를 걸어 저녁식사를 함께하자고 제안했지만 그녀는 응하지 않았다. 톰의 말을 빌리면, "그녀는 끝이 아니라고 말하지도 않았지만 예라고 말하지도 않았다."는 것이다. 톰은 거절당했음을 마음에 두고 자신을 혐오하고 비난하며 절망감에 빠졌다. 어버이–어린이 자아의 대화가 톰을 온통 지배하게 되었다. 톰은 지난 몇 주 동안 어버이–어린이 자아의 지배로부터 비교적 자유로웠기 때문에 그 충격이 더욱 크게 느껴졌다. 자신도 모르는 사이 자신의 부정적인 감정을 거의 견뎌 낼 수 없게 되었다. 톰은 자신에 대해 긍정적인 감정을 갖기 시작한 것을 인식하지 못했고 이러한 차이는 너무나 큰 충격으로 다가왔다. 자유를 즐기다가 갑자기 감옥에 내던져진 것처럼 싹트던 희망이 일시에 무너지는 것 같은 절망감에 휩싸이게 되었다. 톰은 상담을 지속하는 것이 무의미하게 느껴진다고 했다. 그는 유익을 얻기 위해서는 반드시 어떤 대가를 치러야 한다는 사실을 알지 못했다. 톰은 자신의 상황을 이야기했고, 상담가의 시간을 낭비시킨 것을 사과했다. 그리고 사전 통보를 하지 않은 대가로 2주간의 상담 비용을 지불하겠다고 하며 상담가를 실망시킨 것에 대해 미안해했다.

절망감이 주는 충격은 톰의 피를 말리는 듯했다. 두 눈에 눈물이 고였다. 상담가는 톰에게 따뜻한 눈길을 보냈다.

상담가 : 톰, 당신의 절망스러운 기분이 충분히 이해되는군요. 그건 너무나 정상적인 거예요. 대부분의 사람들은 자신의 각본과 반대로 될 때 그런 느낌을 갖곤 해요. 이런 상황에 처하게 되면 누구든지 포기하고 싶어지지요.

톰 : 선생님은 그동안 제게 아주 친절하게 대해 주셨어요. 지금까지 그렇게 해 주신 것을 대단히 감사하게 생각하고 있어요. 저를 위로해 주실 필요는 없어요. 선생님을 실망시켜 미안합니다.

상담가 : 톰! 제 말뜻을 잘 이해하지 못하신 것 같아요. 머리로 이해하면서 들으세요. 이것은 지극히 정상이에요. 일시적인 장애물 같은 것이죠. 너무 실망해서 낙담하고 계신 것을 잘 알고 있어요. [톰이 말을 가로막는다.]

톰 : 당신은 이해하지 못할 거예요. 이 고통을 견딜 수 없어요. 제게는 너무 큰 고통이에요. [울기 시작한다.]

톰은 얼마 동안 소리 없이 울었고 상담가는 이따금 위로의 말을 건넸다. 톰이 운 것은 이번이 처음이었다. 획기적인 사건인 셈이었다. 거절로 인한 충격은 그의 내면에 있는 어린이 자아상태에 상처를 주었고, 그로 인해 고통은 순식간에 그를 엄습했다. 톰이 어느 정도 진정되자 상담가는 이야기하기 시작했다.

상담가 : 당신은 그동안 아무도 들어주지 않았기 때문에 몇 년 동안의 아픔을 계속 쌓아 두고 있었어요. 하지만 지금은 달라요. 당신과 내가 이 문제를 함께 이야기할 수 있잖아요. 아픔을 혼자서 끌어안고 있지 마세요.

톰 : 제가 견뎌 낼 수 있을지 모르겠어요.

상담가 : 늘 이런 느낌은 아닐 거예요. 당신이 친밀한 관계에서의 '예'와 '아니요'에 좀 더 익숙해지면 쉬워질 거예요. 언제나 처음이 가장 어렵지요.

톰 : 제가 정말 할 수 있다고 생각하세요?

상담가 : 네, 그럼요. [톰은 잠시 말이 없다.]

톰 : 선생님이 저를 믿는 이유가 무엇인지는 모르겠지만, 무언가 달라질 수 있을 거라는 생각은 드네요. 한번 해 볼게요.

상담가 : 정말 기쁘네요. 무슨 일이 있었는지, 그리고 어떤 느낌이었는지 한번 나누어 볼까요?

톰 : 네.

두 사람은 톰이 거절당했을 때 그의 어버이 자아상태가 엄청난 비난을 어떻게 퍼부었는지 되돌아보았다. 그의 자신감은 무너져 내렸고, 그의 어린이 자아는 어느 때보다도 큰 좌절감을 느꼈다. 톰은 사건 하나하나를 차례대로 분석해 가며 자신의 내면 대화와 연결시켜 감에 따라 배우자를 찾는 과정에서도 여러 번 거절당할 수 있다는 것을 받아들였고, 이 거절을 어린 시절의 경험과 구별하는 것이 중요하다는 사실을 깨달았다. 이를 통해 톰의 어른 자아는 더욱 힘을 얻게 되었고 퇴짜 맞는 것 즉 거절당하는 것을 좀 더 현실적인 시각에서 바라볼 수 있었다.

이러한 변화의 시기에는 내면 대화가 상처받기 쉬우므로 상담가는 톰에게 한 회기를 더 하는 것이 어떠냐고 제안했다. 톰은 자신이 힘들다고 느껴지면 전화로 연락하겠다고 약속했다.

톰에게 무슨 일이 일어났는가?

같은 사무실에서 일하는 여성에게 두 번째 데이트를 신청했을 때 거절당하는 경험은 톰의 어린이 자아 속에 있는 에너지를 분출시켜 과거의 환영받지 못하고 사랑받지 못했던 감정을 일깨웠다. 예기치 못했던 거절로 인해 톰은 무방비 상태에서 어린이 자아를 강타 당했고, 그 에너지가 넘치면서 어른 자아를 압도해 버렸다. 그의 어린이 자아가 곤경에 빠지자 지금까지 조용히 눌려 있던 어버이 자아는 어른 자아로부터 과거에 가지고 있었던 힘을 되찾게 되었다. 어버이 자아는 어른 자아에 의해 오랜 기간 억눌려 있던 힘을 되찾음으로써 신랄한 비난을 퍼붓기 시작했고, 분출된 에너지로 어른 자아를 압도했다. 톰은 어버이 자아와 어린이 자아가 합세한 엄청난 에너지에 휘둘렸고, 어른 자아는 물밑으로 가라앉아 버린 것 같았다. 톰은 절망과 좌절감으로 가득 찬 것 같았다. 상담을 신뢰해 왔던 그동안 그의 기분은 점차 좋아졌고 용기가 다시 샘솟는 것을 느끼고 있었다. 희망을 갖게 되었고 진도가 나아갈수록 점점 커가고 있었다. 과거의 상태로 되돌아갈지도 모른다는 두려움도 줄어들고 있었지만 지금은 그것이 어떤 느낌이었는지 잊기 시작했고 그의 방어기제도 내려놓게 되었다. 최근 그가 받은 거절의 충격은 엄청나게 컸고, 이것은 그가 실제로 어린 시절에 묻어 두었던 상처까지 뚫고 들어갔다. 톰은 지난 몇 년 동안 이와 같은 좌절감을 겪어 본 적이 없었다. 그의 각본 메시지는 복수로 다시 시작되었다.

- 나는 사랑스럽지 않아. 아무도 나를 원하지 않아(어린이 자아, 금지령 : 너는 사랑스럽지 않아. 아무도 반기지 않을 거야).
- 너는 제대로 못하니까 나빠(어버이 자아, 몰이꾼 : 완전해라. 넌 할 수 없어).

상담실에 오기 전까지 그는 상담가에게 도움을 받을 수 없을 것이라고 확신했다.

상담가는 톰에게 왜 경고하지 않았는가?

톰의 상담가는 톰의 내면 대화가 계속 진행되고 있으며, 그의 어른 자아를 강화시켜 나가는 과정이 서서히 시작되고 있음을 알고 있었다. 톰의 어른 자아는 어버이 자아와 어린이 자아의 힘에 압도당한 적도 있었다. 상담가는 이전 회기에서 이 문제를 톰과 나누었고 앞으로 그런 상황에 어떻게 대처할 것인가에 대해서도 마음의 준비를 하게 했다. 사실 톰이 어떤 경험을 하게 될지 알 수는 없었다. 하지만 첫 번째 사건이 터지자, 그 감정의 고통이 너무나 컸기 때문에 상담가와 나누었던 이야기는 전혀 생각나지 않았다. 이런 일이 일어날 수 있는 상황을 미연에 방지할 수 있는 방법은 아무것도 없다. 내담자가 자신의 각본 경로를 벗어나 어떠한 상황에 처할 것이라는 것을 상담가가 예측할 수는 없기 때문이다. 그러므로 좋은 치료 관계는 매우 중요하다. 이것은 격동의 시기에도 내담자가 흔들리지 않게 붙잡아 줄 수 있는 핵심적인 요소가 된다.

긍정적인 측면은, 이러한 경험이 어린 시절부터 가두어 놓았던 감정을 해방시키고 자각 능력을 향상할 수 있게 도와주므로 각본 강화 방지에 도움이 될 수 있다는 사실이다.

상담가는 톰에게 무엇을 해 주었는가?

톰의 상담가가 첫 번째로 한 일은 그의 경험이 지극히 정상적인 것이라고 이야기한 것이다. 상담가는 톰의 충격이 큰 것은 사실이지만 그가 겪은 경험은 특별한 것이 아니며, 개인적인 변화를 겪는 사람들 대부분은 자신이 갖고 있는 준거틀을 일시적으로 강화시키는 각본화된 내면 대화에 도로 갇힌 듯한 느낌을 받는다고 했다. 정상이라고 이야기하는 것은 곤경에 빠져 있을 때 구조해 낼 수 있는 결정적인 방법 중 하나이다. 내담자가 비정상적인 경험을 하는 것이 아니라는 확신을 심어줌으로써 절망의 나락으로 떨어지지 않게 한다. 이것은 내담자로 하여금 어른 자아가 오염되지 않도록 어린이 자아와 어버이 자아를 다시 묶어 놓는 유용한 지렛대 역할을 한다.

톰은 정상이라는 이야기에 직접적인 반응을 보이지는 않았다. 사실 그는 어린이 자아상태에서 상담가와 교차 교류를 하고 있기 때문에 그 말을 무시한 것처럼 보였다. 왜냐하면 상담가가 겉으로는 톰의 어른 자아에게 이야기하고 있는 것으로 보이지만 **우회 교류**(angular transaction)를 사용함으로써 톰의 어린이 자아가 듣게 했기 때문이다. 우회 교류는 어른 자아와 교류하는 **사회적 수준**과 어린이 자아에게 확신을 주는 **심리적 수준의 교류**를 동시에 사용하는 것이다(그림 6.1).

톰의 반응은 그의 어린이 자아가 확신을 갖지는 듯했지만 관심을 갖고 듣기 시작했다는 것을 보여 주는 어린이 자아로부터의 직접적인 반응이다(지금까지 그는 오염된 어른

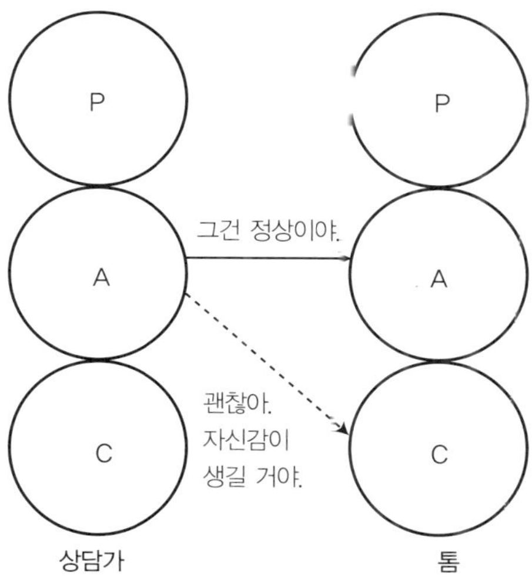

>>>그림 6.1 우회 교류

Souvenir 출판사로부터 승인받아 재인용함.
Eric Berne(1961) *Transactional Analysis in Psychotherapy*. London: Souvenir Press.

자아상태였다 – 나는 적합한 내담자가 아니며 나는 떠날 것이다). 그는 완전히 어린이 자아상태로 들어가서 그의 아픔을 있는 그대로 나타냈다. 내담자가 확신은 없지만 아픔과 고통을 상담가와 나누려 하며, 처음으로 울음을 터뜨린 것은 상담 관계가 지속될 수 있다는 징조이다. 그 관계는 더욱 강화된다.

핵심기법

상담가는 톰의 슬픔을 따뜻하게 달래 주면서 받아들인다. 위로가 필요한 아이를 대하는 것같이 톰이 얘기할 준비가 될 때까지 달래며 확신을 주고 인내하고 기다렸다. 상담가는 그가 어떠한 어려움이 있으며, 또 어떻게 대처하는지에 대한 새로운 방법을 설명해 준다.[47] 또 절대적으로 톰에 집중하여 고립감과 거부감으로 묘사된 그의 각본 역할의 준거틀은 허구라는 것을 보여 주면서, 사람들은 그와 가까워지기를 바라며 그가 사랑스럽고 가치 있는 사람임을 현재의 모델로 만든다. 톰은 자신이 다른 사람에게 가까이 갈 수 있는 능력이 있다고 상담가가 믿고 있는지 다시 한 번 확인할 필요가 있었다. 그는 상담가의 기대에 의지한다. 결국 톰은 충분히 확신하고 해 보기로 결정한다.

톰이 거절당했던 상황들을 설명할 때 상담가는 과거와 현재를 분리하도록 도왔다. 그도 이미 알고 있지만 좌절의 순간에 있었던 사실을 상기시키기 위해 상담가는 파트너를 구하는 과정에서 어떤 식으로든 거절이 있을 수 있다는 현실감 검증을 하도록 도와준다. 이 과정은 톰의 어른 자아를 강화시켜 주고 자각을 일깨워 준다.

마지막으로 톰의 상담가는 상처받기 쉬운 내담자에게 중요한 보호[48]를 제공한다. 상담가는 주말에 또 한 번의 방문과 필요하다면 전화 통화를 하기로 약속하였다. 이러한 보호는 유기된 느낌

---

47) E. Berne, *Principles of Group Treatment* (Grove, New york, 1966), p. 236 : 설명은 성인 자아를 강화시키거나, 오염을 제거하거나, 방향을 재설정하는 것을 치료자의 입장에서 시도하는 것이라 할 수 있다.

48) E. Berne, *What Do You Say After You Say Hello?* (Corgi, London, 1974/1987), p. 374 : 상담에서 상담가의 효율성을 결정하는 '3P' 란 능력, 허가, 보호이다. 상담가는 내담자의 어린이 자아가 어버이 자아의 분노로부터 보호해 줄 수 있는 충분한 잠재력을 가지고 있다고 신뢰할 수 있을 정도가 되어야 한다.

을 받지 않게 하고, 톰이 필요할 때 도움 받을 수 있도록 도우며, 톰이 자신의 어른 자아를 강화시킬 수 있게 한다. 이러한 보호막은 언제나 강화시켜야 한다. 내담자의 정서적인 자아에게 최대한의 지지를 보내야 할 정도로 내담자가 쉽게 상처를 받는 경우에는 반드시 보호막을 강화시켜야 한다.

필요한 핵심 기술은 다음과 같다.

- 달래 주고 안심시키기
- 인내
- 설명 : 상담가는 TA 이론을 가르쳐서 통찰력을 키운다.
- 상담 관계 안에서 모델을 제시하기
- 현실감 테스트 : 현재로부터 과거를 분리하기
- 지지를 증가하여 보호막을 제공하기

외부 대화

우리의 내면 대화는 외부와의 교류나 대화에 큰 영향을 받는다. 우리는 내면에 맞추어 우리 자신과 이웃, 외부 세계에 반응한다. 교류는 우리의 내면 세계를 그대로 반영하는 것이다. 내담자가 어린이 자아, 어버이 자아, 오염된 어른 자아, 온전한 어른 자아 간의 차이를 깨닫고 이해하여 자신감을 갖고 능숙해짐에 따라, 다른 사람과의 상호작용을 증진시키며 어른 자아상태가 아니라 각본을 강화하는 것인지 혹은 독립적인 어른 자아인지에 대한 자각을 더 발달시킬 필요를 느끼게 된다.[49]

49) E. Berne, *Games People Play* (Penguin, Harmondsworth, 1964/1985), p. 158 : 자율성 획득은 자각, 자발성, 친밀성이라는 세 가지 능력의 해방과 회복에 의해서 분명해진다. 자각은 커피포트를 보는 능력과 학습을 통한 것이 아닌 자신만의 방법으로 새가 노래하는 것을 들을 수 있는 능력을 뜻한다. 대부분의 사람들은 화가나 시인, 음악가가 될 수 있는 능력을 잃어버렸으며 우리가 할 수 있을 때조차도 직접적으로 보고 들을 수 있는 선택권을 포기하였다. 그래서 그들은 중고품으로 그것을 다시 얻어야만 한다. 자각은 과거나 미래의 어딘가가 아니라 지금 여기에서의 삶을 요구한다.

사례 : 톰

톰은 사무실 여성과의 데이트에 실패한 후 몇 주가 지나자 서서히 자신감을 회복했다. 그는 어른 자아의 자각 능력을 잃었을 때, 어린이-어버이 자아상태 대화를 서로 묶을 수 있었다. 위기를 겪은 직후에 그는 상담가를 일주일에 두 번씩 만났다. 자주 만나면서 안정을 되찾게 되었고 자신감을 회복했다. 2주가 지난 후에는 다시 일주일 간격으로 만나는 원래의 스케줄로 돌아갔다.

톰은 여자 친구를 사귀려고 세 번 더 시도하였으나 매번 똑같은 일이 발생하였다. 첫 데이트는 잘 진행되었으나 더 이상 진전되지 않는 분명한 패턴이 나타나고 있었다. 톰은 당황스러웠고 화가 치밀었다. 그는 무슨 일인지 이해할 수 없었다. 상담가는 어떤 공통점을 발견할 수 있는지 보면 문제 해결의 실마리가 풀릴 수 있을 것이라고 했다.

톰은 항상 먼저 다가가는 것을 시도하였다. 그녀는 항상 놀란 듯 뒤로 약간 물러섰다. 톰은 이것이 내심 즐거웠다. 자신이 강한 첫인상을 심어 주고 있으며, 여자친구를 얻지 못하는 종류의 사람들과는 분명히 다르다는 것을 보여 준다고 굳게 믿었기 때문이다. 이 단계에서 톰은 자긍심을 가지며 그녀에게 좋은 인상이 심어졌으리라 확신했다. 따라서 한 번 만나기 위한 날짜와 시간을 정하는 데 그리 큰 노력이 들지 않을 것처럼 보였다. 톰은 데이트 날이 가까워 오면 기분이 들뜨게 되었다. 데이트하는 날이면 톰은 꽃다발이 배달되도록 했고 식당에 20분 전 도착하여 모든 것이 제대로 되어 가고 있는지 확인했다. 그리고 그녀가 들어올 때까지 차가운 샴페인 한 병을 테이블에 준비해 놓았다가, 의자에 앉으면 바로 코르크 마개를 따곤 했다. 또한 '대화 소재가 떨어지지 않도록' 몇 가지 대화 주제를 준비하여 연습하곤 했다. 늘 그렇듯이 그날 저녁도 일은 매끄럽게 진행되었다. 그는 억지로 밀어붙이지 않았고, 자기 스포츠카로 그녀를 집까지 바래다주었으며 잘 자라고 뺨에다 가벼운 키스를 해 주었다. 그 다음 날 그녀에게 즐거운 저녁 시간이었다는 메모를 전해 주었다. 톰은 매우 확신했다. 닷새 정도 지난 후, 톰은 또 한 번 만나자고 전화를 했다. 매번 그는 쿨한 느낌을 받았고, 그로 인해 마음을 푹 놓게 되었다. 그러다 두 번째 데이트는 어림없다는 사실을 알게 된 것이다. 그는 전화기를 힘없이 떨구고 절망감에 빠져 들었다. "도대체 알 수가 없어요. 내가 무엇을 잘못했지요?" 톰은 상담가에게 물었다.

상담가는 어떻게 상담 작업을 하였는가?

긍정적 스트로크 : 적극적 지지

톰은 분명히 그날 저녁 데이트가 완벽해지도록 자신의 모든 것을 쏟아부었다. 상담가는 톰의 친절함과 세세한 것까지 꼼꼼하게 주의를 기울이는 배려의 마음을 칭찬했다. 상담가는 톰이 데이트하는 여성들로부터 조건적 긍정적 스트로크를 바랄 것이라는 생각이 들었다. 그는 매번 무조건적 부정적 스트로크를 경험했다. 가장 우선적으로 필요한 것은 상담 장면에서 그러한 과정을 반복하지 않으면서도 톰이 원하고 필요로 하는 긍정적 스트로크를 제공하는 일이었다.

상담가 : 저녁 이벤트를 계획하는 방법이 사려 깊고 대단하시네요. 특별한 저녁을 만들기 위해 할 수 있는 것은 모두 동원하신 것 같아요.

톰 : [약간 얼굴을 붉히면서 고쳐 앉는다.] 아, 네. 그렇게 했지요.

톰이 말은 많이 하지 않았지만, 얼굴이 붉어지거나 움직이는 것은 그가 기뻐하고 있으며 인정받고 있음을 느끼고 있다는 신호였다. 다음 단계는 톰으로 하여금 그 당시의 사건을 돌아보고 무엇이 그의 희망을 앗아가 버렸는지 생각해 볼 수 있도록 **통찰력**을 키워 주는 일이었다. 통찰력을 키우기 위해서는 성찰을 우선적으로 계발할 필요가 있다.[50)]

통찰력 : 성찰

상담가는 내담자로 하여금 성찰을 통해 문제 상황을 회상하며, 심리적 게임으로 나아가는 핵심 사항을 찾아내도록 한다.

상담가 : 성찰해 보았을 때, 문제를 일으킬 만한 어떤 것이 머릿속에 떠오르십니까?

톰 : 제 자신에게 질문해 보았는데요. 제가 생각해 낼 수 있는 것이라고는 너무 예민했던 것이 아니었나 싶어요.

상담가 : [부드럽게 끄덕인다.]

톰 : 제 말은… 제 생각에는… 데이트 첫날 꽃과 샴페인이 어떤 사람에게는 좀 부담스러울 수도 있을 것 같습니다.

---

50) 성찰 : 내 자신의 개념은 아니지만 이 개념에 대한 참고문헌은 찾을 수 없었다. 저자의 기억으로는 동료와의 대화 중에 생각해 낸 것이다.

상담가는 부드러운 표정과 고개를 끄덕이는 비언어적인 반응으로 자신도 같은 의견임을 확인시키고, 공감하는 태도로 톰의 관점을 지지한다는 표현을 했다. 상담가는 톰이 자신의 실수에 대한 정확한 그림을 재현할 수 있도록 도우면서 동시에 더 이상 고통이나 거절 혹은 당혹감을 느끼지 않게 하고 싶었다.

톰의 행동 분석

다음 단계는 매우 민감한 부분이다. 상담가는 톰으로 하여금 지나치게 베푸는 것으로 인해 상대방이 받을 수 있는 충격을 자각할 수 있도록 도와야 한다. 톰은 자신의 행동이 상황 통제나 간섭으로 느껴질 수 있다는 것을 충분히 이해할 필요가 있다. 또한 모든 여성을 동일한 공식으로 대함으로써 사람을 객관화시키고 있다는 사실을 인식할 필요도 있다. 그는 개인의 특성을 깨닫지 못하고 있으며, 각 사람마다의 독특한 성향과 선호를 존중하면서 베풀지 못했다. 톰의 완벽주의적인 태도와 계획에 대한 지나친 집착은 파트너를 어떻게 대할지 객관적으로 볼 수 없게 했다.

직 면

톰은 그가 인식하고 있는 좋은 의도와 자신의 실제 행동 간의 차이를 이해할 필요가 있다. 관계를 좀 더 깊이 이해하기 위해서는 이 같은 차이에 직면해야 한다.[51)] 이것을 받아들이기는 쉽지 않을뿐더러 여기에는 또다시 자학하고 절망에 빠질 수도 있는 위험이 도사리고 있다.

상담가 : 당신과 데이트한 여성들에게서 어떤 차이점을 발견하셨나요?

톰 : 무슨 말씀이세요?

---

51) E. Berne, *Principles of Group Treatment* (Grove, New York, 1966), p. 235 : 직면에서 상담가가 이전에 이끌어 낸 정보를 사용하는데 내담자의 어버이, 어린이 혹은 오염된 어른 자아의 허를 찌르기 위해서 상담목표는 항상 오염되지 않은 어른 자아에 집중해야 한다.

상담가 : 그 사람들은 어떤 점이 서로 달랐습니까?

톰 : 어떤 점이 유사했었는지 이야기를 시작하는 편이 쉬울 것 같네요.

상담가 : 그럼 어떤 점이 유사했었나요?

톰 : 네, 그 여성들은 모두 키가 크고 금발이며 저와는 나이 차이가 꽤 났지요. 맨디(Mandy)와 바바라(Babara)는 인사과에 근무하고 리사(Lisa)는 회계과에서 일하고 있어요. 모두들 아주 재미있는 아가씨들입니다.

상담가 : 지금 말씀하신 특징이 바로 당신의 마음을 끌었다고 보시나요?

톰 : 그렇게 생각해 본 적은 없지만…. 아, 뭐 그럴지도 모르겠네요.

상담가 : 리사는 맨디와 어떻게 다른가요?

톰 : 리사는 좀 조용한 편이죠. 신중하고요. 자신감은 좀 없어 보여요.

상담가 : 그렇다면 리사가 좋아하는 것은 맨디와는 다를 수 있겠네요?

톰 : 네, 그럴 수 있겠지요.

상담가 : 리사가 자리에 앉자마자 샴페인을 터뜨렸을 때 리사는 어떤 느낌이 들었을까 상상해 보시겠어요?

톰 : 그런 질문을 하시니 좀 우습네요. 리사는 보통 술을 마시지 않는다고 했어요. 지금 생각해 보니 그녀가 그리 기뻐하는 눈치는 아닌 것 같았어요. 약간 긴장하는 것 같았어요.

상담가 : 성찰해 보았을 때, 그녀는 샴페인을 즐기지 않았을 거라는 생각이 드셨군요. 아마도 그녀에게 선택하라고 했다면, 술이 아닌 다른 종류의 음료를 시켰을지도 모르겠군요.

톰 : 네, 무슨 이야기를 하시는지 알겠네요. 이제 분명해집니다. 그녀가 다시 만나고 싶어 하지 않는 것이 이해가 되요. 나는 왜 이리 멍청하지… [톰은 의자에 털썩 앉아 손으로 얼굴을 가린다.]

상담가 : 아니에요. 톰, 당신은 멍청하지 않았어요. 당신은 그날 저녁을 가장 멋지게 시작하려는 순수한 마음을 가졌을 뿐입니다.

예 화

톰의 상담가는 지금까지 톰이 리사와 맨디의 차이를 보지 못했음을 깨닫게 하였다. 그러나 톰은 통찰력을 개발하기보다 자기 비하적인 위치로 옮겨 가려는 순간에 있다. 상담가는 다른 사람에게서 개인의 특성을 인식하지 못했던 자신과 톰을 동일선상에 놓고 직접 경험한 예화를 직면시킴으로써 이러한 현상이 발생하지 않도록 했다.[52)]

상담가 : 제 아들의 일곱 번째 생일파티가 생각나네요. 아이들은 모두 근처 수영장에서 파티를 여는 것이 연례 행사였지요. 저는 우리 아들도 그렇게 하겠거니 생각하곤 모든 예약을 마쳤습니다. 어느 날 저는 그 이야기를 했고 누구를 초대할 거냐고 물었습니다. 그때 저는 그 아이가 쳐다보던 멍한 얼굴을 잊을 수가 없습니다. 자초지종을 이야기하자, 아들이 엄청 화를 내더군요. 자기는 자동차 경주장에서 자동차 운전놀이를 하고 싶었다는 거예요. 그 사건은 저에게 중요한 교훈을 주었습니다.

톰 : [톰은 잠시 생각하더니] 선생님도 이런 실수를 한다니 마음이 좀 가벼워집니다.

게임과 스트로크 분석

직면은 예화로 인해 성공한 것 같았다. 그러나 이것은 시작에 불과하다. 통찰력과 자각능력을 키워 주기 위해서는 다음 회기에서 추가 작업이 필요할 것이다. 톰은 자신에 대해 막 이해하기 시작했기 때문에, 다음 단계는 자신의 심리적 게임과 그에 따른 스트로크를 분석하는 일이다. 톰이 드라마 삼각형의 개념에 대해 이미 어느 정도 알고 있었기 때문에 다음 회기에서 상담가는 그것을 설명하기 시작했다.[53)]

---

52) Ibid., p. 237 : 예화는 직면을 강화시키기 위해 성공적인 직면과 함께 따라오는 일화, 미소 혹은 비교이다. 상담가는 어른 자아와 다른 자아상태 사이에 끼워 넣어 어른 자아를 견고하게 하고 어버이 자아나 어린이 자아로 돌아가려는 것을 어렵게 만들고 있다.

53) S. Karpman, 'Fairy tales and script drama analysis', *Transactional Analysis Bulletin,* 7, 26: 39–43 (1968).

상담가 : 당신과 데이트한 모든 여성이 샴페인을 좋아할 것이라고 가정했다면, 성찰을 통해 당신은 드라마 삼각형의 어떤 입장을 취했다고 생각하십니까?

톰 : 그 당시 제가 무엇이었다고 말할 수는 없지만, 그러나… 지금 생각해 보면… 아마도 구원자? 아닌 것 같기도 하고….

상담가 : 당신이 그렇게 말하는 이유를 알 것 같네요. 겉으로 보기에는 당신이 친절을 베풀고 도와주며 사람들을 돌보는 역할을 했다고 생각할 수도 있습니다. 만약 리사 입장에서 자기가 좋아하지 않는 것을 억지로 마셔야 했던 것을 생각해 본다면… 그녀는 당신에게 통제당하고 있다는 생각이 들지 않았을까요?

톰 : 네, 그렇다면 박해자였겠군요. 그런데 어떻게 그럴 수가 있단 말입니까? 저는 악의를 품거나 무섭게 대하지 않았는데요. 저는 친절을 베푼 것밖에는 없어요.

상담가 : 이상해 보이죠? 그러나 당신은 그 당시 도움을 베풀고 있다는 생각으로 리사가 원하지 않는 것을 억지로 했어요. 당신은 구원자의 자세로 박해했던 것입니다. 박해라고 반드시 해를 입히려는 마음으로부터 나오는 것은 아니에요. 다른 사람으로 하여금 우리의 의도된 행동을 받아들이라고 강요할 때 박해하는 것입니다.

톰 : 음…. [톰은 잠깐 침묵에 잠겨 생각한다.] 저는 지금까지 그렇게 생각해 본 적이 없었어요.

상담가 : 그 다음에 일어난 일이 무엇인지 볼까요? 아마 모든 것이 좀 더 분명해질 것입니다.

톰 : 좋습니다.

상담가 : 당신이 꽃과 샴페인을 준비할 때 당신은 매우 행복해했고 자신에 대해 긍정적 스트로크를 많이 주었습니다.

톰 : 그랬었지요.

상담가 : 당신은 아마도 리사로부터 긍정적 스트로크를 많이 받을 것이라고 상상했을 것입니다. 하지만 거의 받지 못했지요.

톰 : 그렇습니다. 사실입니다.

상담가 : 그러고 나서 두 번째 데이트를 하려고 했을 때, 리사로부터 거절이라는 강한 부정적 스트로크를 경험했습니다. 당신은 마음의 상처를 받았고 환영받지 못했다고 느껴 희생자의 위치로 옮겨 가게 됩니다. 당신은 아마도 리사가 박해하고 있다고 느꼈을 것입니다.

톰 : 바로 그겁니다! 제가 그렇게 느끼고 있습니다.

상담가 : 그렇다면 당신은 박해자에서 희생자로 옮겨 간 것입니다.

톰 : 네. 마치 고맙다는 말을 듣겠다고 생각한 순간에 발로 차인 격이지요.

상담가 : 맞습니다. 그래서 당신이 만든 게임은 '나를 차 버려!' 입니다.[54)]

게 임

모든 게임에는 명칭이 있다. 이 명칭은 내담자들이 게임의 역동성과 게임을 추진시키기 위해, 그리고 게임의 결말을 쉽게 이해할 수 있도록 하는 데 유용하다. 에릭 번은 자신의 저서 Games People Play(1964)에서 주요 게임들을 분류하여 이름을 지었다. 상담가는 톰에게 '나를 차 버려!' 라는 게임이 무엇인지를 가르쳐 주고 있다. 톰은 희생자의 위치에서 게임을 시작하고 박해자를 불러들인다. 이것은 자신이 틀렸다는 믿음을 강화시킬 뿐만 아니라, 자신의 존재에 대해 부정적 스트로크를 얻게 한다.

가끔 내담자에게 게임의 이름을 어떻게 짓겠냐고 물어보는 것도 도움이 된다. 예를 들어, 루시는 세 명의 사람이 관여된 삼각관계에서의 게임을 설명할 때 자신이 이쪽저쪽에서 두들겨 맞는 공 같다고 '핑퐁' 이라 이름 지었다.

통찰력 : 선견

여기서 상담가는 내담자에게 게임으로 빠질 수 있는 위험이 있는 앞으로의 상황에 대해 생각하게 함으로써 선견력을 계발시킬 수 있다. 게임을 피하거나 부정적 스트로크의 수준을 최소화하는 것이 목표이다. 톰과 상담가는 다음 회기에서 톰이 좀 더 여유로운 태도로 데이트를 요청하는 것과 '나를 차 버려!' 게임을 하지 않도록 하는 방법을 찾아볼 것이다.

톰이 이제는 꼼꼼하고 치밀하게 계획하는 것을 그만두어야겠다고 생각하자 여성과

---

54) E. Berne, *Games People Play*, (Penguin Harmondsworth, 1964/1985) p. 73 : 이 게임은 "제발 나를 차 버리지 마."와 동등한 사회적 태도를 가진 사람에 의해서 행해진다. 거의 거부할 수 없는 유혹 때문에 이런 사람들은 "왜 항상 나에게 이런 일이 일어나는 거야?"라고 질문한다.

함께 시간을 보내는 것이 두렵고 걱정스러워졌다. 선둘은 자신뿐만 아니라 데이트하는 여성으로부터 불안을 숨기는 하나의 방편이었다. 톰이 용기를 내어 다른 사람을 만나 보겠다고 했고, 상담가는 톰을 격려하며 통찰력 계발과 강화에 도움을 주었다.[55]

- 걱정 때문에 스스로 만들어 놓은 함정이 혹시 있는지 돌아봄
- 두렵더라도 끝까지 이야기하도록 함
- 이러한 것들을 장기적인 안목으로 바라볼 수 있도록 도움

톰의 다음 데이트는 한결 나아졌다. 그는 데이트하기 전, 자기가 만든 내면 스트로크를 통해 '흥분' 하지 않았을 뿐만 아니라 실제로 상대방이 두 번째 데이트에 응했을 때 데이트 후 부정적 스트로크로 인한 '우울함' 을 피할 수 있게 되었다. 그 여성이 두 번째 데이트를 함께하기로 약속한 것은 톰이 그동안 그토록 바라던 외부로부터의 긍정적인 스트로크, 바로 그것이었다. 그는 이제 자신이 만든 내면 스트로크에만 의존할 필요가 없게 되었다.

그는 좀 더 나아가 자신의 각본을 바꾸고 긍정적이며 건강하고 새로운 스트로크 균형을 쌓기 시작했다.[56] 톰이 내적으로나 외적으로부터 긍정적 스트로크를 많이 받으면 받을수록 게임으로 빠져 들게 되는 충동은 줄어들었고 게임의 수준도 약화되어 갔다.

재확인

톰은 그녀와 가벼운 데이트를 몇 차례 더 가졌고, 자신감은 더욱더 커졌다. 물론 약간의 침체를 겪기도 했다. 상담가는 이러한 경우에, '[톰의] 자아 경계를 강화시키려고' 처음 시도했던 직면을 다시 해 볼 필요가 있었다. 그는 아직 처음의 준거틀과 각본 행동으로

---

55) 선견력 : 내 자신의 개념은 아니지만 이 개념의 참고문헌은 찾을 수 없었다. 저자의 기억으로는 동료와 대화 중에 생각해 낸 것이다.

56) C. Steiner, *Scripts People Live* (Bantam, New York, 1974/1982), p. 135.

되돌아갈 가능성이 있기 때문이다.[57] 실제로 이러한 상황이 발생했다.

톰은 그녀와 점점 더 가까워졌고 미래를 함께할 수도 있겠다는 생각을 갖게 되었다. 그러나 뜻밖에도 그녀는 외국 근무를 발령받게 되었고 심각한 고민 끝에 (왜냐하면 그녀도 역시 톰과 결혼을 생각하고 있었기에) 외국 근무를 수용하기로 결정했다. 이로 인해 톰은 심란해졌고 어찌할 바를 모르는 상태로 자기를 비난하며 도대체 무엇을 '잘못 했는지' 그리고 '어떻게 다르게 행동해야 했는지' 자기 내면을 강박적으로 성찰하기 시작했다.

상담가 : 당신이 잘못되었다고 생각한 일을 하나하나 마음속으로 되짚어 볼 때, 어떤 것을 경험하나요?

톰 : 무슨 말씀이세요?

상담가 : 지금 기분이 어떠냐고요.

톰 : 약간 나아진 것 같아요. 제가 정답을 찾아내면 깨끗이 나아질 것 같아요.

상담가 : 그렇게 말씀하시는 것을 보니, 데이트 첫날 완벽한 시간을 만들려고 애썼던 때가 생각나네요. 제가 생각하기에 당신은 완벽한 답을 찾음으로써 불행하게 느끼지 않으려고 하는 것 같네요. 톰, 당신은 슬픔과 상처를 안고 있어요. 정답이 있는 건 아니에요. 당신이 잘못한 것은 하나도 없어요. 삶이 언제나 친절하고 공평한 것만은 아니죠.

톰은 앉아서 허공을 응시하다가 손으로 머리를 감싸고 조용히 울기 시작한다. 상담가는 연민의 정을 느끼면서, 친밀을 향한 톰의 여정에서 고통스런 시간을 사전에 막을 수 없었던 안타까운 슬픔이 밀려왔다.[58]

---

57) E. Berne, *Principles of Group Treatment* (Grove, New York, 1966), p. 240 : 어린이 자아는 단지 불일치를 버렸을 뿐이지 아주 교묘한 방법으로 적어도 어떤 부분은 지키려고 할 것이다. 빈틈없는 치료사는 이러한 현재의 상황을 파악하고 어린이 자아의 새로운 움직임을 새로운 도전으로 맞설 것이다.

58) E. Berne, *Games People Play* (Penguin Harmondsworth, 1964/1985), p. 160 : 친밀성은 자발적이며 게임하지 않는 정직한 자각, 직관적으로 지각하는 자유, 지금-여기에서 모든 면에 순진하게 사는 부정이 없는 어린이 자아를 의미한다.

통찰력 : 직시

톰은 직시하는 능력의 기술을 쌓음으로써 통찰을 강화시킬 필요가 있었다. 직시는 낡은 각본의 준거틀 속으로 들어갈 때 그것을 마치 그 당시의 사건으로 보는 것이다.[59] 이런 능력은 내담자가 상담가에게서 좀 더 독립적이며 자발적으로 작동하여 더 이상 게임을 하지 않게 한다. 이것은 가장 계발시키기 어려운 통찰의 한 부분이며, 다음과 같은 능력이 요구된다.

- 우리의 생각과 감정이 펼쳐질 때, 생각의 흐름에 따라 성찰하기
- 사건이 발생하기 전에 사건의 순서를 인식하기
- 게임을 자극하는 어린이 자아와 어버이 자아로부터의 충동을 억제하기
- 게임을 빨리 끝내서 좀 더 긍정적인 결과로 방향을 바꾸기

톰과 상담가는 새롭거나 도전적인 상황에 대한 성찰을 자세히 하고 자신의 생각과 반응에 대해 이해한 부분을 톰이 주도적으로 함께 나누는 것이 가장 좋은 방법이라는 결론에 도달했다. 또한 그는 특히 상담의 이러한 측면이 즐겁다는 사실을 깨닫게 되었다. 그는 자신이 이끌며 통제하고 있는 느낌을 좋아했다. 상담가에게 의존했던 지난 몇 달간의 상담 끝에 누구도 예상하지 못했던 자신감이 톰에게 생겼다. 그는 뿌듯했다. 지금까지는 항상 가지고 있던 자학적인 느낌을 가지고 있었지만, 이젠 다른 사람도 인정하는 자기수용을 할 수 있게 된 것이다. 그의 말대로라면 자신이 틀렸을지라도 이제는 더 이상 걱정하지 않았다. 인생은 하나의 과정이며 느낌, 생각, 경험도 마치 계속해서 변하는 만화경과 같아서 그것이 정상적인 대인관계에서 맞느냐 틀리느냐를 따지는 것은 전혀 도움이 되지 않는다는 것을 이해하게 되었다.

상담의 현 단계에서 톰의 스트로크 균형은 바뀌었다.

---

59) 직시 : 내 자신의 개념은 아니지만 이 개념의 참고문헌을 찾을 수 없었다. 저자의 기억으로는 동료와의 대화 중에 생각해 낸 것이다.

- 그는 긍정적 스트로크에 점차 익숙해졌고 이제는 무심코 부정적인 것을 예상하지 않게 되었다.
- 그는 확고한 지지를 기대하게 되었다.
- '거절' 도 그만큼 줄어들었고, '나를 차 버려!' 게임도 아주 드물게 했으며 강도도 훨씬 약화되었다.[60)]

톰은 결국 또 다른 여성과 데이트를 하게 되었다. 이번에는 상황이 달라졌다. 그 여성이 함께 극장에 가자고 한 것이다. 그날 저녁은 일이 잘 풀렸고 사랑이 꽃피었다. 톰과 여자친구 사이의 약속이 이루어진 것이 분명했다.

톰은 이제 상담을 종결할 만큼 회복된 것이 확실해졌다.

2. 자유로운 자각 연습하기

자유로운 자각 연습은 전 생애에 걸쳐 이루어져야 하는 활동이다. 자각은 우리를 불편하게 할 수도 있으며, 쉽게 해소할 수 없는 딜레마를 만들기도 한다. 통찰은 우리에게 준거틀과 각본으로부터의 해방을 가져다주기도 하지만 우리 자신과 다른 사람을 '냉철한 시각으로' 보게 하기 때문에 우리가 원치 않는 깨달음을 줄 수도 있다.

잃어버린 환상을 애도함

톰은 매우 불쾌한 깨달음을 얻게 되었다. 그는 항상 동반자에 대한 갈급함이 있었기 때문에 사람들을 늘 기쁘게 하려고 노력했으며('나를 기쁘게 하라.' 는 몰이꾼), 직장 동료

---

60) C. Steiner and C. Kerr (eds), *Beyond Games and Scripts. Eric Berne, Selections from his Major Writings* (Ballantine, New York, 1976), p. 86 : (a) 제1도 게임은 사회적으로 집단 내에서 받아들여질 만한 것이다. (b) 제2도 게임은 돌이킬 수 없는 손상이 나지는 않지만 외부에 감추려고 하는 것이다. (c) 제3도 게임은 수술, 법정 혹은 시체보관실로 끝나기를 예정하고 하는 것이다.

를 행복하게 해 줌으로써 그들이 자신과 함께 있고 싶어 하도록 하려고 지나치게 노력했다. 하지만 서서히 현실에 대한 자각이 이루어지기 시작했다. 톰은 놀이터에서 사탕을 주는 아이같이 사람들에게 뇌물을 주고 있었던 것이다. 그는 그 또래의 많은 사람들보다 부유했고 사람들은 그가 제공한 '삶의 좋은 것들' 즉 다른 사람들보다 더 많은 돈을 내는 것, 그의 비싼 차로 함께 여행하는 것, 음식 값을 도맡아 지불하는 것들을 즐겼다. 톰이 점점 더 행복해지며 안정을 찾아감에 따라 그는 결사적으로 자신의 주변에 사람들을 묶어 놓아야 할 필요를 느끼지 않게 되었다. '항상 자신이 돈을 지불하기를 기다리는 듯한 사람들을 보면' 짜증이 난다는 것을 알아차렸다. 문제의 근원을 추적해 거슬러 올라가 보면 자신이 한 행동의 결과를 이해할 수 있게 되었으나, 그와 동시에 '친구들이' 톰을 평가한 것보다 더 많이 베풀었다는 현실 인식과 직면해야 했다.

톰은 서서히 옛 동료들과도 멀어졌고 자신의 새로운 친구들과 어울리기 시작했다. 자신이 그동안 어떤 일을 했는지 직면하는 것은 톰에게 얼마 동안 환멸을 느끼게 할 만큼 힘든 일이었다.

어느 정도의 환멸과 박탈감은 이 시점에서 불가피하다. 각본이 이미 벗겨짐으로써 착시 현상을 일으키기 때문이다. 인생을 바라보는 친숙한 방법이 영원히 바뀌면 분명히 긍정적인 측면이 있기도 하지만, 불편함을 가져오기도 한다. 핵심적인 환상을 직면하는 일은 쉽지 않다. 그러한 직면은 우리로 하여금 지금까지 우리가 살아왔던 방법을 재평가하도록 만들고 인생에서 중요한 사람들을 전면에 떠오르게 한다. 가끔 우리는 이전에 부정적으로 보았던 사람들이 긍정적인 시각으로 새롭게 보이거나, 톰의 경우에서처럼 긍정적으로 보았던 사람들이 별로 그렇지 못한 것처럼 보이기도 한다. 어느 방향으로든 사람들을 재조명한다는 것은 문제의 소지가 있으며 고통스러운 과정이다. 왜냐하면 우리는 그들의 역할과 그들이 우리에게 주는 의미, 그리고 더 나아가 우리가 그들과 관계하는 방법들까지도 변화시켜야 하기 때문이다. 우리의 세계에서 그들의 위치는 고정되어 변화될 수 없는 것이었으나, 이제는 이런 것들이 변화하고 있다. 심지어 관계가 마음속에서만 존재하는 경우라 할지라도(이를테면, 어떤 사람이 더 이상 생존하고 있지 않거나 더 이상 연락을 주고받을 수 없게 되었을 때에도) 그 관계를 바라보는 우리의 관점이 변화되면 잠깐의 불안감과 두려움이 엄습할 수 있다. '행복한 어린 시절' 혹은 '완벽한 부모님' 이라는 환상이 깨지면, 내담자는 애도 과정으로 들어가기도 한다.

3. 내담자의 변화를 평가하고 끝맺기

이 같은 강력한 영향을 미치는 작업의 마지막 단계에서 내담자가 얼마나 변화했는지를 검토하고, 아직 매듭지어 지지 않은 부분은 없는지 확인해 보는 것은 중요하다. 톰이 게임을 하는 수준은 많이 약화되었고, 그는 과거 자신의 게임 역할(박해자와 희생자)에 빠져드는 대신 친밀감을 높이는 데에 많은 시간을 보내게 되었다. 그는 자신의 스트로킹 패턴을 바꾸어 일반적으로 자신을 긍정적인 시각으로 바라보는 긍정적 스트로크를 추구했다.

핵심기법

이 단계에서 상담가는 중요한 것들을 그냥 지나치지는 않았는지 확실히 하기 위하여 모든 측면에서 핵심적인 내담자의 변화를 검토할 필요가 있다. 이를 위해서 게임(그리고 전체적인 시간 구조화)과 스트로크뿐만 아니라 다음과 같은 체크 리스트를 염두에 두고 있어야 한다.

- 어른 자아상태의 강도 그리고 어버이 자아와 어린이 자아로부터 자유로운 구조적인 자아상태
- 핵심 각본 임패스의 충분한 해결
- 관련 각본 금지령과 몰이꾼의 충분한 해결
- 자율성의 적절한 향상(자각, 친밀성, 자발성)

톰의 변화 분석

톰은 높은 기준을 추구하는 경향이 있을지는 몰라도 아마 더 이상 완벽주의(몰이꾼)에 의해 끌려가지는 않을 것이다.

1. 그의 자기 비판적인 태도(어버이 자아의 동일화)가 한결 누그러졌고, 지금은 아주 약간 남아 있다.
2. 어른 자아의 오염으로부터 벗어났으며 자신이 잘못되었다고 이야기하는 목소리는 불행한 숙모의 것이라는 자각을 통해 친밀해지는 능력이 상당히 발달되었다.
3. 자신이 사랑받을 만한 자격이 없다는 느낌은 어린시절의 고통스런 경험과 연결되어 있다. 그러나 그것이 반드시 사실은 아니다('친밀해져서는 안 된다' 각본 금지령).
4. 그는 이제 자신이 사랑받을 만하고 친밀해질 수 있는 존재라고 확신한다. 그는 스스로 부모님으로부터 사랑받은 적이 있음을 기억해 낼 수 있게 되었다.

톰의 준거틀은 바뀌었다. 그는 상당히 독립적으로 변했고, 자각 능력이 높아졌으며, 친밀감도 현저하게 향상되었다. 그리고 변화가 가장 미미했던 자발성이 매우 증가했다. 그러나 스트레스를 받는 상황에서는 여전히 태도가 경직되는 경향이 있다.

톰은 이러한 여러 영역의 문제들을 충분히 해결한 것이 아니므로 좀 더 작업이 필요할 수도 있다. 그러나 그의 삶은 이제 급격하게 개선되었고 초기에 달성하고자 했던 목표를 이루었기 때문에 이것이 반드시 필요한 것은 아니다. 그는 계약을 성취했고, 자신이 이룬 변화에 매우 만족했다. 이제는 상담 종결의 때가 되었다. 필요 이상의 작업을 하는 것은 좋지 않다. 이것은 작업을 연장시켜 계약되지 않은 새로운 문제를 끄집어내 이미 달성한 평형 상태를 무너뜨려 내담자를 불안정하게 만들 수도 있기 때문이다.

상담의 종결

종결은 상담의 중요한 부분 중 하나다. 상담을 종결하는 데 있어서 중요한 것은 무엇인가? 첫 번째 단계는 내담자와 종결할 준비가 되었는지를 논의하는 것이다.

- 어떤 내담자는 조기 종결을 원하기도 한다. 마지막 인사를 해야 하는 순간의 슬픈 감정이 두렵기 때문이다.
- 상담가를 꼭 붙들고 떨어지지 않으려 하는 내담자도 있다.
- 어떤 내담자는 종결을 상담가가 자신을 거부하는 것으로 받아들인다.
- 그러나 상담 종결에 대해 편하게 이야기하는 내담자도 있다.

만약 상담의 기간을 정해 놓은 경우에는 내담자가 처음부터 정해진 시기가 되면 종결할 준비가 되어 있기 때문에 비교적 직접적으로 그 문제를 꺼낼 수 있다. 현재 진행 중인 계약에 쌍방이 합의가 되어 있는 경우에는 상담 회기를 모두 마치면서 자연스런 종결이 이루어진다. 이때 그동안의 작업과 계약과 종결을 돌아본다. 혹은 추가 작업을 위해 재계약을 맺을 수도 있다.

어떤 내담자는 종결 시점을 선호하며 잘 받아들인다. 또 어떤 내담자는 점진적인 종결 방법, 이를테면 2주에 한 번 혹은 한 달에 한 번과 같이 과도기적인 형태를 더 편안해하는 경우도 있다. 만약 상담가의 종결 방식이 내담자가 원하는 것이 아니면 일단 논의해 보도록 한다. 그러나 만일 내담자가 원하는 것이 그들에게 유익할 것 같으면 그에 따르는 것이 좋다. 그것이 내담자에게 힘을 부여하기 때문이다. 그리고 머지않아 내담자는 홀로서기를 할 것이다. 상담가는 서서히 자신의 역할(존재가 아니라)을 놓을 필요가 있으며, 여러 회기에 걸쳐 내담자를 도와 권위와 힘을 강화시킴으로써 분리 과정을 용이하게 만들 필요가 있다.

단기, 중기 작업에서 종결하기

적어도 이를 위해서는 두 회기를 잡아야 한다. 만약 작업이 아주 짧은 경우에는 한 회기로 충분할 수 있다.

구조는 내담자와 상담가 모두를 돕는다. 다음과 같은 질문이 종결 과정을 촉진시킨다.

과거와 현재를 연결

- 당신은 과거에 관계를 어떻게 종결했었는가?
- 당신은 나와 어떻게 종결하기를 원하는가?
- 당신을 위해 우리가 새로 해야 할 것은 무엇인가?

회 상

- 우리가 함께한 작업에서 가장 중요한 이정표 세 가지는 무엇이었는가?
- 돌이켜보면 어떤 것이 도움이 되었는가?
- 어떤 것이 마음에 들지 않았는가?
- 즐거웠던 순간이 있었는가?
- 당신의 현재 모습은 1회기와 비교할 때 어떤 면이 달라졌는가?

현재에 초점을 맞추기

- 나중에 어떤 점이 생각나겠는가?
- 종결을 한다면 어떤 느낌이 들겠는가?

상담 종결 절차

내담자의 필요에 따라 간단한 의식을 만들어 상담을 종결한다. 내담자가 원하는 식으로 종결하며 내담자가 이끌어 나가게 하는 것이 가장 좋다(제10장 참고).

톰의 종결

톰의 계약이 성공적으로 종결된 것은 자신의 파트너를 찾는다는 중요한 이정표와 우연하게 일치했기 때문에 독특하다고 할 수 있다. 새 여자친구와의 관계는 매우 깊어져 결국 결혼하기로 결정했다. 톰은 상담을 종결할 준비가 되었다고 생각했지만, 새로운 파트너와 차분히 안정될 때까지는 상담을 좀 더 지속하고 싶어 했다. 톰은 친척이 없었기에 상담가가 자신의 결혼식에 와 주었으면 했다. 그의 말에 따르면, "선생님은 나의 어머니 다음으로 가까운 분인데, 결혼식에 오셔서 축하해 주시지 않으면 제 기분이 썩 좋지 않을 것 같아요. 결혼식은 제가 선생님과 함께한 작업의 정점이에요."

핵심기법

내담자가 자신의 상담가에게 외부 행사에 참여하기를 원할 때, 심리게임에 걸려들지 않기 위해서는 내담자의 바닥에 깔려 있는 동기를 살펴보는 것이 중요하다. 경계선을 넘을 때 발생할 수 있는 윤리적인 문제도 반드시 고려해야 한다.

상담가가 자신의 결혼식에 와 주었으면 하는 희망사항을 표현한 방법은 상담가의 마음에 감동을 주었다. 상담가는 고통스럽지만 어려운 과정을 보낸 후에 찾아온 톰의 행복을 빌어주고 싶었다.

상담가는 톰의 요청을 곰곰이 생각해 보았다. 톰은 왜 자신의 결혼관계 중간에 상담가에게 매달리려는 것일까? 그가 가진 동기는 실제로 그가 이야기한 것뿐일까? 그의 예비 신부는 상담가가 참석할 경우 어떤 기분이 들까? 상담가 자신은 어떤 기분일까?

상담가는 톰과 모든 것을 이야기했다. 톰은 상담 종결을 원하는 것이 분명했다. 그는 결혼 후 한 달에 한 번 상담하는 것을 어느 정도 하고 나서 상담을 종결하기를 원했다. 그의 생각에 한 달에 한 번 정도의 상담은 결혼 생활의 과도기에 자신을 지지해 줄 수 있을 것 같았다. 그리고 필요할 때 찾아와 이야기할 수 있는 곳이 있다는 안전망을 구축하고 싶었다. 톰의 약혼녀도 톰의 상담가가 결혼식에 온다는 사실을 편하게 받아들이고 있었다. 상담가는 개인적으로 톰이 상담가를 붙들고 있다는 사실을 깨닫지 못한 것은 아닌가 하는 생각이 들었다. 반면에 처음 결혼하는 대부분의 사람들이 그렇다고 볼 수도 있었다. 부모의 중요한 역할은 강력한 지지자 역할을 함으로써 새롭게 시작하는 결혼이 좋은 출발이 될 수 있도록 돕는 것이다. 상담가는 현재 이러한 기능의 본보기가 되어야 하는 상황이었다. 톰의 결혼식에 참석하는 것이 톰의 입장에서 보자면 가장 좋은 선택이라고 할 수 있었다.

그러나 그보다 윤리적인 결정이 앞설 수밖에 없었다. 종결 시점에서 어떤 내담자는 전문가적인 역할과 우정 사이의 경계를 뛰어넘음으로써 교묘하게 상담 관계의 성격을 변화시키려고도 한다. 예를 들면, "제가 커피 한 잔 사겠습니다." 혹은 "제 개업 축하연에 오십시오."와 같은 요청을 할 경우 상담가는 중요한 순간에 거부하는 듯한 태도를 보여 주고 싶지 않음과 동시에 경계선은 지켜야 한다는 것을 알고 있기 때문에 딜레마에 빠지게 된다. 종결은 분명해야 하고 경계는 확실해야 한다. 첫 회기부터 전문가적인 역할을 분명히 해둔다면 도움이 될 것이다.

톰은 미래의 모든 상담이 자신의 현재 상담가와의 관계에 근거하며, 그 관계를 침범하는 외부 영향력에 의해 어떤 방법으로든지 변형되거나 타협되지 않아야 하는 것을 알아야 했다. 따라서 상담가는 그렇게 할 수밖에 없는 이유를 설명하면서 초대를 정중하게 사양하기로 결정했다.

상담가는 종결이 다가온다는 사실을 부정하고 있는 자신을 자각하게 되었다. 상담가는 톰에게 애착을 가지고 있으며 그를 놓기가 힘들다는 것을 깨닫고 있었다. 톰이 실망하며 자신의 특별한 날 함께할 친척이나 부모가 없다는 사실에 타협한 것은 그가 결국 깊은 슬픔에 직면하고 그것을 이겨 냈다는 것을 의미했다.

핵심기법

이러한 딜레마에 처했을 땐 슈퍼비전이 도움이 된다. 슈퍼비전은 어떤 행동을 취할지 결정하기 전에 내담자로부터 초대받는 것과 같은 상황에서 우리 자신의 정서적인 반응을 탐색하는 데 도움을 준다. 윤리적인 딜레마에 빠졌다는 느낌이 들 때 성찰할 수 있는 공간을 확보하는 것은 중요하다. 내담자에게 상황을 점검할 수 있는 시간이 필요하다고 이야기하고 슈퍼비전에서 논의한 후 결정을 내리도록 한다.

4. 슈퍼비전 요령

현재 당신과 작업을 하고 있는 내담자 중에서 자각 능력을 개발하기 위한 기법을 사용해 보고 싶은 사람을 택한다.

자율 슈퍼비전(self-supervision)

그 내담자가 어떤 이유 때문에 이 접근이 적합한지 점검한다.

- 이 접근을 사용할 만한 적합한 상담 단계에 도달했다는 증거는 무엇인가?
- 내담자의 준거틀을 구성하고 있는 것은 무엇인가?
- 공감뿐인 접근으로부터 공감과 직면의 접근으로 옮겨 가는 데 도움이 될 만한 방법은 무엇인가?
- 내담자에게 자아상태 대화를 소개하는 데 도움이 되는 방법은 무엇인가?

당신의 슈퍼바이저와의 슈퍼비전

당신의 생각을 슈퍼바이저와 논의하라.

- 슈퍼바이저가 당신과 관점을 같이하는 것, 그리고 달리하는 것이 무엇인가?
- 어떤 점에서 당신의 관점이 슈퍼바이저와 비슷한가?
- 슈퍼바이저가 가지고 있는 다른 관점으로부터 배울 수 있는 것은 무엇인가?
- 배울 필요가 있는 영역을 어떻게 발달시킬 것인지, 강점을 어떻게 강화시켜 나갈 것인지에 대해 슈퍼바이저와 계약을 해라.

요 약

당신의 내담자는 구체적이고 지속적인 중대한 변화를 가져왔다. 이젠 당신이 지금까지 이룬 결과에 대해 만족할 시간이다. 내담자가 상담을 계속하기 원하더라도(제7장) 성공적인 상담 작업을 되돌아보는 시간을 갖는 것은 중요하다.

이 장에서 다룬 핵심 개념은 다음과 같다.

- 통제되지 않는 에너지
- 통제된 에너지
- 금지령
- 몰이꾼
- 자각
- 통찰(성찰, 직시, 선견)
- 시간의 구조화
- 스트로크
- 게임
- 종결

우리가 사용한 핵심 기법은 다음과 같다.

- 정상화
- 설명
- 보호
- 자율성
- 직면, 예시, 확인
- 스트로킹
- 현재에 모델로 삼기
- 우회 교류
- 게임분석
- 스트로크 분석

연습문제

연습문제 4.1에서 선택한 내담자의 정보를 가지고 파트너와 함께 다음을 실행한다. 본장에서 요약된 특정한 상담 기법을 사용할 때 각 연습문제의 마지막에 내담자의 기분과 행동을 통해 느껴지는 당신의 느낌을 탐색하라. 또한 내담자의 신호에 반응하기 위해 당신이 어쩔 수 없이 취하는 드라마 삼각형에서의 역할이 무엇인지 알아보라.

6.1 (a) 당신의 파트너로 하여금, 통제되지 않은 어린이 자아와 어버이 자아상태 에너지가 예기치 않게 어른 자아를 침범한 상태의 내담자가 되어 보게 한다. 정상화와 설명을 사용해 그 문제를 가지고 실습해 본다. 당신의 강점과 향후 개발 영역을 의논한다.

(b) 당신의 파트너는 역할극을 계속한다. 필요하다고 생각되는 현재의 관계를 모델링하는 연습을 하고 적당한 보호막을 마련해 준다. 당신의 강점과 향후 개발 영역을 의논한다.

6.2. (a) 당신이 직면-예시의 순서를 연습할 수 있도록 당신의 파트너가 역할극을 만들어 보게 한다. 당신은 어떻게 접근할 것인가 의논한다.

(b) 당신의 파트너가 역할을 확장하여 당신이 연습할 수 있도록 한다. 작업을 의논한다.

6.3. (a) 당신의 파트너가 역할을 계속한다. 내담자의 게임과 스트로크 패턴을 분석해 통찰을 더욱 강화시키고 게임은 약화시키도록 도와준다. 강점을 의논하고 개발 영역을 의논한다.

(b) 당신의 파트너가 역할을 확장하여 내담자로 하여금 불쾌한 인식을 경험할 수 있게 하고, 적절한 자율적 변화가 이루어지도록 지원한다. 강점과 개발 영역을 의논한다.

참고문헌

설명, 직면, 예화, 그리고 재확인

Berne, E. (1966) *Principles of Group Treatment*. New York: Grove. pp. 235–41.

게 임

Steiner, C. and Kerr, C. (eds) (1976) *Beyond Games and Scripts. Eric Berne, Selections from his Major Writings*. New York : Ballantine. Chapter 7 'Games' and Chapter 9 'Games : an Update'.

친밀성, 사랑, 그리고 관계

Berne, E. (1970/1981) *Sex in Human Loving*. Harmondsworth: Penguin. pp. 125–34.

제3부

자발성과 친밀성의 회복

07

내적 혼란의 발견

상담 작업은 이제 새로운 단계로 접어들고 있다. 내감자와 상담가는 그들이 어버이 자아와 어린이 자아의 경험 안으로 들어감에 따라 보다 깊이 있는 수준에서 작업하게 될 것이다. 전 단계에서 습득한 분명한 자각은 다음 단계로 나아가는 기초가 된다.

이 단계에서 내담자와의 주된 목표는 다음과 같다.

- 어버이 자아의 혼란을 명료화하기
- 어린이 자아의 혼란을 명료화하기
- 어른 자아의 위치를 견고히 하기

작업이 끝나면 내담자는 적어도 다음과 같은 결과를 얻게 될 것이다.

- 어버이 자아상태 경험을 어른 자아와 분리시킬 수 있다.
- 어린이 자아상태 경험을 어른 자아와 분리시킬 수 있다.
- 어른 자아의 자각을 통합시킨다.
- 자신의 개념을 변화시키고 향상시킨다.

1. 치료적 기반 준비하기

재계약 : 작업의 의의

상담이 새로운 단계로 접어들어 감에 따라, 상담가의 첫 번째 임무는 내담자와 함께 강조점의 이동이 그들에게 의미하는 바가 무엇인지를 논의하는 것이다. 자발성을 다시 파악한다는 것은 무슨 의미인가?

자발성은 통합된 어른 자아상태로부터 나오는 진실한 느낌, 생각, 행동이 외부 상황에 의해 변형되지 않고 표현하는 것을 말한다. 자발적일 때 우리는 스스로를 자연스럽게 놓아둘 수 있다. 자유로우며 아무런 억압을 받지 않는 상태로 있는 것이다. 또한 다른 사람이 무엇을 생각하든 염려하지 않고 그들을 반대하지도 않는다. 우리는 자신을 너무 의식할 필요가 없기 때문에 다른 사람에게 어떻게 할지를 지나치게 신경 쓸 필요가 없다. 가식 없이 자연스럽게 행동하는 것이다.

이 단계에서 흔히 경험하는 어려움

이 단계에서 흔히 경험하는 어려움은 내담자가 순수한 자발성과 유연한 다양성을 혼동하는 것이다. 이러한 혼동이 일어나면 내담자가 진정한 자발성과 거짓 자발성의 차이를 깨닫도록 하는 것이 중요하다. 상담가가 바로잡아 주어야 할 가장 힘든 상황 중 하나는 내담자의 의도적인 반항을 합리화시키기 위해 거짓 자발성을 허가증처럼 사용할 때이다. 이 같은 경우에, 내담자는 자기 주위의 사람들에게 종종 높은 도덕적 근거를 요구한다. 나는 자유인이야, 나는 나야라는 구실을 대며 터무니없고 깊이 생각해 보지도 않은 무책임한 행동을 자행한다.

*** 예문**

매튜(Matthew)는 처음에는 자기 어머니가 그랬듯 나중에는 자기 아내의 잔소리 때문에 자신이 일류가 아닌 이류가 되는 것 같다고 불평을 했다. 매튜는 점점 분노가 넘

> 치며 부적절한 행동을 하는 사람으로 변하기 시작했다. 그는 직장에 늦게 도착하고 상사에게 거칠게 대하며 사무실에서 여비서를 성희롱하기까지 이르렀다. 그러나 매튜는 오랫동안 참아 온 끝에 자신의 참모습을 드러냈다며 자신의 행동을 합리화시켰다. 이것은 자신의 행동이 초래할 분명한 결과, 즉 직장에서 쫓겨날 수 있다는 사실에 눈감는 것이었다. 그의 상담가는 조심스럽게 접근하였다. 자신을 '억제하려는' 시도라고 생각한 것이 계속적으로 매튜의 결심을 강화시킬 뿐이었다. 상담가는 매튜가 그 행동으로 자신의 화난 감정을 드러내는 연극을 하고 있었음을 조금씩 깨닫게 했다. 그는 진정한 자발성이 아니라 자신이 몇 년 동안 지배당한 감정을 세상에 대고 맹렬히 퍼붓는 것이었다.

내담자는 자신의 내면 세계를 즉각적으로 탐색하고 경험할 뿐 아니라 자신과 부모와의 관계, 그리고 어릴 적 경험들의 핵심적인 속성을 회상하고 재경험하게 된다. 상담의 목표는 내담자를 도와 그들의 감정과 경험을 이해하도록 어린이 자아상태의 혼란을 바로잡는 것이다. 이러한 개인적인 깊은 회상이 어버이 자아상태와 어린이 자아상태에 묶여 있던 에너지를 해방시킨다. 그것은 잠정적으로 불안정한 효과를 가져 올 수 있으며, 내담자는 잊고 있어서 전혀 예상하지 못했던 감정에 다시 빠지는 듯한 느낌을 받을 수도 있다.

앞서 이루어진 작업을 통해 의도적으로 해방된 에너지는 일반적으로 언어적 표현이 가능하기 때문에 내담자는 경험과 발단을 상당히 정확하고 분명하게 이름을 대며 짚어낼 수 있게 된다. 일반적으로 이 단계에서 해방된 것이 무엇인지는 말로 옮기기 어렵다. 흔히 언어 전 단계나 인지발달 단계인 7세 때까지의 에너지와 경험이 해방되기 때문이다. 경험은 신체뿐만 아니라 정서적으로도 느끼며 사람들은 대개 자신들이 경험하는 것을 설명하기 위한 언어를 찾거나 명확한 초점을 밝혀내려고 애쓴다. 내담자는 보통 발단이 언제였는지 분명치 않거나, 어릴 적 경험 중 쉽게 기억되는 것과는 잘 맞지 않는 듯한 강렬한 경험을 이야기할 것이다. 이것은 마치 이러한 느낌의 발단과 정체가 그림자 속에 숨어 있는 것과 같다. 사람들은 강력하지만 혼란스럽게 하는 영향력이 분명히 존재한다는 사실 때문에 무언가에 쫓기고 있다는 느낌을 받게 된다. 내담자는 당연히 안정을 찾거나 온전히 초점을 맞추지 못하며, 그것을 떨어버리지도 못하는 느낌 속에서 저항할 수 없는 감정의 힘에 좌절감을 느끼게 된다. 그러므로 상담가는 내담자에게 이런 느낌은 일시적이라는 확신을 주고 희망과 격려를 북돋을 필요가 있다. 내담자가 이미 경험한 변화와 성공적으로 통과했던 '문제'를 포함하여 좀 더 크고 넓은 그림을 보여주는 것이 유용하다.

핵심기법

내담자를 위로하는 방법

- 일관성 있게, 예측할 수 있게, 꾸준히 하라.
- 상담가 자신뿐만 아니라 내담자의 염려를 포용할 수 있는 능력을 보여라.
- 내담자가 문제에 허덕일 때 부드럽게 위로하며 침착하고 안정된 목소리와 열린 자세, 제스처, 표정을 통해 비언어적인 의사소통으로 내담자에게 다가가라.

내담자에게 상담 단계와 지금의 단계가 의미하는 바가 무엇인지 분명한 정보를 제공하고 확신을 준다. 예를 들면, 당신은 다음과 같이 말할 수 있다.

TA상담은 5단계로 구성되어 있다.

1. 당신의 이야기를 이야기하고 관계를 만든다.
2. 통찰과 자각을 발달시켜 당신의 문제의 발단과 속성을 알고 이해한다.
3. 우리가 지금 하고 있는 작업 단계는 묻혀 있는 감정과 관련된 기억을 표면으로 떠오르게 하는 단계이다. 이것이 걱정과 불안을 일으켜 내가 누구인가라는 질문을 하게 된다.
4. 당신이 참고 있던 감정을 표출하고 과거의 상처를 드러낼 때, 재결단의 단계로 옮겨 가게 된다. 당신이 당신의 삶을 어떻게 살고 싶은지에 대해 새로운 선택을 하고 결단을 할 때 각본 역할을 떠나 보내기 시작하는 것이다. 당신이 세상에서 새로운 삶의 방식을 훈련할 때, 나는 당신을 지지해 줄 것이다.
5. 마지막으로, 당신이 자신의 목표를 달성하게 될 때 당신은 상담을 끝낼 수 있다.

물론 혼란과 각성을 느끼는 것이 내담자만은 아니다. 상담가도 내담자의 심리적 혼란 상태에 대해 분명한 연결고리를 짓지 못하는 경우에 이러한 감정의 반향을 경험하기도 한다. 상담가도 내담자와 마찬가지로 어둠 속에 있는 느낌을 경험할 수 있다. 하지만 중요한 것은 침착하게 중심을 지키며, 내담자의 경험이 적절한 시기에 나타나기를 기다리는 것이다.

어떤 사람들은 상담 작업의 결과로 얻게 되는 각븐으로부터의 해방을 원하지만, 또 어떤 사람은 그럴 필요성을 느끼지 못하거나 바람직하지도 않다고 생각하기도 한다. 어떤 내담자는 다음 단계로 옮겨 가지만 또 어떤 내담자는 그렇게 하지 않기도 한다. 자발성을 다시 확보하는 작업으로 옮겨 갈 때에는, 내담자의 내적 자원과 함께 다음 단계의 상담에서 무엇을 원하는지를 명확히 평가하는 것이 중요하다. 이러한 작업 단계를 진행함에 있어 내담자는 다음과 같은 것이 준비되어야 한다.

1. 강한 어른 자아
2. 현재 작업하려는 것에 대한 어느 정도의 이해
3. 탐색과 치유에 대한 의지

작업의 목표와 초점

늘 그렇듯이 내담자와 함께 상담목표에 대해 동의하는 재계약 작업에 있어서 가장 중요한 것이 첫 번째 단계이다. 이 단계에서의 계약은 구체적으로 명시되기보다 좀 더 함축적일 필요가 있다. 경험을 구체적인 단어로 표현하기에는 어려움이 있기 때문이다. '저는 걱정을 덜 했으면 좋겠어요.', '저는 제 자신에 대해 좋게 느끼고 싶어요.', '저는 삶의 질이 좀 더 좋아졌으면 좋겠어요.' 와 같은 것들이 지금 단계의 상담에서 전형적인 계약이라고 할 수 있다. 이러한 계약을 통해 상담가는 내담자와 함께 그것이 무엇을 의미하는지, 그들이 변화를 어떻게 예견하는지 탐색하게 된다. 작업의 치료 방향은 내담자의 내면에 있는 핵심적인 어버이와 자신의 어릴 적 삶의 경험에 대한 인지를 바꾸는 것이 포함되기 때문에 처음부터 너무 자세하고 구체적인 것은 도움이 되지 않는다. 중요한 것은 계약이 긍정적인 틀을 갖고 있는가이다. 예를 들면, '나는 내 자신에 대해 좋게 느끼고 싶어요.' 가 '나는 자신감을 개발시키겠어요.' 로 바뀌게 된다.

전체적으로 이 작업 단계에서의 주요 성과는 내담자가 자신을 더 좋아하게 되고, 스스로를 좀 더 편하게 수용하며 자신과의 새로운 내면관계를 정립시키는 것이다. 내담자는 자신의 참모습에 대해 편하게 느낀다. 내담자가 외부 인물의 내사로부터 해방되고 자신과 자신의 삶을 새로운 방향으로 바라볼 수 있는 자신감이 생김에 따라 핵심적인 부모와 내면의 관계도 역시 급격하게 바뀌게 된다.

사례 : 안젤라

안젤라는 상담가와 상담을 한 지난 4개월 동안 몇 가지 중요한 사실을 깨닫게 되었다. 특별히 그녀가 인식한 것은,

- 상대방을 기쁘게 하려는 욕구
- 성장하여 가족들의 바람에 부응하지 못하는 두려움
- 흐릿하지만 계속 남아 있는 죄책감과 자격이 없다는 생각에 사로잡힌 듯한 느낌

이러한 새로운 깨달음과 함께 그것이 '영원한 아기' 로서 가족 내 자신의 위치와 연결되어 있다는 자각이 생겼고, 따라서 그녀 자신의 공포와 걱정은 사라졌다. 증세가 가라앉음에 따라 안젤라는 상담가와 상담 종결에 대해 의논했다. 여러 가지 측면에서 종결하는 것이 무난하다고 생각했다. 안젤라가 가져왔던 어려움(공포와 걱정)은 해결되었다. 그러나 몇 가지 중요한 이슈는 아직 해결되지 않은 상태였다.

- 직업에 대해서는 어떻게 해야 하는가?
- 그녀 자신이 가족 내에서의 역할 변화를 수용하고자 하는가? 거부하고자 하는가?
- 그녀가 죄책감으로부터 해방될 수는 없는가?

안젤라는 이러한 질문들을 해결하지 못한다면 증세가 더 악화될지도 모른다는 의심이 사라지지 않자 그림자 속에서 살아가게 될지도 모른다는 생각이 들었다. 그녀의 상담가도 그 가능성을 인정했다. 안젤라는 활기차게 결정을 내리고 용기를 내면서 이 문제를 탐구하려는 강한 동기가 일어났다. 그녀는 확실

히 '나의 가족이 끝나고 내가 시작하는 지점이 어디인지를 알아내기' 위해 상담가와 계약을 맺었다.
안젤라의 계약은 그녀의 경험을 창조적으로 펼치기 위해 구체적으로 명시하지 않았지만, 최종 목표 지점으로 향한 계약을 통해 그녀는 새로운 발견과 함께 점차적으로 발전하고 성장하였다.

2. 어린이 자아상태의 혼란을 제거하기

어버이 자아 이야기를 위해 내담자를 준비시키기

어린이 자아상태의 혼란은 개인의 진정한 속성을 지지하거나 확인하는 데 실패한 내면화된 부모상과의 내면관계로부터 생긴다. 내담자가 자유로운 표현을 통해 자아실현을 시도할 때, 내면의 목소리를 듣거나 자유로운 사고, 말, 행동을 가로막는 강한 신체적 감각을 경험한다. 이미 앞에서 본 바와 같이, 내면화된 것은 자율성에 해를 주게 되며 내담자의 경험이 아닌 부모의 경험에 속한 실제로 구성되는 것이다. 그것은 내면화된 다른 사람의 감정과 사고, 행동이지 자신의 실제적인 어른 자아의 것은 아니다. 내면화된 것은 실제적 근거를 갖지 못한 것일 수도 있는 해석된 경험이다. 예를 들면, 폴린이 일곱 살이었을 때 엄마는 오랫동안 앓아눕게 되었다. 폴린의 엄마는 병으로 인해 쉽게 짜증을 냈고 성격이 급해졌다. 하지만 폴린은 신체적 고통과 상호관계 반응이 서로 연결되어 있다는 것을 이해하지 못했기 때문에 자신이 엄마를 짜증나게 만든다고 생각하였다. 상담가가 반드시 명심해야 할 것은 그들이 증명할 수 있는 외부의 것이 아니라 내면의 실제를 다루고 있다는 사실이다.

어린이 자아상태의 혼란을 제거하는 것은 어버이 자아와 어린이 자아가 내면적으로 인식한 실제를 어른 자아의 '지금-여기'의 실제로쿠터 분리하여 어버이 자아상태의 실제가 힘을 쥐거나 다른 자아상태로 침투하지 못하게 함으로써 어버이 자아상태에 머물게 하는 것이다. 이러한 분리 작업의 대부분은 작업 초기 단계에서 이루어지지만(제2장), 몇 가지는 아직 남아 있다. 만약 내담자가 초기 단계에서 임패스에 도달했다면, 이것은 혼란 제거 작업을 통해서만 해결될 수 있을 것이다.

일단 어버이, 어린이, 어른 자아가 서로 완전히 분리되고 나면 어버이 자아상태 안에 있는 문제를 해결하는 작업으로 넘어간다. 가끔 어버이 자아상태는 독성이 강하여 해결하려고 하지 않을 수도 있다. 어버이 자아상태와 작업하려는 시도 자체가 내담자에게 더 많은 문제를 발생시킬 수도 있다. 이러한 경우에는 반드시 분리 시점에서 중단한 다음, 어버이 자아상태에 있는 에너지를 가두어 나머지 정신세계로부터 가능한 멀리 분리시키도록 한다.

핵심기법

유독한 어버이 자아의 에너지를 가두기

1. 어버이 자아에게 시간이나 관심을 주지 않는다.
2. 어버이 자아가 주도권을 잡으려고 할 때, 내담자가 어른 자아로 되돌아갈 수 있도록 적당한 조치를 취한다. 이를테면,
   - 교차 교류
   - 교류 재정의(주제 변경)
   - 유머
3. 이 중 어느 것도 효과가 없을 때, 어버이 자아 에너지가 약화될 때까지 함께 앉아 있는다. 그러고 나서 내담자를 도와 어른 자아상태로 옮겨 가도록 한다.
4. 가능하다면 유독한 어버이 자아가 주도권을 쥐고 있는 상태에서 회기를 끝내서는 안 된다.
5. 어버이 자아가 주도권을 쥐고 있는 상태에서 회기를 마칠 수밖에 없는 경우에는 어른 자아를 촉진하고 강화시키기 위하여 내담자와 전화로 이야기하기로 하든가 추가 회기를 약속한다. 유독한 어버이 자아가 마음대로 내사하도록 내담자를 내버려 두어서는 안 된다.

내담자와 상담가는 어떤 부모의 어려움을 야기하고, 자유로이 기능할 수 있는 내담자의 능력에 그것이 직접적으로 영향을 주는가에 의견을 일치할 필요가 있다. 이것이

다루어야 할 문제들이다. 어떤 경우에는 작업 단계 초기에서 결정이 이루어지기도 하지만, 언제든지 다시 확인하는 것은 도움이 된다.

핵심기법

초점을 맞추어야 할 내사 확인하기

1. 내담자의 어려움과 직접 관련된 반복적인 내사를 확인한다.
2. 내사와 연결된 실제의 부모상을 확인한다.
3. 내담자의 에너지를 자유롭게 하기 위한 최소한의 작업은 무엇인가?

 예를 들면,

- 자아상태를 억제하거나 차단하기
- 내사된 태도를 완전히 표출시켜 내담자가 자신을 좀 더 자각하며 언제 방해받는지 자각하게 하기
- 어버이 자아 모습에서 괴롭히는 것이 있는 것을 인정하고 내담자의 세대를 통한 유해 요인으로부터 내담자를 분리시키기

보호와 능력

우리는 이미 내담자를 보호할 필요가 있음을 알았다. 지금부터는 여기에 치료능력을 더하려 한다.[61] 일반적으로 능력이 있다고 하는 것은 내담자의 각본보다 더 강력한 방법

---

61) E. Berne, *What Do You Say After You Say Hello?* (Corgi, London, 1974/1987), p. 374 : 상담가의 효율성은 '3P' 에 의해 결정된다고 어느 정도 확신을 가지고 말할 수 있다. 그것은 potency(능력), permission(허가), 그리고 protection(보호)이다. 상담가는 어린이 자아에게 어버이 자아상태의 금지령과 자극에 반항도 할 수 있도록 허가해야 한다. 이것을 효과적으로 하기 위해서는 능력이 있어야 하는데, 모든 것을 다 할 수 있는 전능이 아니라 내담자의 어버이 자아상태를 충분히 다룰 정도의 능력을 가질 필요가 있다. 향후 상담가는 어린이 자아가 어버이 자아상태의 분노로부터도 충분히 보호받을 수 있을 만큼의 능력이 있다고 신뢰할 정도가 되어야 한다.

으로 스스로의 어른 자아를 사용하는 것이다. 상담 단계가 이쯤 되면 내담자로 하여금 어버이 자아상태의 목소리가 자신의 관점이 아니라 삶과 상황이 달랐던 부모로부터 물려받은 것임을 이해시켜야 한다. 이 메시지는 그리 도움이 되지 않고 이미 낡은 방법이다. 내담자의 어른 자아의 이해와 자각으로 대치되어야 한다. 부모에 의해 지배되는 삶의 관점에서 자신의 어른 자아로 옮겨 감에 따라 내담자는 취약한 상황에 처하게 된다. 부모가 자신의 위치를 유지하려고 발버둥치기 때문에 어버이 자아상태의 반격이 있을 수 있다. 상담가의 임무는 이러한 반응이 표출되지 않도록 억제하고 대응하며 어린이 자아를 지지하면서 어린이 자아나 어버이 자아 모두에게도 아무런 해가 없을 것이라고 확신시켜 주는 것이다. 내담자의 어린이 자아를 효과적으로 보호하지 못하면 각본은 더욱더 강화될 것이다.

직면시킨 후에는 적당한 기회에 어버이 자아상태의 기분을 다독여 주어야 한다. 그것은 부모상의 실제가 지배적이었던 상황을 인식하고 인정함으로써 가능하다. 그러나

사례 : 안젤라

안젤라의 부모 혼란은 부모님과 깊은 관련이 있었다. 어머니로부터 안젤라는 빚진 감정을 내사하였다. 안젤라는 사랑과 순종의 빚을 지고 있었다. 어머니가 네 번째 아이를 가지면서 겪은 그 많은 고통을 갚기 위해서는 어머니가 원하는 딸이 되어야 한다고 생각하였다.

아버지의 경우는 달랐다. 민감한 아이였던 안젤라는 가정생활과 생계를 꾸려 나가느라 자신의 꿈을 접어야 했던 아버지의 깊은 실망감을 이해하였다. 아버지로부터 안젤라는 좌절된 야망과 꿈을 내사하였다. 안젤라가 자신의 전문 분야에서 성공하려는 욕망은 아버지의 좌절과 연결되어 있었다. 아버지는 자신이 하지 못한 것을 안젤라가 도달해 주기를 원했다. 그래서 그녀는 아버지의 못다한 한을 짊어지고 가족과 가깝게 있으면서 가족들의 꿈을 실현시키기 위해 노력하였다. 안젤라는 가족에 대해 철저하게 헌신(아버지의 그것과 대등한)함으로써 지금까지 사교는 물론이고 연애 한번 제대로 해 볼 기회가 없었다.

부모로부터의 내사는 안젤라가 성장 과정에서 받은 사랑의 양육으로 더욱 강화되었다. 분노나 증오의 굴레가 아니라, 사랑의 굴레가 안젤라를 사로잡고 있었다. 그녀는 단 하나도 저항할 것이 없었다고 말했다.

어버이 자아에게 보여 준 이해하는 태도로 내담자의 어린이 자아가 배척당했다는 느낌이 들지 않도록 해야 한다. 어버이 자아에게 보여 준 상담가의 공감이 자신이 곤궁에 처한 입장에 대해 보여 준 공감보다 크다고 어린이 자아가 느끼게 해서는 안 된다. 그렇게 되면 전투에는 이겼지만 전쟁에서는 진 꼴이 된다.

어버이 자아의 이야기

다음 단계의 작업은 어버이 자아로 하여금 그들의 이야기를 해 보게 하는 것이다. 두 명 혹은 그 이상의 부모상이 있을 경우, 상담가는 내담자와 함께 어떤 부모와 먼저 작업할 것인가를 결정해야 한다. 내담자가 '어버이 자아 대화'를 통해 그 역할을 하게 될 때, 부모상의 정체성과 실제 경험의 감각, 즉 어버이 자아상태 현상이 가장 쉽게 유도될 수 있다. 내담자를 권고하여 어버이 자아상태의 내면 세계로부터 생각하고, 느끼고, 반응하게 한다. 이것은 내사된 것의 생동감을 적극적으르 드러내도록 하며, 내면으로만 간직했던 것을 쏟아 내고, 충분하게 표출함으로써 적절한 변화를 가져올 수 있음을 의미한다.

어버이 자아와 대화 준비

여러 가지 방법으로 진행할 수 있는데, 전통적인 방법이 '빈 의자' 기법이다.

1. 내담자에게 어버이 자아상(이 경우에는 아버지)이 빈 의자에 앉아 있다고 상상해 보게 한다.
2. 그 다음, 상담가는 내담자에게 이름, 입고 있는 옷, 헤어스타일, 앉아 있는 자세, 음색, 몸짓, 표정 및 여러 가지 개인적인 속성을 묘사해 보라고 한다. 이때 중요한 것은 현재의 부모상이 아닌 과거의 어느 한 시점에서의 모습을 그려야 한다.
3. 내담자에게 빈 의자로 옮겨 앉아 아버지가 되어 보라고 한다. 다음과 같은 질문을 통해 내담자가 그 역할을 잘하도록 돕는다. 이러한 작업은 과거의 상황을 복원시

킴으로써 기억을 회상하는 데 매우 도움이 된다. 상황을 복원시키기 위해 어버이 자아에게 다음과 같이 묻는다.

- 성함이 어떻게 되십니까?
- 몇 살이십니까?
- 어디에 사십니까?
- 당신의 삶에 대해 이야기해 주겠습니까?

바로 작업에 들어가 그 효과를 높이기 위해서는, 어버이 자아에게 과거의 이야기를 현재형으로 이야기함으로써 대화의 현장감을 줄 수도 있다. 어버이 자아는 항상 이름으로 부른다.

4. 그리고 과거의 내담자와 투사한 부모와의 관계에 대해 적절한 치료적 질문을 던진다.
5. 어버이 자아에게 깊이 공감해 준다. 삶의 맥락 가운데 그때 상황을 이해하려고 노력한다. 일단 상담가와 어버이 자아 사이에 공감대가 형성되면, 즉각적인 변화가 일어난다. 보통 '어버이 자아' 는 부드러워지고 내담자에 대한 공감적인 대화가 이루어진다.
6. 이 같은 대화로부터 내담자에 대한 '어버이 자아상태' 의 메시지가 내담자의 '잘못' 이 아니라 힘겨운 싸움의 결과라는 것이 분명해지면 어버이 자아상태 대화를 끝내고 어버이 자아를 떠나보낸다.
7. 내담자로 하여금 자기 의자로 돌아가게 한다.
8. 지금까지 들은 내용과 관련하여 경험한 사실들을 나눈다.

빈 의자 기법은 새롭게 떠오르는 어버이 자아와 어버이 자아를 격리시키는 경계에 초점을 맞추기 때문에, 내담자는 어버이 자아가 거침없이 내뱉는 에너지에 압도당하는 느낌을 갖지 않는다.

자아상태 대화에서와 마찬가지로 일반적인 함정은 있다. 내담자가 빈 의자를 사용하는 것을 불편하게 느끼면, 조금 변형하여 앉은 그 자리에서 이야기하게 한다. 내면화된 다른 사람의 정체성은 서서히 드러나기 때문에, 내담자가 어버이 자아상태로 되는 그 순간을 명확히 하고 나중에 역할을 벗어버리는 것이 특히 중요하다.

다른 사람의 역할을 취하는 것이 얼마나 쉬운가?

가끔 이러한 기법을 처음 접하는 상담가는 내담자에게 너무 어려운 것이 아닐까 염려한다. 사실 대부분의 내담자는 처음에만 주저하지 일단 그것을 극복하고 나면 상당히 쉽다는 것을 알게 된다. 그토록 오랫동안 내면에 쌓아 두고 있던 생각과 감정을 외부로 표출하는 것은 대단한 심리적 해방이다. 그리고 내담자가 대화의 흐름을 타게 되면 스스로 탄력을 받아 자연스럽게 진행된다.

이러한 상담 작업은 영향력이 크다. 저자의 치료 집단에서 이러한 일이 벌어지면 관찰자는 마치 또 한 사람이 방안으로 들어온 것 같다고 이야기한다.

사례 : 안젤라

안젤라는 아버지부터 시작해 보기로 결정했다. 그녀는 아버지의 영향력이 너무 절대적이어서 작업을 모두 마칠 때까지는 그 너머를 볼 수 없을 것 같았다. 안젤라는 빈 의자 기법을 사용하는 데 큰 불편함이 없었다.

그녀는 가족들을 철저하게 보호하며 경쾌한 유머를 구사하는 온화한 성격의 남자를 묘사해 나가기 시작했다. 그는 자신의 전 생애를 가족에게 바친 사람이었다 그녀의 아버지가 이 방에 있는 것처럼 피부로 느껴질 때 상담가는 아버지의 이름이 무엇인지 물었다. 안젤라가 의자를 옮겨, 아버지를 충분히 내사하고는 어버이 자아상태의 이름인 랄프(Ralph)를 불러 보았다.

상담가는 안젤라에게 의자를 바꾸어 앉은 다음 랄프가 되어 보라고 했다.

상황을 복원시키기

첫 단계는 질문을 통해 과거 상황을 복원시키는 것이다.[62] 이것은 내담자로 하여금 부모 모습의 일반

62) J. McNamara and C. Lister-Ford, 'Ego states and the psychology of memory', *Transactional Analysis Journal,* 25, 2 (1995), pp. 141-9.

적인 세부 사항을 기억나게 도와주고, 내면의 어버이 자아상태와 쉽게 연결될 수 있게 해 준다. 이 같은 예비 작업이 끝나면 상담가는 랄프의 삶에 대해 좀 더 직접적인 질문을 한다.

예비 대화 : 이야기를 구성하기

상담가 : 어릴 적 이야기를 해 주세요. 대가족 가정에서 태어났지요?

랄 프 : 네, 모두 열 명이었습니다. 어머니께서는 우리를 돌보느라고 힘들게 일하셨지만, 항상 즐거운 모습이었습니다. 아버지도 비슷했습니다. 공사장에서 일하셨지요. 오랜 시간을 일했지만 급여는 형편없었습니다. 재주가 뛰어나서 아코디언을 연주했습니다.

상담가 : 당신 가족들은 매우 열심히 일하는 것 같군요.

랄 프 : 저는 항상 도왔지요.

상담가 : 안젤라의 어머니를 어떻게 만났습니까?

랄 프 : 댄스파티에서 만났으며 첫눈에 반했습니다. 그녀는 품위 있는 집안 출신이어서 나와 이야기를 하리라고는 생각지도 않았습니다.

상담가 : 그렇지만 그녀가 이야기에 응했군요.

랄 프 : 예, 그랬습니다.

상담가 : 그리고 결혼하기로 마음먹었겠군요.

랄 프 : 예. 그러나 그녀 가족은 그리 좋아하지는 않았습니다.

상담가 : 당신 가족들의 반응은 어땠습니까?

랄 프 : 아버지도 썩 좋아하시지 않으셨어요. 그는 루스(Ruth)가 세상을 살아나가기가 너무 힘들지 않을까 염려하셨고 그녀가 후회할 거라고 생각했지요. 어머니는 별 말씀 없으셨고요.

상담가 : 말씀하신 대로 모두들 당신에게 많이 의지했군요.

랄 프 : [생각에 잠긴 듯 먼 곳을 응시했다.] 예. 그들을 떠나기가 어려웠습니다. 마치 제가 그들을 실망시킨 것 같아 기분이 별로 좋지 않았습니다.

상담가 : 많이 힘드셨겠네요.

랄프가 허공을 바라보며 생각에 잠겨 있는 동안 침묵이 흐른다. 상담가는 적절한 시점이 되었다고 판단했을 때 대화를 계속했다.

상담가 : 안젤라 말로는 당신이 음악을 좋아한다고 하더군요.

랄 프 : 트럼펫을 불 줄 알지요. 저는 안젤라가 피아노를 배웠으면 했으나 좋아하지 않더군요.

상담가 : 딸이 자랑스러우시죠?

랄 프 : 그 아이는 엄마를 닮아 영리합니다. 혼자서도 일을 잘해내지요.

상담가 : 그녀는 지금까지 잘해 왔어요. 그러나 당신도 잘하셨지요.
랄　프 : 저요! 저는 아무것도 하지 못했지요.
상담가 : 당신은 사려 깊은 아들이었고 잘 돌보아 주는 아버지였습니다.
랄　프 : 저는 최선을 다했어요.
상담가 : 당신은 많은 꿈을 포기해야만 했구요.
랄　프 : 최선을 다했을 뿐입니다.
상담가 : 당신의 꿈보다는 가족을 중요하게 여겼군요. 그건 대단한 일이지요.

안젤라의 입장 언급하기

랄프와 관련된 사항이 앞의 대화 중에 나왔으므로 이제는 안젤라의 입장을 아버지의 것과 대조해 볼 수 있는 기회이다. 이것은 그의 이야기와 그녀의 현재 상황 사이의 연결을 좀 더 잘 드러내 줄 것이다.

상담가 : 안젤라는 뭔가 다른 것을 하기 원하고 있지만, 그것이 무엇인지 알지 못하는 것 같아요. 당신이 안젤라와 가족을 위해 너무나 많은 희생을 했기 때문에 그녀가 할 수 있는 일이란 한 직장에 꾸준히 다녀 아버지의 희생이 보람된 것이었음을 느끼게 해 주는 것이라 생각했지요.
랄　프 : [놀란 듯] 저는 안젤라가 그 직장을 좋아하는 줄 알았어요… 그 직장은 괜찮은데.
상담가 : 당신의 가족은 자기희생의 역사를 가지고 있어요. 지금 안젤라도 그 전통을 따르고 있는 것이지요.
랄　프 : 무슨 말을 해야 할지 모르겠습니다. [랄프는 멀리 바라보며 깊은 생각에 잠긴다.]
상담가 : 안젤라는 당신을 실망시킬까 봐 두려워하고 있어요.
랄　프 : 이겨 낼 겁니다. [갑자기 못마땅한 듯] 그래야 되지 않겠어요? 그건 제가 감당해야 하는 첫 번째 실망도 아니고 마지막도 아닐 겁니다.

상담가의 반응

상담가는 랄프의 목소리가 갑자기 높아지자 움찔하였다. 거기에는 부드러운 태도와 친절한 희생 이상의 것이 담겨 있었다. 안젤라의 느낌을 그 상황에 대입시키자 랄프를 자극하여 또 다른 면을 드러내게 한 것이다. 무의식적으로 긴장하며 상담가는 계속 진행하였다.

랄프의 분노

상담가 : 당신은 많은 것을 포기하셨지요.
랄　프 : 물론이죠. 다른 선택의 여지가 전혀 없었어요.
[한마디씩 할 때마다 랄프의 분노는 커지고 있다.]

랄 프 : [안젤라의 의자를 가리키며] 이 아이가 왜 달라져야 한단 말입니까? 그 아이는 갖고 싶은 것을 모두 가졌어요. 그런데도 아직 만족하지 않다니. 저는 그 아이가 가진 것의 반만 가져도 무척 행복할 텐데요. 그런데도 행복하지 않다니….
[랄프는 매우 못마땅하다는 듯이 마지막 이야기를 강조한다.]

그의 분노는 극에 달했다. 수년간 억제되어 있던 분노와 가족들을 실망시키지 않으려는 안젤라의 엄청난 두려움의 숨은 이유가 마침내 그 모습을 드러냈다. 안젤라가 자신의 길을 가는 것은 이러한 엄청난 분노를 온몸으로 감당해야 하는 위험이 있었다. 랄프의 부드러운 외모 속에는 엄청난 실체가 숨어 있었다.

위기 순간의 상담 작업 계획

이러한 위기 순간에 상담가는 몇 가지 중요한 결정을 해야 한다. 다음과 같은 결정을 해야 한다.

1. 랄프의 분노의 근원을 추적한다. 이것은 해결될 수 있다는 가정을 전제로 한다.
2. 랄프가 안젤라의 상황을 이해하는지를 확인한다.
3. 안젤라가 내사한 것이 무엇인지를 스스로 분명히 알 수 있을 것이라는 확신 가운데 어버이 자아와의 대화를 줄이고 자아상태의 에너지를 다시 보완한다. 이 자체가 어버이 자아와의 대화를 감소시킨다.

결 정

상담가는 위의 선택 사항 1을 따르는 것은 현명하지 않다고 판단했다. 랄프의 분노의 정도를 알 수 없었으며, 그것을 좀 더 밝히는 것이 오히려 더 해로울 수 있고, 다른 방법으로 보다 유익하게 활용할 수 있는 시간을 허비할 수도 있다는 가능성 때문이었다. 또한 긍정적인 결과를 보장할 수도 없었다. 비슷한 이유로 선택 사항 2 역시 안젤라에게 어떠한 긍정적인 결과도 가져오지 않을 수 있었다. 선택 사항 3이 가장 최선의 결과를 가져올 수 있을 것 같았다.

단계적 경감 작업과 에너지의 보완

상담가 : 당신이 많은 실망을 경험했기 때문에 분노를 느끼는 것은 충분히 이해할 만합니다. 수년 동안 당신은 그것을 잘 숨겨 왔어요. 그러나 오늘밤 당신은 위험을 무릅쓰고 그 감정을 드러냈습니다.

랄 프 : [상담가의 스트로크에 대해 불만을 보인다.]

상담가 : 제가 당신의 입장을 이해한다고 느끼셨으면 좋겠어요.

랄 프 : [긍정적으로 끄덕이며]

상담가 : 우리가 회기를 끝내기 전에 더 하시고 싶은 이야기가 있습니까?

랄 프 : 아시다시피 제겐 그것이 쉽지 않았습니다. 정말 쉽지 않습니다.

상담가 : 알아요. 그것이 얼마나 힘든지. 당신은 그동안 어려운 선택에 직면해야 했었지요. 쉬운 길이란 없었어요. 많은 경우 당신이 할 수 있는 최선은 고통과 어려움을 최소화할 수 있는 방법을 선택하는 것이었습니다. 이렇게 하면서 당신은 많은 것을 잃었지요. 그리고 당신의 열망은 좌절되었고요. 아마도 당신의 분노를 어디로 향하게 해야 하는지를 알기는 어려웠으리라 짐작합니다. 어쨌든 비난할 사람은 아무도 없습니다. 환경은 당신에게 불리했고 긴 세월 동안 당신은 분노를 감추어 왔습니다. 그런 식으로 지금까지 해 오셨습니다.

랄 프 : [랄프는 멀리 바라보며 깊이 생각에 잠긴 상태에서 끄덕이며 동의했다. 잠시 후 올려다보며] 예, 그런 것 같습니다.

상담가 : 이제 마칠 시간입니다. 이별을 고해야겠습니다.

상담가는 랄프가 모든 것을 이해할 시간을 주려고 잠시 멈추었다. 상담가는 다음의 몇 가지 중요한 것을 성취했다.

- 그의 상황의 어려움을 인식했고,
- 그에게 스트로크를 주어 경험의 가치를 높이 샀으며,
- 그의 분노를 다시 제어해야 하는 이유와 방법을 설명했다.

상담가는 적절한 순간이라고 생각할 때 다시 안젤라에게 자기 의자로 돌아가 랄프의 역할을 종결하라고 할 수 있다.

안젤라의 반영

상담가 : 안젤라, 당신 자신으로 돌아가 이야기할 준비가 되었습니까?

안젤라 : 예.

상담가 : 아버지가 이야기한 것에 대해 어떤 느낌이 듭니까?

안젤라 : 아버지의 일이 그렇게 되었다는 것에 미안한 생각이 들어요.

상담가 : 아버지도 나중에는 화가 난 것 같았어요.

안젤라 : 음, 저는 그렇게 놀라지 않았어요. 용감한 얼굴을 하고 문제 없는 것처럼 하는 것이 더 힘들었을 거예요.

아버지의 분노 때문에 화가 난 것은 아니지만, 안젤라는 그것을 이해할 만했다. 상담가는 그녀의 반응에 놀랐고 또한 만족했다. 상담 전략이 효과적인 것으로 보였다. 안젤라는 다른 자아상태들을 모두 밀어내고 자신의 어버이 자아상태만이 자리 잡도록 했다. 현상학적으로 그녀는 내면화된 아버지가 되어

내면 대화에서 그를 인식하듯이 생각하고 말했다. 소리 높여 말함으로써 안젤라는 자신의 어버이 자아상태의 생각과 감정에 의해 새로운 방법으로 영향을 받았으며, 새로운 관점에서 사물을 볼 수 있었고, 상담가에게 이 모든 것을 증명할 수 있었다. 증인 앞에서 무엇인가를 말한다는 것은 그 내용 이상의 영향력을 갖고 있으며, 추후에 부정하거나 경감시킬 수 있는 가능성을 감소시킨다.

지금-여기에서 안젤라 아버지의 반응은 어떠했는가?

물론 안젤라의 내적 경험의 변화는 현재 그녀의 실제 아버지의 변화와 일치하지 않을 수도 있다. 그녀의 내적 실체의 변화와 외적 실체의 변화 사이의 차이를 논의해 보는 것도 매우 중요할 것이다. 실제 삶에서의 아버지는 안젤라가 삶의 변화를 시도하더라도 자신의 처음 생각을 고집할지도 모른다. 안젤라가 자신의 내적 세계는 좌지우지할 수 있지만, 다른 사람을 그렇게 할 수 없다. 그녀는 보호가 필요하다. 이러한 보호막을 제공하기 위해서 상담가는 안젤라가 내부와 외부 사이의 차이를 확실하게 인식하고 있는지 확인할 필요가 있다. 상담가는 다음 회기에 안젤라와 이러한 차이에 대해 이야기할 것이다. 안젤라의 내면 세계는 변했지만 외부 세계의 사람들은 그만한 변화를 보지 못할 수도 있다. 안젤라가 우선순위를 바꾸고 새로운 선택을 해야 할 경우에 부모가 어떤 반응을 보이더라도 안젤라가 해결해 나갈 수 있도록 도와야 한다. 상담가는 안젤라가 가족 안에서 자신의 위치를 다시 세우고자 하는 중요한 단계에서 지속적인 지원을 해주어야 한다. 안젤라는 가족들의 반응에 따라 상처를 받을 수도 있고 기뻐할 수도 있다. 이 시점에서 어떠한 상황이 벌어질지는 알 수 없다. 어떠한 상황에 대해서도 대처할 수 있는 방법을 배우는 것은 안젤라의 몫이다. 만일 그녀가 자신의 진정한 필요를 채우려 한다면 가족들의 반응에도 탄력적으로 대할 수 있을 것이다.

3. 어린이 자아의 세계

어린이 자아의 이야기를 위한 준비

어린이 자아는 경험을 느낌의 형태로 저장한다. 우리가 어린이 자아로 이동할 때 우리의 사고, 감정, 신체 감각은 그것들을 처음 경험했을 때와 동일한 방식으로 다시 경험하게 된다. 어린이 자아가 가지고 있는 이야기는 비논리적이며 어른 자아의 현실적 관점에서 재평가되지 않는다. 단지 우리의 과거 경험의 단편들을 보여 줄 뿐이다. 심한 경우에 이것들은 우리가 파악할 수 있는 범위를 넘어서서 모호하거나 구체적이지 않은 상태에 있을 수도 있다. 혹은 강력하고 충격적인 영향력을 가지고 있을 수도 있다. 이 양극단 사이에서 수많은 다양한 경험이 있을 수 있다. 어떤 어린이 자아의 경험은 언어를 초월하기 때문에 우리가 신체적 감각이나 감정적 반응으로 느낄 수는 있지만, 무엇이 그것을 촉발시켰으며 우리의 과거와 어떻게 연결되어 있는지 이해할 수는 없다. 다른 것들은 분명한 인식 속에 있어서 그것들을 과거의 상황 및 사건과 연결시킬 수 있다. 어린이 자아는 엄청난 경험의 정보를 가지고 있지만, 그 정보들은 우리 자신의 역사에 속해 있을 때에만 연결된다.

자발성을 되찾기 위해서는 내면의 어린이 자아가 가지고 있는 것을 표출할 필요가 있다. 혼란 상태를 정리하고 경험을 통합하면서 느낌을 이해하기 위해서는 어린이 자아가 도움을 받아야 한다. 어버이 자아상태에 의해 보복당할 가능성이 있다면 어린이 자아를 드러내는 것이 안전하지 않을 수도 있다. 그럴 땐 어버이 자아상태를 먼저 다루는 것이 바람직하며 어버이 자아상태가 충분히 드러날 수 있는 기회를 줌으로써 어린이 자아를 보호할 수 있게 된다. 이를 통해 어린이 자아는 보복이나 징벌의 두려움 없이 자신을 안전하게 드러낼 수 있게 된다. 이는 어린이 자아를 보호하는 필수 과정이다.

또한 어린이 자아가 억압 없이 자신을 자유롭게 표현하고 상담가에게 느끼는 바를 보여 주기 위해서는 허가를 받아야 한다. 상담가의 역할은 도움되지 않거나 방해하는 과거의 상황을 어린이 자아로 하여금 계속해서 재경험하도록 돕는 것이다. 끄집어내어 작업할 필요가 있는 문제 영역을 내담자로 하여금 다시 경험하게 함으로써 자발적이고 온전한 기능을 저해하지 않도록 한다. 이는 누군가를 독려하는 매우 강력한 수단이며, 어린이 자아가 안심하고 준비된 상태인지 어버이 자아의 보복을 두려워하는 상태인지를 확인하는 필수 과정이다. 어린이 자아상태에게 다음 단계로 넘어갈 준비가 되었는지를 직접 이야기하거나 혹은 어른 자아를 중개자로 세우고 그 어른 자아를 통해 내면의 어린이 자아를 확인할 수도 있다. 준비하는 데 문제가 있을 경우 어른 자아를 통하여 진행하는 것이 바람직하다. 이것은 어린이 자아상태의 에너지가 폭발하는 것을 막고 준비되어 있지 않거나 도움이 되지 않을 수 있는 내면의 정서 상태로 어린이 자아가 진입하는 것을 막아 준다.

어린이 자아의 이야기

어린이 자아의 이야기를 유도하기 위해서는 내담자를 어린이 자아로 들어가게 한다. 이것은 자발적으로 이루어질 수도 있고, 어버이 자아상태의 대화에서와 같이 빈 의자에 어린이 자아를 나타내게 하여 어린이 자아를 적극적으로 그려 보면서 상담가에게 묘사하게 할 수도 있다. 또 기술적인 도움을 통해 진행할 수도 있다. 이 기법을 통해 어른 자아에서 어린이 자아로의 점진적 전환이 이루어진다. 내담자의 에너지가 어린이 자아와 함께하는 것이 확실해지면, 의자를 바꾸어 앉아 어린이 자아의 경험으로 몰입하게 한다. 이렇게 되면 그들은 어렸을 적 모습을 보이거나 어린이의 목소리를 낸다. 상담가는 어린이 자아의 나이에 걸맞은 어휘를 사용하는 것이 중요하다. 빈 의자 기법을 활용할 필요가 있는지 없는지는 상담가가 스스로 판단해야 한다. 촉진 방법은 전적으로 어떤 것이 내담자에게 가장 효과적인가에 따라 이루어져야 한다.

●●● 사례 : 안젤라

안젤라는 쉽게 그녀의 어린이 자아로 들어갔다. 그녀는 어릴 적 모든 사람들의 입에 오르내렸다고 이야기했다. 그녀는 온 가족에게 지대한 관심을 받았다. 저녁에 나누는 가족 이야기는 대부분 그녀에 대한 것이거나 그녀의 학교 생활, 교우 관계에 관한 것이었으며, 다음 날 받게 될 레슨을 위한 피아노 연주를 듣거나 그녀에게 새로운 드레스를 만들어 주자는 이야기를 나누었다. 안젤라는 흥미와 기쁨의 원천을 지속적으로 제공했다. 그녀의 가족들은 보호 성향이 매우 강해 무언가가 안젤라를 괴롭게 하면 그들 모두가 불편해했다. 그럴 때마다 그녀는 사람들이 어떻게 하면 상황을 호전시킬 수 있을지에 대해 목이 쉬도록 이야기하는 것을 들었다. 안젤라가 어린 시절에 대해 담담히 이야기할 때 그녀는 활기를 잃은 채 생각에 잠겼다. 분명히 그녀의 감정은 변화하고 있었다.

안젤라 : 가족들 모두 잘해 주려고 애쓰고 있지만 저는 혼자 있고 싶어요. 저는 움직일 수도 없고 숨쉴 수도 없는 존재 같이 느껴져요. 제가 행복하지 않으면 저는 그 감정을 숨겨야 해요. 저는 모든 일이 잘되어 가는 것처럼 위장해야 돼요. 만약 그들을 걱정시키면 저는 심한 죄책감을 느끼게 됩니다. 그들을 행복하게 해 주고 싶어요. [안젤라가 갑자기 지금-여기로 돌아온다.] 지금 속이 뒤집히는 것 같아요. 서서히 조여 오는 느낌이에요.

안젤라는 호흡이 매우 가빠졌고 숨을 고르기 위해 애쓰고 있었다. 얼굴은 점점 붉어졌고 손바닥에는 땀방울이 맺혔다. 그녀는 겁에 질린 것 같았다. 상담가는 재빠르게 종이봉투를 건네주어 코와 입에 대고 호흡하도록 했다. 상담가는 차분한 목소리로 안젤라가 깊은 호흡을 하게끔 격려하고 회복하도록 했다. 이렇게 자신의 호흡을 들이마시는 것은 효과가 있었다. 안젤라는 한층 쉽게 호흡을 하기 시작하면서 종이봉투를 사용할 필요가 없게 되었다.

상담가 : 당신의 감정을 떠올릴 때 겁에 질린 것 같았어요. 무서웠나요?

안젤라 : 예, 많이요. 제가 어릴 적에 그런 일을 했는지는 기억이 나지 않지만 제 기억보다 더 강한 것 같았어요.

상담가 : 그것이 사무실에서 자주 경험하던 감정과 같던가요?

안젤라 : 네. 이만큼 심한 적은 없었지만 이럴 수도 있겠다는 생각이 들었습니다.

어린이 자아 대화에서 무슨 일이 일어났는가?

안젤라는 중요한 발견을 했다. 그녀가 일할 때 자주 경험했던 패닉의 근원을 발견한 것이다. 이것은 엄청난 변화였다. 이제까지 설명할 수 없고 이해할 수 없었던 안젤라의 행동이 가지고 있던 내면적 근원이 마침내 밝혀진 것이다. 수년간 가족들의 집중적인 관심을 지속적으로 받으면서 그녀가 느껴 왔던 긴장과 불안이 안젤라를 겁에 질리게 한 것이다. 그녀는 가족들의 지나친 관심으로 숨이 막힐 정도였으나 자발적으로 그들을 즐겁게 하려는 자기모순의 함정에 빠져 들어갔다. 돌이켜 보면 그녀가 업무 중에 경험했던 일련의 증세들은 어린이 자아의 경험과 관련이 있었다. 옳은 길을 따르려고 하면서 동시에 가족들을 기쁘게 하려는 딜레마로 혼란스러워진 어린이 자아는 과중한 짐을 지게 되었고, 그 긴장감 속에서 제대로 기능할 수가 없게 된 것이다. 안젤라가 최초로 상담을 요청한 문제로 인한 결과였다. 안젤라가 제일 처음 요청했던 상담 문제에 대한 근본 원인이 명료하게 밝혀지게 된 것이다.[63]

어린이 자아의 대화를 통해, 가족들과 관련된 상황에서 성숙한 모습으로 행동하는 것이 안젤라에게 그토록 힘들었던 이유가 이제야 밝혀진 것이다. 그들을 기쁘게 하고, 실망시켜서는 안 된다는 지속적인 압력이 안젤라를 과도한 제약으로 묶어 놓아 그녀는 자신에 대해 명료하게 생각하지 못하는('생각하지 마라' 금지령) 유아적인 상태('성장하지 마라' 금지령)로 남아 있게 되었다. 안젤라의 자각 능력이 점점 커가면서 자신에 대해 보다 명확하게 생각할 수 있게 되었고, 그녀의 감정이나 선택을 더 잘 이해하게 되었다. 이제 어린이 자아의 경험과 어른 자아의 현실 사이에 명확한 경계가 세워진 것이다.

---

63) E. Berne, *Principles of Group Treatment* (Grove, New York, 1966), pp. 245-7 : 결정체는 상담가의 어른 자아가 내담자의 어른 자아에게 내담자의 입장을 진술한 것이다. 만일 내담자가 이전 상황에서 제대로 준비되었다면 내담자의 어른 자아는 간절하게 그리고 열정적으로 결정체를 받으려 할 것이다. 이 단계에서는 내담자의 어른 자아와 어린이 자아는 서로 좋은 관계를 이루고 있으며, 어린이 자아는 감사한 마음으로 결정체를 받아들이게 된다. 그러나 어느 정도 전율과 향수가 남아 있을 수 있는데, 이는 과거 방식을 영원히 폐기하고 아직 생소하고 충분히 시험해 보지 못한 새로운 것을 시도한다는 것을 의미하기 때문이다.

왜 안젤라의 반응이 직장에서나 어릴 적 집에서보다 상담실에서 강해지는가?

이따금 어린이 자아가 상담가와 함께 있음으로 해서 안도감을 갖게 되면 증상을 억제하지 않게 된다. 증상을 제어하려는 시도가 없어지므로 어린이 자아는 본연의 모습 그대로 나타나게 된다. 안젤라는 상담가의 보호 기술과 지식을 신뢰하며 정말로 자유롭게 느낌을 표출하고 그 감정에 순응할 수 있게 되었다.

이것은 그녀가 가족들을 기쁘게 하는 것과 자신을 기쁘게 하는 것 사이에서의 임패스를 해결하는 첫 번째 단계가 되었다. 비록 이 임패스가 해소될 때까진 작업이 계속되어야겠지만 안젤라가 용기 있게 깊은 감정의 갈등의 원인을 찾아 나서고 이 갈등으로 인한 감정적 · 신체적 영향을 스스로 느끼고자 하는 결단은 문제 해결을 위한 중요한 첫걸음이 되었다. 경험으로부터 한 걸음 물러나 관조하는 시간을 가지고 되돌아보는 것을 통해 안젤라의 자각은 증대되었고 어른 자아와 어린이 자아의 경계는 뚜렷하게 강화되었다. 이 단계의 상담에서 나타나는 자각 능력은 단지 지적인 이해라기보다는 감정과 인지적인 지식의 결합으로부터 오는 통합된 자각이다. 만일 어린이 자아의 에너지가 그녀를 다시 압도하고 위협한다 해도 (실제로 그럴 가능성이 있지만) 안젤라는 덜 놀랄 것이다. 그녀는 강력한 패닉 상태도 견뎌 낼 수 있는 능력을 갖게 되었음을 확신하게 될 것이고, 무슨 일이 일어나고 있는지 더 잘 이해하게 되며 내면의 자원은 증대되어 어린이 자아의 에너지를 효과적으로 보유할 수 있게 될 것이다. 시간이 흐르면서 추가 상담을 통해 안젤라의 증상은 꾸준히 경감되어 수평선의 점이 점점 작아져 시야에서 사라지듯 영원히 사라지게 될 것이다.

4. 함께 종합하기 : 과정과 통합

내담자가 어버이 자아상태와 어린이 자아상태의 작업을 충분히 소화하도록 돕는 데 시간을 충분히 할애하는 것은 매우 중요하다. 자기의 것으로 소화하는 작업은 어른 자아에서 이루어지도록 하여 자신과 자신의 삶의 과정을 현실에 입각하여 이해하도록 돕는다. 새롭게 인식된 현실은 우리가 스스로를 재정의하려고 애쓰고 그것을 지지하며 지켜보는 가운데, 바뀐 인식을 계속 유지하도록 허락하는 상담가의 강력한 허가를 가져온다. 이것은 내사된 어버이 자아보다 더욱 강력한 힘을 발휘한다.

상담가는 내담자가 통합할 수 있도록 지금까지 해 온 작업의 의미를 충분히 설명해 주어야 하며 내담자가 상담 작업을 이해하는 방식에 대한 명확한 그림이 필요하다. 그리고 이는 자아의 **통합**에 시간을 투자함으로써 내담자가 자신의 경험을 반영하고 나아

사례 : 안젤라

상담가 : 안젤라, 지금까지 한 작업에 대해 되돌아볼 시간을 가졌는데, 지금은 어떠세요?

안젤라 : 뭐라고 말하기가 어렵네요. 어떻게 보면, 아무런 차이가 없는 것 같아요. 그렇지만 동시에 내면은 훨씬 가벼워진 것 같아요. 저는 아직도 직장에서 패닉에 빠지게 되는 이유가 이렇게 단순하다는 것이 믿겨지지 않아요.

상담가 : 고통의 근원은 일단 알아내기만 하면 금방 이해가 되지만 처음부터 발견하기는 쉽지 않지요.

안젤라 : 예, 그런 것 같아요.

상담가 : 일단 문제의 근본 원인이 드러난다면 이해하기 쉬운 것처럼 보이고 복잡한 길이 순식간에 사라지게 되지요.

안젤라 : 정말 분명하네요.

상담가 : 당신이 깨닫기까지 해 온 모든 작업을 돌아보면 광범위하고 복잡한 여정이었다는 것을 알 것입니다. 이 지점에 도달하기까지 애를 많이 쓰셨어요.

안젤라 : [고개를 끄덕이며] 쉽게 잊어버리는 것은 아닐까요?

상담가 : 당신 자신뿐만 아니라 지금까지 당신이 해 온 작업의 가치를 인정하는 것이 중요합니다. 예전에 했던 어버이 자아의 대화에 대해 지금은 어떻게 생각하십니까?

안젤라 : 놀라워요. 모든 것이 다 드러났으니 말이에요.

상담가 : 그렇습니다. 이제 당신은 내면의 대화에 귀를 기울이고 전과는 다르게 들을 수 있기 때문에 자신으로부터 출발한 문제가 무엇이고 당신의 삶 속에 다른 사람으로부터 출발한 문제가 무엇인지 분별할 수 있게 되었습니다. 그 결과, 방향 설정의 자유가 훨씬 많아진 것이지요.

갈 수 있게 한다. 이렇게 함으로써 새롭게 깨달은 것들을 정리하고 축적할 수 있는 시간을 주는 것이다. 또한 이것은 지금까지의 작업에 대한 내담자의 관점을 직접적으로 듣는 기회이기도 하다. 때때로 내담자는 혼란스러워하며 잘못된 결론을 끌어내기도 하는데, 상담 작업에 대한 이야기를 나누는 이러한 과정을 통해 내담자의 오해를 바로잡을 수 있게 된다.

과정과 통합에서 무슨 일이 일어났는가?

안젤라는 자신의 발견이 누가 봐도 당연한 것이라고 이야기함으로써 어린이 자아상태의 작업을 망가뜨릴 위험에 빠지게 되었다. 지금까지의 작업을 바탕으로 안젤라가 자신을 더욱더 비판하고 벌하려는 순간에 상담가는 그녀를 새로운 자각으로 인도한 여정이 얼마나 깊고도 복잡한 것이었는지 되새겨 보도록 설득 작업을 시작했다.

안젤라는 그녀의 어버이 자아상태의 작업이 받아들이기 쉽다는 것을 알게 되었다. 어떤 특정한 상황으로 되돌아갈 수 있는 길이 없었기에 막상 드러난 내용에 놀랄 수밖에 없었다. 그녀는 자신이 찾아낸 것에 큰 흥미를 느꼈고 쉽게 받아들였다. 남은 회기 동안 안젤라는 계약을 완료하기 위해 끝까지 작업할 필요가 있는 문제들을 계속 살펴보아야 하겠지만 그녀의 내적 혼란을 명확히 하고 자발성과 친밀성을 다시 회복하는 것은 거의 다 이루어져 가고 있다.

◇ 요 약

이 장에서 우리는 내담자가 보다 더 큰 어른 자아의 기능을 어떻게 회복하고 그를 통해 어떻게 현재의 모습이 되었는지를 이해하고 탐색하였다. 재경험을 통해 과거를 탐색하는 과정 속에서 발생하는 에너지는 문제 해결과 잠재력 실현에 한층 효과적으로 활용될 수 있다. 내담자는 한 발짝 더 나아가 이러한 자원을 활용하여 임패스를 해결하고, 과거의 굴레로부터 자신을 해방시킬 수 있다.

이 장에서의 핵심적인 개념은 다음과 같다.

- 혼란
- 임패스
- 통합된 자각
- 어른 자아로의 통합

활용되는 핵심 기술은 다음과 같다.

- 질문
- 결정체
- 허가, 보호, 능력
- 어버이 자아 대화
- 어린이 자아 대화
- 내면 어린이 자아의 신념 재작업

연습문제

파트너와 함께 다음을 연습하라.

7.1 당신의 파트너는 어버이 자아의 대화에 적절한 내담자 역할을 한다. 파트너에게 필요한 배경 정보를 제공하고 어른 자아에서 시작하여 어버이 자아로, 그리고 다시 어른 자아로 이동하는 어버이 자아상태 대화를 실습하라.

당신의 강점과 좀 더 개발을 요하는 분야를 토의하라. 특히 어버이 자아와 작업할 때 당신의 능력에 주의를 기울여라.

어떠했는가? 당신의 능력을 향상시키기 위해 개발할 부분은 어떤 것이 있는가? (실습 시간 : 30~40분)

7.2 당신의 파트너가 동일한 내담자 역할을 하되 이번에는 자신의 어린이 자아의 이야기를 하라. 어른 자아에서 시작하여 어린이 자아로, 그리고 다시 어른 자아로 이동하면서 어린이 자아의 이야기를 촉진시키는 연습을 하라. 파트너와 당신이 했던 촉진 방식을 논의하고 세 가지 학습 목표를 끌어내라.
(실습 시간 : 30~40분)

7.3 앞의 역할극의 경험으로부터 당신이 내담자에게 제공할 수 있는 결정체 개념이 있는지 파트너와 논의하라.

참고문헌

결정체

Berne, E. (1966) *Principles of Group Treatment*. New York: Grove. pp.245–7.

임패스

Mellor, K. (1980) 'Impasses: a developmental and structural understanding', *Transactional Analysis Journal*, 10 (3): 213–20.

어른 자아로의 통합

Clarkson, P. and Gilbert, M. (1988) 'Berne's original model of ego states', *Transactional Analysis Journal*, 18 (1): 20–9.

어버이 자아의 화해

Dashiell, S.R. (1978) 'The parent resolution process: reprogramming psychic incorporations in the parent', *Transactional Analysis Journal*, 10 (4): 289–94.

내면 어린이 자아의 실체와 재작업하기

Clarkson, P. and Fish, S. (1988) 'Rechilding: creating a new past in the present as a support for the future', *Transactional Analysis Journal*, 18 (1): 51–9.

08

친밀성의 유지

친밀성이란 관심을 갖는 사람에게 자신을 솔직하게 개방하는 것을 말한다. 위험 부담을 안고 정말로 느끼고 생각하고 원하는 것을 공유하는 것을 의미한다. 그것이 사랑 혹은 분노, 절망, 지루함, 조바심, 강한 관점, 부드러운 관점, 전혀 관심 없음 등 어떤 것이라도 있는 그대로의 모습을 보여 주는 것이다. 우리는 우리가 사랑하는 사람들로부터 그에 대한 보답으로 존경과 수용, 사랑을 원한다. 우리 간의 많은 것을 통해 그들이 싫어하는 것들조차 너그럽게 보아 줄 수 있을 정도로 우리를 좋아하기를 원한다. 답례로 우리는 사랑, 수용, 존경과 관용이라는 동일한 선물을 베푼다. 진정한 친밀성을 찾기 위해서는 우리가 진정으로 신뢰할 수 있는 사람을 선별할 수 있는 분별력이 필요하다. 친밀성이란 헌신적이고 지속적으로 연결되어 있다. 그것은 세상 일이 우리가 원하는 대로 돌아가지 않기 때문에 순간적인 희열이나 즐거움을 찾는 것이 아니라 포기하지 않고 희비애락을 함께하는 것을 말한다. 그것은 지금 여기에 완전히 충실할 수 있는 능력과 동시에 현재를 뛰어넘어 볼 수 있는 능력을 필요로 한다.

심지어 지나치게 각본에 얽매인 사람일지라도 친밀한 순간(즉, 심리게임의 덫에 걸리지 않는 진실한 가까움의 순간)을 누릴 수 있다. 이 단계의 상담은 순간적인 친밀성 그 이상이며 친밀성을 막는 공생 패턴의 작업을 통해 친밀한 관계를 유지하는 능력을 개발하는 것이다. 이것은 위험부담을 안고 있다. 내담자는 자신 혹은 가장 가깝고 가장 사랑하는 사람 안에서 방해되는 것들과 직면해야 한다. 두말할 것 없이 이것은 두려움과 염려를 초래한다. 우리의 관계는 이러한 도전을 극복할 수 있을까? 아니면 아무도 없이 홀로 남겨질까?

상담가는 신중한 길을 걷는다. 어떤 면에서는 우려를 포함한 공감적 확신을 갖고 대하지만, 또 다른 면에서는 고정된 공생 패턴을 통한 작업이 이루어지도록 격려하고 돕는다.

상담가의 목표는,

- 내담자의 공생 패턴을 명료화하고 구체적으로 말하기
- 주요 임패스 갈등을 명료화하고 구체적으로 말하기
- 내담자의 두려움 및 불안을 진정시키고 감소시키기

이 작업이 완료되는 시점에서 내담자는,

- 관련된 공생 패턴을 깨고,
- 지배적인 임패스 갈등을 해결하며,
- 친밀한 관계를 유지할 수 있다.

1. 건강하고 친밀한 관계

건강한 관계는 신뢰와 안전이라는 특징이 있다. 특별한 사람과의 애착된 상태인 친밀한 관계는 우리 삶에 안전의 기반을 제공한다. 우리는 관계 속에 있을 때 안전감을 느낀다. 물 흐르듯 자유롭게 서로를 의지하여 상호 의존한다. 가끔 어느 한쪽이 가벼운 의존 관계로 들어가기도 하지만 거기에 고착되지 않고 쉽게 나온다. 두 사람의 개성은 자기 표출의 여지를 가진 채 관계를 통해 양육된다. 전체적으르 존재의 경험은 안전이다. 우리가 누구인지 그리고 어떠한 능력이 있는지 보여 줄 때에도 사랑하는 사람을 위협하지 않을까 불안해할 필요가 없다. 또 우리의 자발적이고 독특한 개성을 표현할 때에도 배우자가 거절하거나 사랑하고 지지해 주는 것 없이 내버려 둘까 봐 걱정하지 않는다. 수용의 느낌은 우리로 하여금 배우자를 위협하거나 협박하거나 분노하거나 부러워하는 것이 아니라 그대로를 받아들이고 소중히 여기게 한다

관계에서 변화가 발생할 때 우리의 안전 기반이 변화하므로 도전받는다고 느낄 수 있는데 이것은 불가피하다. 결국 이것은 걱정의 파문을 일으키고 다양한 감정을 초래한다. 하지만 친밀한 관계 안에서 사람들은 서로의 변화를 허용하며 그럴 때 우리는 도전할 수 있다.

한 사람 이상과도 친밀함을 유지하는 것이 가능한가?

간단히 말하자면 그렇다. 그러나 우리는 제한된 수효의 사람들과만 친밀을 유지할 수 있다. 친밀은 정서적으로 큰 노력을 요하며 많은 시간이 소요된다. 그래서 가까운 가족과 특별한 친구 같은 선택된 소수만이 정서적 행복과 연결되어 있다고 느낄 수 있다.

2. 공 생

아동기의 공생

자녀들은 성숙으로 가는 길고 복잡한 여정에서 부모로부터 지원받고 양육되고 보호받을 필요가 있다. 건강한 아동기의 공생은 부모와 자녀를 정서적으로나 물리적으로 강력한 결속을 이루게 하는 생물학적 생존 전략이라 할 수 있다. 보호막과 같은 이 결속은 유동적이고 융통적이므로 자라는 자녀가 자기의 능력, 기술과 지식을 시험할 수 있게 해 준다. 공생은 어린아이를 숨 막히게 해서도 안 되며, 유기될지도 모른다는 두려움을

야기할 정도로 빈약해서도 안 된다. 그렇게 되면 자녀는 자신의 본성의 새로운 면이나 삶을 시험하는 데 따르는 지원을 제대로 받을 수 없게 된다. 그래서 자신의 어려움을 관리하거나 인생의 기복을 다루는 데 필요한 자신감을 얻을 수 없게 된다. 공생의 강도는 어린아이가 삶의 고비를 넘어가면서 어른이 되기까지 점차 약화되어 모자간에 새로운 결속(즉, 자녀를 하나의 성숙하고 독립적인 청소년으로 인지하는 관계)으로 전환되어야 한다. 이때가 되어야 공생은 그 역할을 다했으므로 허물을 벗을 수 있다.

성인의 공생

> 두 사람이 마치 한 사람이 된 것같이 행동할 때 공생이 발생한다. 공생하는 각 사람은 특정 자아상태를 포기함으로써 두 사람임에도 불구하고 단지 한 사람의 어버이 자아, 어른 자아, 어린이 자아만으로 기능한다.[64)]

일반적으로 성인의 공생은 건강하지 않다. 공생은 다음과 같은 특징이 있다.

- 우리라는 한계
- 예측 가능하고 정해진 방식으로 행동하도록 강요
- 창의성, 자발성과 융통성을 제한

그러나 완벽주의로 나아가지는 않도록 한다. 대부분의 성인 관계는 어느 정도 공생적이다. 관계를 형성하기 위해서는 필수적으로 밟아야 하는 과정이 있는데, 그것은 다른 사람의 욕구와 필요를 수용할 공간을 만들기 위해 자신의 욕구와 필요를 자발적으로 양보하는 것이다. 이 과정에서 가끔은 너무 한 방향으로 치우쳐서 균형을 찾아야 하는 경우가 발생한다. 우리가 균형을 찾지 못하고 억압된 상태의 상황에 빠져 있을 때 문제가 발생한다.

---

64) Tony Tilney, Dictionary of Transactional Analysis (Whurr, London, 1998), p. 120.

*** 예문** **기능적 공생**

아만다(Amanda)는 요리를 싫어하고 그것이 스트레스였다. 키스(Keith)는 요리는 즐기지만 아만다가 잘하는 정리정돈을 몹시 싫어했다. 키스는 대부분의 요리를 맡았고, 아만다는 단순한 물건 정리부터 구두 닦기와 세탁에 이르기까지 대부분의 정리정돈을 하기로 했다.

아만다와 키스가 자신의 능력과 선호에 따라 일 혹은 기능을 나누기로 합의한 **기능적 공생**은 상호 자각과 동의하에 이루어진다. 이러한 관계는 유용하며 기능이 보다 더 잘 이루어질 수 있도록 한다. 필요할 경우에는 다른 사람의 일을 대신할 수도 있다.

어떤 공생 패턴을 다룰 것인지를 결정하기

상담가의 과제는 내담자와 함께 어떤 공생 패턴이 상담 계약의 열쇠가 되고, 작업의 대상이 되는지를 결정하는 것이다. 이 과정에서 특별히 두 가지 요소가 도움이 된다. 첫 번째는 '내적 혼란 발견하기(제7장 참고)' 에서 다룬 작업으로서 문제가 되는 공생 패턴에 대해 많은 것을 보여 준다. 두 번째는 내담자가 상담가와의 관계에서 명확히 드러나는 공생 패턴으로서 보다 큰 도움이 된다.

상담 관계의 공생

내담자로부터 상담가로의 공생

내담자는 상담가와 관계를 맺으려 할 때 자신들이 관계 맺는 내면의 패턴을 따른다. 내담자는 자신이 관계를 맺는 규칙을 상담에도 적용하려 한다. 이것을 의도적으로 하는 것은 아니지만 일반적으로 내담자는 의식하지 못한다. 그러나 내담자가 공생 패턴을 상담 관계에 적용하려는 시도는 내담자에 대한 풍부한 정보를 제공하므로 상담가의 관점에서 볼 때 황금자원과 같은 것이다. 상담가가 얻을 수 있는 정보는 다음과 같다.

- 직접적인 질문을 통해 드러나지 않는 귀중한 정보: 내담자는 그들의 행동을 의식하

지 못하고 그것을 쉽게 명료화하지 못하기 때문이다).

- 내담자가 관계 속에서 어떻게 행동하는지에 대한 직접적 경험
- 내담자가 다른 사람들에게 어떻게 영향을 미치는지 판단하는 데 유용한 내담자에 대한 직접적인 감정 반응

상담가는 이러한 풍부한 자료를 가지고 어떻게 작업할 것인가를 결정해야 한다. 어떤 TA 상담가는 단순히 그들의 이해를 돕기 위해 이것을 사용하지만, 어떤 상담가들은 드러내 놓고 내담자와 함께 그 자료를 사용하기도 한다. 즉, 내담자가 관계 속으로 끌어들이려는 기대를 스스로 깨닫게 하고 그것을 공개적으로 관계 안에 끌어들여 내담자의 자각 능력을 쌓는 데 초점을 맞추는 것이다. 어떠한 방향을 따르건 제9장에서 보듯이 공생에서의 실망과 그에 따른 치료의 실패를 완전히 다루기 전까지는 어떤 장기간의 치료도 완료되었다고 볼 수 없다. 상담가가 내담자의 각본에 얽매인 내적 소망, 두려움 및 기대에 따라 반응하지 않고 게임으로부터 자유로운 방식으로 내담자와 관계할 때 이러한 부산물은 불가피하다. 종결되지 못한 작업은 각본을 강화하는 심리게임에서 보조 역할을 할 사람을 찾아내도록 압박하는 추진력이 된다. 공생은 이러한 개인들을 결속시킬 때 처음에는 보상적 결속이 되지만, 결국에는 실망스러운 게임이 되어 고통받는 결속으로서 끝나게 된다.

내담자로부터 공생을 활용하는 방법을 결정하기

공생을 활용하는 방법을 결정할 때 몇 가지 사항을 반드시 고려해야 한다.

첫째, 공생은 당신 자신의 이해를 돕는 데 활용될 수 있다. 다음과 같은 상황에서 이것을 활용하라.

- 이 방법으로 상담 작업이 잘 진행되는 경우
- 나눔으로써 내담자의 부정적인 반응이 야기될 가능성이 있는 경우, 예를 들어 낙심, 수치심, 어리석음과 분노를 느끼는 경우

다음의 상황에서는 이 방법을 실행하지 마라.

- 긍정적인 징후가 뒤따르는 경우

둘째, 공생은 상담 관계에 도입될 수 있다. 다음과 같은 상황에서 이것을 활용하라.

- 내담자의 자기 이해를 촉진시키는 경우
- 당신과 함께 공생을 다룸으로써 내담자가 그들의 삶에서 이것을 보다 효과적으로 할 수 있도록 만드는 경우
- 당신 안에서 공생이 어떠한 이유로든 무시될 수는 없는 경우(예를 들어, 상담의 진전을 방해하고 있기 때문에)

다음과 같은 상황에서는 이 방법을 실행하지 마라.

- 내담자를 혼란케 하는 경우
- 내담자에게 불필요한 작업을 주는 경우
- 전반적으로 '혼란스럽게' 만드는 경우
- 일어나는 일에 대해 당신이 이해하는 바를 나누고자 하는 이기적인 목적일 경우

공생 패턴을 넘어서 나아가기

내담자의 내적인 진실을 찾아내기 위해 내담자는 계속 상담을 진행하여 자신의 공생 패턴을 통과해 나아가야 한다. 이것이 친밀성으로 가는 길이다. 상담 작업 초기에 핵심 문제 영역을 (제5~6장에서) 명시하였다. 현재의 과제는 공생을 용이하게 통과하도록 하는 것이다.

사례 : 안젤라

안젤라는 그녀의 부모와 헤어질 것을 생각하기 시작하자 초조해졌다. 부모를 버리고 자신의 길을 감으로써 그들에게 회복할 수 없는 상처를 주는 것은 아닌가 염려하게 된 것이다. 그녀가 가족들이 부여했던 역할, 즉 '모든 사람을 기쁘게 하는 영원한 아기'를 벗어나고자 할 때 죄책감이 엄습했고 자신이 더 이상 사랑받거나 받아들여지지 못할까 봐 우려했다.

안젤라의 상담가는 이러한 단계를 밟는 것이 얼마나 어려운가를 잘 알고 있었다. 그녀는 공감과 억제를 조절하면서 안젤라가 여러 회기에 걸쳐 그 문제와 씨름하도록 했다. 한 회기에서 안젤라는 힘들어 하면서 예상하지 못했던 분노를 상담가에게 표출했다.

안젤라 : 당신은 이만큼 어렵다고 이야기하지 않았잖아요. 당신에게서 도대체 도움을 받고 있는 건가 하는 생각이 들어요. 당신은 그냥 앉아서 제가 말하는 모든 것에 고개만 끄덕이고 있는데 제가 무엇을 해야 하는지 어떻게 알 수 있나요? 당신은 쉬울 거예요. 의자에 앉아 좋은 이야기만 하면 되니까요. 이게 어떤 느낌인지 전혀 모를 거예요. 만약 알고 있다면 전처럼 나에게 실질적인 도움을 주었겠지요. 당신은 이제 더 이상 내게 관심을 갖지 않는 것 같아요.

상담가는 안젤라가 불안해한다는 것을 알게 되었고, 안젤라는 이 때문에 관계가 변화됐다고 믿었다. 그녀가 상담가와의 관계에서 느끼는 걱정은 자기 가족에 대한 염려와 유사했다.

- 그녀는 상담가가 이전보다 신경을 덜 쓰는 것에 대해 두려워하고 있다.
- 그녀가 변하면 가족들이 그녀를 사랑하지 않을지도 모른다는 두려움을 상담가와의 관계에 투사하고 있다.

안젤라는 다른 사람들을 기쁘게 하고 그들의 필요에 부응해야만 한다는 믿음 때문에 분노를 거의 표현하지 않았다. 상담가에 대한 그녀의 분노는 관계 재정립을 통해 친밀성을 회복하는 데 있어 정말로 중요한 계기가 될 수 있다. 이 시점에서는 상담가가 어떻게 반응하는지가 매우 중요하다.

상담가는 안젤라를 도와 그녀의 분노와 두려움, 불만을 표출하고 이해하도록 했다. 관계가 변화했다고 안젤라가 지각한 이유를 함께 분석하였다. 안젤라의 가족에 대한 두려움과 걱정이 그녀의 인식에 영향을 미쳤음을 깨달을 수 있었다. 사실 상담가가 특별히 다른 방식으로 대한 것은 아니었다. 안젤라가 상담가에게 도전하면서 자신의 불만, 욕구, 필요를 표출한 것이 그녀의 공생을 포기하는 첫발이기도 했다. 상담 관계에서 안젤라로 하여금 이 작업을 해내게 하는 것은 마찬가지로 그녀의 가족 안에서도 해낼 수 있다는 신호가 된다.

안젤라는 매우 부드러운 단계에 도달했다. 상담가는 앞으로의 회기에서는 안젤라가 자신감을 회복할 수 있도록 진정한 자신이 이야기하게 도우며 부드럽게 진행해야 한다. 안젤라가 상담에 대해 느끼는 바를 충분히 말하고, 자신 있게 자신의 생각과 느낌을 이야기할 수 있도록 배려하는 것이 매우 중요하다.

조만간 그녀가 준비되면 자신의 성숙을 위해 '영원한 아기' 역할을 포기하면서 가족 내에 새로운 위치를 차지하게 되어 자연스럽게 공생을 포기하는 단계에 초점을 맞출 수 있게 될 것이다. 두 번째 단계는 조심스럽게 진행해야 하며 부드러움과 민감한 반응이 필요하다. 아마도 마음에 품고 있기 어려운 강한 느낌이 다시 한 번 안젤라를 불안의 소용돌이에 빠뜨리게 할 것이다.

핵심기법

- 당신의 반응에 대해 생각할 시간을 충분히 가져라.
- 인내하라.
- 내담자가 진실한 감정을 표출하도록 유도하라.
- 친밀성의 방향으로 나아가는 시도는 어떤 것이라도 스트로크하라.

3. 임패스의 해결

공생은 그것을 지지하고 있는 임패스가 해결되기 전까지 해소되지 않는다. 임패스는 우리가 각본 메시지와 진실한 감정 및 욕구와의 충돌을 경험할 때 발생한다. 억제할 수 없는 힘이 움직이지 않는 대상과 부딪칠 때 '교착 상태'를 경험하게 되는데, 인정받고 표출하려는 욕구가 전자라면 후자는 계속 지배력을 유지하려는 각본 명령이 된다. 일반적으로 대부분의 사람들은 어느 한쪽을 택함으로써 문제를 해결하는데, 이때 짧은 기간이지만 갈등의 감정은 제거되고 교착 상태도 일시적으로 완화되어 우리는 즉각적인 안도감을 느끼게 된다. 그러나 한쪽이 우위에 설 때 치러야 할 대가가 있기 마련이다. 원하는 것을 얻지 못했다는 사실이 망쳤다는 느낌을 불러일으키고, 그 결과 더욱 강력하게 그것을 주장하게 되면서 갈등의 감정은 다시 증폭되기 시작한다.

임패스란 무엇인가?

자아상태의 용어로 임패스란 어버이 자아와 어린이 자아 사이의 갈등, 내사된 것과 자발적으로 원하고 필요로 하는 것 사이의 갈등이다. 세 가지 유형의 임패스가 있다.[65]

- **유형 1** 일반적으로 아동 후기에 형성되는데 '남을 기쁘게 하라', '열심히 공부해라' 등과 같이 대항지령의 내면화를 통해 발달된다. 그런 말을 누가 어떻게 전달했는지 쉽게 회상할 수 있는 것처럼 이것은 가장 쉽게 인식된다.
- **유형 2** 아동 초기에 비언어적 명령이나 신호를 통해 내면화된다. '성장하지 마라', '느끼지 마라' 등과 같은 금지령이 기초를 이룬다. 이것이 어떻게 발달되었는지를 회상하기는 쉽지 않으나 사람들은 보통 임패스 갈등으로 인식한다.
- **유형 3** 임패스의 가장 초기 형태이며, 대체로 언어 이전 단계에서 발달된다. 여기에서의 갈등은 긴장과 정신 신체 증상을 통해 몸에 그 흔적을 남기며, 또한 '나는 안개 속에서 갈피를 못 잡고 있어. 춥고 홀로 있는 것 같아' 등과 같은 상징적인 이미지와 언어를 통해 경험되기도 한다.

그림 8.1은 자아상태 모델로 이것을 설명해 준다.

---

65) M. Goulding and R. Goulding, *Changing Lives Through Redecision Therapy* (Grove, New York, 1982), pp. 44–9. K. Mellor, 'Impasses: a developmental and structural understanding', *Transactional Analysis Journal*, 10, 3 (1980). pp. 213–21.

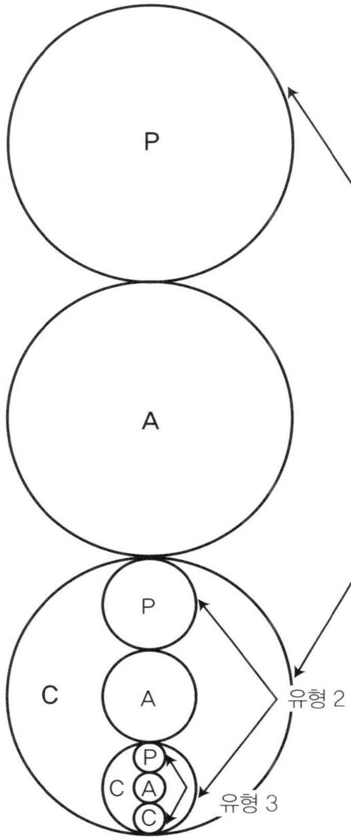

>>>그림 8.1 임패스 모델

Ken Mellor 저 'Impasses: A Development and Structural Understanding'의 임패스 모델 Originally published in the *Transactional Analysis Journal*, Volume 10, Number 3, pp. 213-20, 1980. Ken Mellor와 국제교류분석협회의 승인하에 재인용함.

때때로 임패스는 우리 자신에게만 국한되어 있는 것이 아니라 다른 가족원이 이미 경험해 왔던 것일 수도 있다. 각본 메시지는 일반적으로 서 대를 통해 전해지는데, 특히 다른 가족원에게 특정한 역할이나 태도, 생활습관을 무의식적으로 요구하는 가족에서 볼 수 있다. 다른 세대의 사람들도 우리가 직면한 것과 동일한 딜레마에 빠졌었지만, 이를 해결하는 방법을 몰랐을 가능성도 있는 것이다. 우리가 임패스를 해결하기 위해 가족,

문화 혹은 동료에게 생소한 새로운 방법을 가르쳐 주면서 지금의 상황을 뒤엎을 것인가? 무엇인가 다른 것을 용기 있게 시도하여 거절과 냉소를 당할 것인가? 이전에 우리에게 너무나 우호적이었던 사람들과 환경이 아마 더 이상은 편하게 느껴지지 않을 것이다.

이런 것들이 우리가 해답을 예측할 수 없는 딜레마이다. 이것은 위험을 무릅쓰고 행동할 경우에만 그 결과를 발견할 수 있다.

임패스를 해결한다는 것은 무엇을 의미하는가?

상담가는 어떤 임패스를 다루어야 할 필요가 있는지 결정해야 한다. 어떤 TA 상담가는 세 가지 유형의 임패스를 체계적으로 다루려 하지만 현실적으로는 그것을 서로 분리하기가 어렵다. 실제로 내담자가 임패스에 빠질 때는 일반적으로 모든 수준의 임패스를 경험하게 된다. 그들의 경험은 어떠한 유형으로 분리할 수 있는 것이 아니라 임패스 모델 관점에서 볼 때 하나로 묶인다. 그러므로 우리가 경험할 수 있는 임패스 갈등은 어떤 것이라도 일반적으로 세 가지 모두의 이론적 양상을 가지며, 또한 그렇게 다루는 것이 최선의 방법이다. 경험의 수준을 분리하려는 시도는 전체 그림을 고려하지 못하고 내담자의 경험을 인위적으로 구분하는 것을 의미한다.

임패스를 해결하기 위해 내담자는 자신의 현실적 삶에 제대로 적응할 수 있도록 각본 메시지를 제거하고 자신의 진정한 욕구와 필요를 편하게 주장할 수 있는 방법을 찾아내야 한다. 이것은 많은 시간을 요구하며 실천해야 하는 어려운 과제이다. 임패스를 해결하는 것은 우리가 경험할 수 있는 가장 큰 심리적 변화라 할 수 있다. 신뢰와 각본, 불안, 두려움, 걱정, 고독감, 죄의식, 절망 사이를 넘나드는 전쟁 속으로 모든 것들이 빨려 들어간다. 임패스를 해결하기 위해서는 심리적인 인내, 즉 동기 부여와 흔들리지 않는 마음과 함께 건전하고 견고한 어른 자아상태를 유지해야 한다. 우리는 염려와 방향 감각의 상실, 그리고 상처받기 쉬운 감정도 견뎌 낼 수 있어야 한다. 언제, 어떻게 도달할 것이라는 확신 없이 단지 인도하는 별자리와 지식만을 가지고 길을 떠났던 탐험가와 같이 익숙한 해안을 떠나야 한다. 우리는 지도가 없는 바다를 항해하고 있기 때문에 일단 출발하면 되돌아갈 수 없다. 그러므로 우리는 가치 있는 여정임을 알고 있는 안내자인 상담가를 신뢰하면서 앞을 향해 전진한다면 원하는 곳에 도착할 것이다.

●●● 사례 : 안젤라

안젤라의 임패스 갈등은 여러 가지 딜레마가 결합된 것이었다.

- 나 자신을 즐겁게 하는 것을 포기하면서라도 다른 사람들을 기쁘게 해야 한다(유형 1, 다른 사람을 기쁘게 하라).
- 나는 성숙한 여성으로서 살고 싶지만 기쁘게 하기 위해 미성숙하고 의존적인 상태로 남아 있어야만 한다(유형 2, 성장하지 마라).
- 나는 원하는 무엇인가를 이루려고 생각하면 엄청난 두려움과 불안의 감정이 몰려온다(유형 3, 안젤라를 마비시키는 신체적 반응, 멍한 생각 그리고 행동을 취하지 못하게 함).

돌아보면 안젤라가 고통과 걱정을 호소한 문제점은 임패스 유형 3의 표현이라는 것을 알 수 있다. 안젤라가 직장을 그만두는 것을 큰 고민으로 느끼는 것처럼 그녀가 성장 과정에서 늘 안고 있던 큰 딜레마는 다음과 같다. 나 혼자 행동하면서 지금-여기에서의 실제적 필요에 따라 성인으로서 성숙한 결정을 내릴 수 있을지, 혹시 이렇게 하면 부모의 기분을 상하게 해서 가족으로부터 사랑받지 못하는 것은 아닐까에 대한 딜레마다. 또한 임패스 갈등의 유형 1과 2는 안젤라가 가지고 있는 전체 딜레마의 핵심이라고 할 수 있다.

4. 안젤라와의 재계약

상담가는 안젤라가 다음 단계의 작업에서 직면할 수 있는 어려움을 조목조목 설명해 주는 계약의 새로운 단계로 진입한다. 상담가는 안젤라가 느끼는 감정의 굴곡과 임패스를 해결하는 데 걸리는 시간을 예측하기 어렵다는 것과 가족과의 관계에서 가져올 변화에 대해 솔직하게 논의해야 한다. 안젤라가 이 작업을 하기로 결정한다면 그녀의 전적인 동의가 필요하기 때문에 그녀가 참여하게 될 작업의 성격에 대해 상담가와 함께하는 것도 필요하지만 안젤라 혼자 깊이 생각할 시간을 갖는 것 또한 매우 중요하다.

안젤라의 결정

상담가는 안젤라가 불안을 통해 얻는 것이 무엇이며, 가족관계에서 일어날 수 있는 변화는 무엇인가에 대해 깊이 반영할 필요가 있다. 이제 안젤라는 불안을 조절할 수 있게 되었다. 상황이기보다는 선택의 입장이지만 판도라의 상자를 연다면, 그녀가 다시 한 번 풀어 놓게 될 모든 문제들과 맞닥뜨리게 됨으로써 걱정과 불안이 재발할 가능성이 있다. 안젤라에게는 매우 어려운 결정이다. 비록 자신을 더 깊이 이해하게 되고 감정을 잘 다스릴 수 있는 능력을 갖추는 큰 변화를 이미 이루었지만, 만약 상황이 어려워진다면 각본대로 밀어붙이는 감정과 반응이 다시 고개를 들지도 모르기 때문에 이 시점에서 중단하는 것을 결정할 수도 있다. 혹은 그와 반대로 각본을 초월하여 엄청나게 변화된 모습을 꿈꾸며 이전의 낡은 패턴이 다시는 자신을 괴롭히지 못할 것이라는 희망을 가질 수도 있다.

안젤라는 결국 계속하기로 결정했다. 어떤 내담자는 중단하기도 한다. 상담가가 어떤 방법으로든 내담자에게 어느 한쪽으로도 치우치지 않은 영향을 주는 것이 중요하며, 그들이 내린 결정을 존중하고 그 결정이 옳은 결정이라고 격려해 주어야 한다.

문제에 집중하고 어린이 자아가 표출되도록 유도하기

안젤라와 상담가는 앞으로 어떻게 작업을 진행할지 논의하였다. 몇 가지 선택 사항을 검토한 후 바로 어떻게 하면 부모 및 형제와의 관계나 '귀엽지만 전혀 성장하지 않은 특별한 어린이' 로부터 벗어날 수 있을지에 대해 초점을 맞추기로 하였다. 상담가는 그 역할이 안젤라에게 수년간 무엇을 의미하였는지, 특히 그것을 통해 어떤 이득(파생적 이득)을 얻었는지를 먼저 알아보자고 제안하였다. 안젤라는 가족 내에서의 그녀의 위치에 대해 어떤 면이 좋은지를 이야기해도 괜찮다는 암묵적 허가를 통해 반드시 공개적으로 드러내지 않아도 이야기할 수 있게 되었다. 또한 이것은 그녀가 자신의 위치를 유지하고 싶어 하는 부분도 있음을 솔직하게 인정하도록 만들었다. 모든 것을 다 가지고 있다는 소리를 듣지 않으면서도 자기가 갖고 싶은 것을 가질 수 있는 상황임을 인정하는 것이다. 이러한 접근 방식이 갖는 치료적 장점은 내담자가 방어적인 태도를 취하거나 당황해서 핵심적인 정보를 감출 가능성이 거의 없다는 것이다. 안젤라는 활기를 되찾았고 그녀가 가족들로부터 느끼는 안전과 편안한 감정에 대해 자유롭게 이야기하였다.

안젤라 : 저는 그들이 항상 저를 위해 있고 저를 지키는 것을 알고 있어요. 제가 무엇인가 필요하면 단지 전화기만 들면 돼요. 그러면 가족들은 문제가 해결될 때까지 모든 일을 중단합니다. 그 기분은 이루 말할 수 없어요. 저에게 대단한 안전감을 줍니다. 친구들은 가족과의 이러한 친밀감을 부러워하지요.

상담가는 자극을 주지 않으면서 안젤라가 좀 더 많은 것을 이야기하도록 공감적인 자세를 유지하면서 안젤라가 자기 가족과의 공생으로부터 얻는 유익한 점들을 충분히 표현하도록 했다. 이렇게 함으로써 안젤라가 준비가 되면 자신이 말하고자 하는 마음속 깊은 인식을 표현할 것이라는 논리에서였다. 자아상태의 용어로 표현한다면 아무것도 감출 필요 없이 모든 것을 표현하도록 어린이 자아를 최대한 격려하는 것이 중요하다. 안젤라가 이 단계에서 무언가 숨긴다면, 그것은 그녀가 처한 상황에서 부정적인 것들을 꺼내 놓기 시작할 때 사태를 악화시킬 수 있는 저해 요인으로 남을 수 있다. 만일 어린이 자아가 즐거운 감정을 드러내지 못한 채 가지고 있다면 부정적인 요소의 탐색을 가로막고 모든 것이 개방되는 것을 중지시키므로 가능한 한 이것을 피해야 한다.

5. 작업 과정

내려놓기의 단계 : 회상과 반추

앞으로의 회기에서 안젤라는 가족과 지내던 어린 시절에 대해 계속해서 곰곰이 생각하고 회상할 것이다. 성인으로서 그녀에겐 양육 과정이 많은 문제를 가져다주었지만, 맹목적이다시피 자신을 사랑한 따뜻하고 지지적인 가족이 있었다는 것은 두말할 나위가 없었다. 의식적이고 고의적으로 상처를 입히는 일도 없었다.

한번은 안젤라가 가족 휴가 때 찍은 사진을 몇 장 가지고 왔다. 상담가와 함께 사진을 보면서 안젤라는 거의 모든 사진에서 자신이 가운데 있었다는 것을 깨닫게 되었다. 그토록 오랫동안 자신이 묘사한 것을 사진으로 보는 순간 그녀는 큰 충격을 받았다. 슬픔이 밀려왔고 눈물이 뺨을 타고 흘렀다. 지금은 숨 막히지만 한때는 따뜻하고 안전한 천국이었던 가족 안에서의 위치를 놓고 작별을 고하려는 바로 그것을 안젤라는 온몸으로 느끼기 시작하였다.

상담가의 반추

그 회기 후에 상담가는 작별을 고하는 순간 잃어버릴 모든 것에 앞서서 안젤라가 자연스럽게 슬픔을 느낄 수 있도록 만든 과정을 되돌아보았다. 안젤라가 너무나 괴로워했기 때문에 일시적으로 그 감정에서 구해 주고 싶은 유혹을 느끼며 지켜보는 것은 고통스러웠다. 안젤라의 가족들은 진심으로 친절하고 사랑을 베푸는 사람들 같았다. 안젤라로 하여금 많은 제약을 받지 않고 살아갈 만한 자유를 충분히 주고, 가족에게 어떠한 괴로움도 주지 않으면서 공생을 거의 손대지 않고 진행시킬 수도 있었을 것이다.

갑자기 상담가는 그녀가 무엇을 생각하는지 깨닫게 되었다. 상담가는 전율을 느꼈다. 무엇이 그녀로 하여금 이와 같은 감상과 연민에 젖게 만들었을까? 자신에게 그 질문을 하는 동안 답이 보이기 시작했다. 상담가는 안젤라의 감정을 하나씩 들추어 가며 비교했다. 안젤라는 아마 슬픔과 비애뿐만 아니라 그녀를 사랑하고 키워 주었던 사람들을 실망시키는 것에 대한 죄책감 또한 느꼈을 것이다. 상담가는 어떻게든 그녀가 이것과 한 덩어리가 되는 것을 막아야 했다.

고통을 느끼기

바로 그 다음 회기에서 안젤라는 어떤 때보다도 더 괴로워했다. 그녀는 걱정과 염려와 죄책감을 느끼게 했던 많은 불길한 꿈에 대한 이야기를 들려주었다. 안젤라가 꿈과 떠오른 감정에 대해 이야기할 때 상담가의 눈에는 안젤라가 시계추가 흔들리는 것처럼 자연스럽게 딜레마의 고통 속으로 들어가고 있는 것이 보였다. 상담가는 모든 고통과 어려움의 딜레마 한가운데로 안젤라를 데려가기 전에, 이전의 정서적 보호가 과거에 매달리려는 예전의 노력이자 마지막 시도임을 스스로 반영했다. 다음 회기에서 안젤라는 그녀의 슬픔에 집중했기 때문에 상담가가 짐작했던 것처럼 다시 한 번 불안이 드러나게 되었다. 이 시점에서는 안젤라가 현 상태를 유지하기 위해 혼신의 힘을 기울여야 했다. 안젤라는 패닉 발작이 재발하면 그때에는 어찌할 도리가 없다는 공포를 선입견으로 가지고 있었다. '나는 이번에도 해결할 가능성이 없어, 결국 원점으로 돌아갈 거야.'

돌파구

상담가가 안젤라의 근심에 대해 계속 분석해 들어가자 저변에 깔린 좌절과 분노의 감정이 새롭게 나타나기 시작했다. 안젤라는 가족들로부터 '질식'과 '강요'의 감정을 느끼기 시작했다. 안젤라는 해방되기를 원했고 새로운 시도를 통해 반드시 성취해야 한다는 것을 조건 없이 경험해 보고 싶었다. 가족에 대한 인식이 변화하기 시작했다. 가족들이 '무난하고 따분하고 평범한' 사람들로 보였고, '그들은 모든 것에 설탕을 넣어서 달게 만들면서 나도 똑같이 하기를 원한다!' 라고 생각했다. 드디어 돌파구에 다다랐다. 안젤라는 마침내 불안 너머에 오랫동안 묻혀 있었던 것이 무엇인지 찾아낸 것이다. 그녀의 솔직한 이야기는 강하고 건강하고 활기 넘치는 자발적인 능력을 드러냈다.

상담 과정은 민감하고 중요한 새로운 국면에 도달하였다. 안젤라는 자신을 부모로부터 분리된 개인이며 차별화된 존재로 생각하는 정상적인 10대의 반항을 전혀 겪어 보지 않았다. 앞서 이야기했듯이 "반항할 아무것도 없었다." 그러나 이젠 임패스를 해결하는 과정에서 억압된 분노가 용솟음치면서 반항할 필요가 생긴 것이다.

내담자 보호하기

이러한 경우 보통 내담자에게 "지금은 그때와 다르다."고 주의를 환기시켜 주어야 한다. 우리는 상담실에서 화를 낼 수 있지만 바깥세상에서는 이것을 조절하는 것이 바람직하다. 내담자가 이전의 부모(혹은 타인)에 대한 분노를 끌어들인다면 이것은 단지 어려움만 가중시키며 상처를 줄 가능성이 있다. 오래 묵은 문제를 해결함에 있어서 우리에게 상처를 입혔던 사람들이 현재엔 다를 수 있다는 것을 인식하는 것이 어른 자아를 유지할 수 있는 능력의 하나가 된다. 비록 그들이 달라지지 않았을지라도 작업이 완료되고 통합된 입장에 도달해서 성숙하고 사려 깊은 결정을 내릴 수 있기까지는 항상 자제하는 것이 최선이다.

발달 과정에서 충족되지 못한 욕구를 표출하기

안젤라는 10대 때부터 무언가 채워지지 않아서 반항하고 싶은 욕구에 대해 작업하면서(독특하며 우리의 노력에 의해 형성되어 온 것처럼 보이는 부모로부터 분리된 정체성을 찾아내기 위해 필수적인 그 어떤 것) 상담가에게 억압된 많은 감정을 표출했다. 안젤라가 위험을 무릅쓰고 자신의 자발성을 표출하려 할 때, 이렇게까지 목숨을 걸지 않았던 과거처럼 현재의 작업 단계에서도 자신이 전혀 의심 없이 받아들여진다고 느낄 수 있도록 상담가는 계속 지지적이고 일관된 자세를 취했다. 상담가가 안젤라의 공생을 분석할 때 상담가에 대한 안젤라의 분노는 이 작업에 대한 전주곡이었다.

흔들리지 않고 공감 상태를 유지하는 것이 항상 쉬운 것은 아니다. 가끔 10대 아이들 표현으로 안젤라는 '약 올리는 데' 성공한 것이다. 상담가는 이것을 드러내지 않는 것이 얼마나 중요한지 알기에 자신의 감정을 억제해야만 했다. 그녀는 슈퍼비전을 받을 때 감정을 표출하는 것이 분노를 안전하게 배출시키는 데 더없이 좋은 방법일 뿐만 아니라 후속 회기에서 내담자를 대할 때 자신의 감정에 따라 행동하지 않게 하는 확실한 방법임을 배웠다. 슈퍼바이저는 판단하지 않으며 지지적인 접근 방식을 취하기 때문에 상담가는 슈퍼비전을 통해 많은 도움을 받았으며, 자신이 경험한 방법을 안젤라와의 관계에서도 똑같이 적용했다. 슈퍼바이저에서 상담가를 통해 안젤라로 이어지는 흐름은 어떤 사람이 자신의 부정적인 느낌을 드러내거나 누군가에게 자신의 이야기를 아야기할 수 있는 권리를 존중하는 과정이다.

안젤라는 조용하지만 단호한 허가에 힘입어 작업을 계속하고 의식하지 못했던 억압된 감정도 해결할 수 있게 되었다. 그녀는 분노와 분개에서 벗어나 자신과 부모를 향한 새로운 자세를 갖기 시작했다.

지금-여기의 욕구 만나기

안젤라 : 저는 제 이름을 줄여 부르기로 결정했어요. 앤지(Angie)가 좋겠어요. 저는 오랫동안 그렇게 하고 싶었지만 부모님이 반대했지요. 저는 더 이상 과거의 안젤라가 아닌 것 같아요. 착하고 재미없고 천사 같은 안젤라보다는 앤지가 좀 더 신선하고 더 생동감 있고 재미있는 느낌을 주는 것 같아요. 앞으로는 앤지로 불러 주면 좋겠어요.

몇 가지 다른 결정도 했어요. 혹시 말씀드렸는지 모르겠지만 18개월 전에 맨체스터에서 일할 기회가 있었어요. 동일한 분야의 일이었지만 보다 진취적인 회사였습니다. 저를 발전시킬 좋은 기회였는지 모르지만 단호하게 거절했어요. 제가 과연 할 수 있을지 알 수 없었어요. 그분은 저에게 명함을 주며 마음이 바뀌면 연락하라고 말했습니다. 이제 연락을 해 볼까 해요. 제가 정말 좋아할 만한 일자리거든요. 우리 가족이 그것을 어떻게 받아들일지는 모르지만 저는 제가 떠나는 것에 대한 죄책감을 가지지 않으려 합니다. 제 인생을 이끌어 나가며 스스로 결정하는 것이 왜 필요한지 가족들이 이해하기를 원하지만 이해 못한다면 어쩔 수 없지요.

상담가의 반추

앤지는 바야흐로 내부 통합의 상태에 도달했다. 사실 그녀가 새 직장에 대해 언급하지는 않았다. 실현 가능성이 없는 것 같아 언급할 가치도 없는 것으로 생각했다(내적 디스카운트). 그녀는 그녀의 불안 밑에 숨은 진짜 분노를 표현하며 임패스의 작업을 끝내고 역경을 통해 작업을 해 나갔으며, 자신의 자발적인 욕구를 확고히 붙잡을 수 있는 상태에 도달했다. 그리고 가족들이 이해하기를 원하나 그렇지 못해도 생각을 접지는 않겠다고 다짐했다. 그녀의 분노가 이제는 다른 사람들의 필요에 민감하지만 끌려가지 않으며 합리적인 자기주장을 할 수 있는 정도로까지 성숙해졌다. 그녀의 결단이 보상을 받은 것이다. 그녀의 시도는 해 볼 만한 가치가 있었다.

논 평

앤지는 임패스의 세 가지 수준을 통해 작업했다. 불안과 패닉(유형 3)이 주는 불편함을 견디면서 '성장하지 마라'는 금지령 밑에 자리 잡고 있는 표출되지 않은 분노를 발견할 수 있었다. 이것을 표현할 수 있게 되자 그녀는 자신의 관점과 의견과 아이디어를 표출할 정도로 성장했다. 간단히 말해 성숙한 것이다(유형 2). 이러한 자기희생이 너무 큰 경우(유형 1) 가족을 기쁘게 하려는 것을 포기하는 것에 대한 장단점을 평가하는 능력도 성숙의 향상이라고 할 수 있다. 임패스를 해결하는 최종 단계는 생산적이고 창의적이며 만족한 삶을 위해서 자신을 기쁘게 하는 것이 가장 중요하다는 것을 깨닫는 것이다. 그녀는 다른 사람들을 배려하는 능력을 유지했지만 그것이 자신의 행복을 방해하는 경우 더 이상 그들의 요구를 최우선에 놓지 않았다. 가족과의 공생이 허물어진 것이다. 그녀는 이제 자신의 진실된 입장으로부터 출발하며, 가족과의 새로운 관계가 어떻게 구축되는지를 목격할 수 있게 된 것이다.

앤지의 임패스 갈등을 해결하는 과정은 그녀의 독특한 이야기였다. 모든 사람이 유형 3에서 2를 거쳐 유형 1로 가지는 않는다. 임패스를 통과하는 과정은 개인의 각본, 삶의 상황과 즉각적인 필요가 무엇인지에 따라 다양하다. 상담가는 내담자가 그들의 어려움을 어떻게 표출하는지, 무엇이 가장 불편함을 야기하는지에 근거하여 적합한 전략을 수립해야 한다. 모든 상황은 독특하다. 모든 사람이 그들에게 상처를 주고 고통을 초래한 사람들을 이해하거나 용서할 수 있게 되는 것은 아니다. 예를 들어, 내담자가 심한 욕설을 하거나 방치하는 것과 같은 분명히 해로운 부모(또는 다른 관계)와 함께 있는 경우, 사람들이나 그들의 행동을 완전히 거부하는 결정도 임패스 해결의 하나가 될 수 있다. 각각의 상황은 모두 다르며 내담자가 원하고 찾아낸 해결은 기대하는 결과가 어떤 것이냐에 따라 결정된다.

6. 슈퍼비전 요령

자율 슈퍼비전

마지막 부분의 실습을 포함하여 이 장에서 배운 것을 연습한다.

- 당신의 강점과 학습 목표를 요약하라.
- 학습 목표를 달성할 수 있는 현실적인 계획을 수립하라.
- 내담자의 진도가 부진할 경우 어떻게 해야 하는가?
- 그런 경우에 효과는 어떻게 방해받는가?
- 내담자의 상황에 융합되는 경우 자율 슈퍼비전을 하거나 가능한 시나리오를 생각하고 어떻게 상황을 회복할 것인지를 고려하라.

슈퍼바이저와의 관계를 반추해 본다.

- 관계의 장단점은 무엇인가?
- 당신은 슈퍼바이저와의 관계에서 얼마나 개방적인가?
- 당신과 슈퍼바이저가 관계를 개선하기 위해 할 수 있는 일은 어떤 것이 있는가?

슈퍼바이저와의 슈퍼비전

- 내담자 자료에 대해 : 자율 슈퍼비전에 대해 생각하는 바를 슈퍼바이저와 이야기하라.
- 슈퍼바이저와의 관계에 대해 : 준비가 되었다고 느껴지면 당신이 느낀 바를 슈퍼바이저와 함께 공유하라.

요 약

해결되지 않은 깊은 갈등이 전면에 드러나는 이 단계에서의 상담 작업은 상담가와 내담자와의 관계에서 발생하는 과정의 개요에 초점을 맞추었다. 내담자의 다양한 상황을 수용하기 위해 광범위한 기술과 개입 조정 능력을 끌어들일 필요가 있다. 이 단계에서 일반적으로 사용되는 기술은 다음과 같다.

- 오염 제거
- 게임 분석
- 혼란 제거
- 자아상태 대화
- 어버이 자아와의 인터뷰

임패스와 공생이 해결됨으로써 중요한 작업은 끝났다. 심층에 있는 각본들이 거의 해결되었고 이젠 자율성에 근접하게 되었다. 다음 장에서는 내담자가 모든 것을 통합하는 작업의 최종 단계를 다룰 것이다.

이 장의 핵심적인 개념은 다음과 같다.

- 친밀성
- 공생
- 임패스

우리가 사용했던 핵심 기술은 다음과 같다.

- 인내
- 공감
- 적극적 반추
- 상담가의 감정과 반응의 억제
- 내담자의 감정과 반응의 수용 및 억제
- 스트로크 패턴의 변화
- 계약의 재협상
- 슈퍼비전의 적극적 사용
- 공생을 통한 작업
- 임패스 해결

연습문제

제3부의 대부분의 연습문제는 완료하는 데 시간이 많이 걸리는 기술을 연습하는 것으로 구성되어 있다. 각각의 실습을 다른 날에 실행해 보면서 생동감 있는 상태에서 당신이 배운 바를 통합할 수 있는 충분한 시간을 가질 것을 제안한다. 대부분의 연습은 60분에서 90분 정도가 소요된다.

파트너와 함께 연습한다.

8.1 허가, 보호와 잠재력

(a) 각각 당신과 작업할 내담자를 택한다. 파트너에게 내담자를 그린 그림, 관련 접수 자료를 주고 문제점, TA 평가표, 계약서와 작업의 현재 단계에 대해 소개한다. 당신이 제공한 정보가 명확해지도록 연습한다.

(b) 이제 각자가 3단계의 허가, 보호, 능력(3P)의 교류 세트를 디자인하라.

(c) 돌아가며 각자 개입 조정 전략에 대해 토의하고 더 좋게 수정하라.

(d) 돌아가며 파트너가 상담가 역할을 하고 당신은 내담자 역할을 하여 3P 교류를 디자인하라.

(e) 역할극을 끝낼 때마다 그 교류가 '내담자'에게, 그리고 '상담가'에게 어떻게 느껴지는지 토의하라. 매번 토의를 완료하기 전 두 가지 역할에서 배운 점을 요약하는 것을 잊지 말아라.

8.2 어버이 자아와의 대화와 화해

(a) 동일한 내담자를 적용하여 파트너는 계속 같은 역할을 하면서, 당신은 어버이 자아와의 대화, 그리고 가능하면 화해까지 연습하라.

(b) 작업의 마지막에 무엇이 쉬웠는지 당신이 어떤 점이 어려웠는지 자세히 나누어라. 당신의 기술을 발전시키는 다음 단계가 무엇인지 확인하라.

(c) 역할을 바꾸어 보아라.

8.3 어린이 자아 실체의 재작업

(a) 당신은 내담자 역할을 계속하고, 파트너는 어린이 자아 실체를 돌아가며 작업하라.

(b) 마무리 과정에서 어른 자아로의 통합을 촉진시킬 수 있는 방법을 충분히 논의하라.

8.4 공생

이것은 간단한 실습이다.

(a) 돌아가며 내담자를 택하고 그의 주된 공생 패턴에 대해 토의하라.

(b) 내담자가 공생을 깨뜨릴 수 있도록 도울 수 있는 계획을 수립하라.
사용하려는 구체적인 개입에 대해 토의하라.

8.5 임패스 해결

(a) 각 내담자를 순서대로 택해서 주된 임패스를 상술하고 그림으로 나타내라. 세 가지 유형을 그림으로 표현하고 상호연관 관계를 토의하라.

(b) 각 내담자를 순서대로 택해서 임패스 갈등을 작업하게 되는 단계들을 토의하라. 그 결정에 대한 분명한 근거를 제시하라.

(c) 내담자 역할극을 돌아가며 하라. 매 실습이 끝난 후 당신의 접근 방식의 강점과 약점에 대해 논의하라. 더 나은 방향으로 수정해 보아라.

참고문헌

Goulding, M. and Goulding, R. (1982) *Changing Lives Through Redecision Therapy*. New York: Grove. Chapter 3, pp. 44–9.

Mellor, K. (1980) 'Impasses: a developmental and structural understanding', *Transactional Analysis Journal*, 10 (3): 213–21.

제4부

자율성

09

자율로의 전환

1. 종합과 통합

자율성을 회복하는 것은 상담 여행의 마지막 단계이다. 이것은 종종 '재학습' 단계로도 일컬어진다.[66] 옛것과 새로운 것 사이의 마지막 내적 종합에 따라 상담 기간을 통해 이루어진 모든 작업이 새롭게 구성된다. 통합은 견고하며 분명하지만 때때로 각본 방식이 뒤쳐져 결함이 드러나기도 한다. 그러므로 지금까지 적용해 본 대안들을 좀 더 다듬을 필요가 있다. 내담자에게 이 시간은 대부분 기대와 열망으로 가득 찬 긍정적이고 흥분된 시간이다. 결승점이 눈앞에 보이고 내담자는 그곳에 도달하기 의해 엄청난 열의를

66) 내담자는 그들 자신의 자아와 상담자의 자아 사이에 있는 현실적인 분리를 인식하고 받아들이면서 자신의 재결정을 굳힌다. 이 단계에서 내담자의 자율성의 수준은 상담자에게 그들이 표현한 자각, 자발성과 친밀성의 정도를 조사하고 분석함으로써 밝혀진다. [M. Novellino and C. Moiso, 'The psychodynamic approach to transactional analysis', *Transactional Analysis Journal*, 20, 3(1990), p. 190]

발휘하게 된다. 상담 기간 동안 이루어진 변화가 이제는 새로운 방식으로 함께 어우러져 이해, 감정과 경험이 새로운 패턴으로 자리 잡는다. 과거 학습과 함께 새로운 내적 관계가 창조된다. 내담자가 적극적으로 '거듭남' 을 목표로 모든 것을 통합함으로써 이전에 획득한 자각은 자발성과 친밀성으로 연결된다.[67)]

흥분과 낙담

새로운 방법을 적극적으로 습득하면서 느끼는 흥분의 시기는 물론 그와는 반대로 모든 일이 잘 이루어지지 않으며 내담자가 원하는 방식대로 일을 처리하지 못함으로 인해 일시적으로 낙담하는 불안의 시기도 찾아온다. '이도 저도 아닌' 은 그와 같이 진도가 느리고 힘들 때 느끼는 감정을 잘 표현해 준다. 좌절과 실망은 일시적으로 기쁨과 흥분을 삼켜 버린다. 상담가가 내담자의 불안을 달래며 이러한 고통스런 시기에 감춰져 있는 많은 교훈으로부터 배우도록 도우면서 즉각적이며 적극적인 대응을 한다면 이러한 시기는 일반적으로 오래 가지 않는다.

자율성 획득

> 부모는 의식적이든 무의식적이든 자녀들이 출생할 때부터 행동하고 사고하며 느끼고 인식하는 법을 가르친다. 이러한 영향으로부터의 자유는 그리 쉬운 문제가 아니다. 그것은 생물학적, 사회적 생존을 위해 삶의 첫 20~30년 동안 깊이 스며들어 있고 필수적이기 때문이다. 실제로 그와 같은 자유는 개인이 자율적인 상태에서 출발할 때만 가능하다. 이 상태에서는 개인이 자각과 자발성과 친밀성의 능력이 있으므

---

67) '단호한 치료 개입', 이것은 내담자의 어버이 자아상태로 새로운 메시지를 도입하는 것이며(일반적으로 허가), 어른 자아가 각본 어버이 자아로부터 통제권을 넘겨받아 자연스런 어린이 자아를 해방시키는 것이다. 이것은 '각본에서 벗어나서 현실로 들어가는 것' 이라고도 일컬어지며 옛 자아를 벗어버리고 새로운 자아로 거듭남을 의미한다. [S. Swede, *How to Cure: How Eric Berne Practised Transactional Analysis* (Boyce, Corte Mader, CA, 1977), P. 4]

로 부모의 가르침 중에 어느 부분을 받아들일 것인지에 대해 판단할 수 있게 된다.[68]

마지막 단계의 목표는,

- 내담자가 자율적 태도를 통합하고 종합할 수 있게 하기
- 내담자가 자율적 행동을 실천할 수 있게 하기
- 내담자 곁에서 지원하기

이 단계를 완수함으로써 내담자에게 다음의 사항을 기대할 수 있다.

- 온전하게 자율적임을 느끼기
- 자율적 행동을 통해 자신감을 느끼기
- 각본 행동에서의 일시적인 하강으로부터 빠져나올 수 있는 전략을 개발하기

2. 상담가의 과제

상담가의 접근 방식

상담가의 핵심 과제는 일관적이고 격려하는 자세를 유지하는 것이다. 이것이 항상 눈에 보이는 것은 아니지만 내담자는 실제로 매우 상처받기 쉬운 상태에 있으며, 당신의 일관적인 격려에 강하게 의존하고 있기 때문이다. 상담가는 후기 단계에서도 내담자에게 적절하게 맞추고 지지하며 참여해야 하는데 이를 소홀히 할 경우 심각한 치료적 실패를 초래할 수 있다는 점을 염두에 두어야 한다. 이것은 내담자를 각본과 자율 사이의 애매한 상황에서 이러지도 저러지도 못하는 미아로 만드는 것과 같다. '일관적' 이라는 말의 의미는 다음과 같다.

---

68) E. Berne, *Games People Play* (Penguin, Harmondsworth, 1964/1985), p. 16.

- 평온함을 유지하기
- 긍정적 발전을 인정하기
- 불안, 패닉, 낙담을 위로하기
- 내담자가 목표에 도달할 능력을 가지고 있다는 믿음을 굳히기
- 내담자가 끝까지 당신을 필요로 한다는 것을 기억하기
- 내담자가 취하는 모든 단계에 100% 집중하기

상담가는 내담자가 마지막으로 문을 닫고 떠날 때까지 주의 집중하고 함께하는 것을 소홀히 해서는 안 된다.

기법과 기술

이제는 상담 작업의 초기 단계에서 주로 활용되는 특정한 기술보다 관심 어린 질문과 사랑스런 격려가 더 중요하다. 지금 내담자를 지지해 주는 것은 바로 상담가와의 관계의 질이다. 그것은 상담가와의 결속이라고도 말할 수 있으며, 안전한 항구로서의 역할이라고도 할 수 있다. 내담자는 상담가를 만나 상담 진행 과정의 즐거움과 고통을 나누고, 개인의 비밀보장을 받으며, 또한 수용적인 지지로 위로받고, 내담자의 능력을 전적으로 믿어 주는 격려를 받는다. 어떤 내담자가 표현했듯이 "저의 관심사를 최우선으로 생각하며 제가 불가능하다고 생각할 때도 목표에 도달할 거라고 격려해 주기 때문에 선생님을 의지할 수 있어요."

완전한 자율로의 전환을 위한 준비

모든 전환이 그렇듯 어떠한 변화라도 여기저기 매끄럽지 못한 부분이 있다는 것을 인정하면서 가능한 한 상황을 매끄럽게 하는 것이 목표다. 상담가는 내담자의 신호를 통해 변화에 적합한 시기가 언제인지 알게 된다. 예를 들어, 내담자가 전에는 인식하지 못했거나 행동하기를 두려워하던 영역에서 새로운 주도적 행동을 보일 뿐만 아니라 당신도

놀랄 만한 독립적인 행동을 자주 보여 줄 때가 바로 그러한 시기이다. 내담자는 상담가에게 덜 의존하고 사전에 협의하는 것보다는 사건이 일어난 후 이야기할 것이다. 상담가와의 논의에 대한 주된 내용은 각본에 의한 행동에서 벗어났으며 자기 의견에 대한 자신감과 판단에 대한 믿음이 커졌다는 것을 보여 준다.

내담자는 이제 오고 가야만 하는 관계 회복의 시기를 살펴볼 준비가 되었다.[69] 그들은 외부 세계에 뛰어들어 새로운 것을 시도해 본 후 그들의 성공과 실패와 두려움과 흥분에 대해 당신과 함께 공유하려 할 것이다. 무엇보다도 성공을 축하하고 실패를 위로하기 위해 그들이 돌아올 수 있도록 상담가는 항상 거기에 있어야 한다. 상담가의 한결같은 태도는 내담자에게 안전한 항구가 될 뿐 아니라 자신감을 쌓아 나가는 데 필수적이다. 그들은 각본으로부터 벗어나고 힘든 과정을 지날 때마다 이제 끝장이라는 두려움 없이 어려움을 딛고 나아갈 수 있는 능력에 대한 확신을 필요로 한다. 당신은 내담자를 다음과 같이 도와야 한다.

- 잘될 때도 있고 그렇지 못할 때도 있다는 것을 배우게 한다.
- 새로운 정상적인 삶의 어려움에 대한 정확하고도 현실적인 사고를 갖게 한다.
- 이것과 협상할 수 있는 능력에 대해 편안함을 느끼게 한다.

내담자는 점진적으로 새롭고 자율적인 자신에 대해 완전하고 독립적인 책임을 지기 시작할 것이다.

---

69) 개별화가 매우 빠르게 진행되고 어린이 자아상태가 한정적으르 사용되는 이 화해의 단계에서 그는 점점 더 독립적인 자아를 자각하게 된다. 그러므로 긍정적 감정의 중요성을 더 이상 강조할 필요는 없다. [M. Mahler, F. Pine and A. Bergman, *The Psychological Birth of the Human Infant* (Maresfield, London, 1989), pp. 77, 78]

핵심기법

이 단계에서 상담가에게 필요한 기법

- 일관성
- 관심 어린 질문
- 격려
- 긍정적인 스트로크

내담자에게 향후 작업에 대한 안내

내담자에게 앞으로 진행될 내용을 여러 가지 방법으로 알려 줄 수 있다.

- 새로운 단계에 대해 설명하기
- 질문에 답변하기 위한 기회
- 작업 요소에 대해 이야기하고 합의를 이루는 재계약

사례 : 앤지

앤지는 열정과 굳은 결심을 가지고 전심을 다해 상담의 마지막 단계로 접어들었다. 초기의 소심함은 완전히 사라졌다. 그녀는 약속된 화요일 오후에 함박웃음을 지으며 들어왔다.

앤 지 : 제가 해냈어요. 맨체스터에 있는 담당자에게 전화했어요. 4주 후에 면접을 하기로 했지요. 정말 믿기 어려워요. 이게 사실일까 하는 생각이 자꾸 들어요. 진짜 꿈만 같아요.

상담가 : 너무 좋으시겠어요. 축하합니다.

앤지가 맨체스터에 있는 담당자와의 대화를 들려주는 동안, 상담가는 그녀가 진정한 자율의 위치로 옮겨 갔음을 확신했다. 그녀는 상담 작업의 마지막 단계로 나아갈 준비가 되었다. 이제 상담 종결에 초점을 맞출 준비를 할 때이다. 앤지의 상담가는 멘체스터로 이사 갈 수 있는 가능성에 대한 이야기로 대화를 시작했다.

상담가 : 너무 좋은 기회예요. 이것이 가져올 변화에 대해 혹시 생각해 보셨나요?

앤 지 : 이건 엄청난 변화가 될 것 같아요. 제가 취직이 된다면 제 가족 중에서는 처음으로 이 지역을 떠나게 되는 거지요. 개척자가 되는 거예요.

상담가 : 당신은 이미 개척자예요.

앤지는 상담가의 표현을 곱씹어 보면서 잠시 생각에 잠겼다. 단순하지만 강력한 그 한마디는 앤지의 어른 자아를 해칠 수 있는 각본의 흔적을 남김없이 날려 보내기에 충분했다. 상담가는 앤지가 각본과 싸워 이겼으며, 새로운 삶을 시작했고, 이미 개척자가 되었다는 것을 분명히 하고 싶었다. 앤지는 그것을 벌써 현실화시켰다. 앤지가 각본을 성공적으로 깨고 자율적으로 된 것은 지향할 미래의 목표가 아니라 이미 성취한 지금의 현실이었다. 그것은 이제 앤지가 가족과 상담가로부터 독립해서 이룰 새로운 인생을 위한 기반이 되었다.

상담가의 도전적 표현을 되새겨 보며 한참 동안의 침묵이 흐른 뒤, 앤지는 다시 말을 이었다.

앤 지 : 이것을 어떻게 생각하실지 모르겠어요. 제가 얼마나 변했는지 생각해 보고 있었어요. 제가 감히 생각했던 것 이상이었습니다. 저, 이제 정말… 상담을 종결할 수 있을 것 같아요.

앤지는 상담가가 한 말을 받아 어렵게 이야기했다. 그녀의 목소리엔 약간의 주저함과 염려가 있었지만 앤지는 상담가의 표현 속에 자신의 자율성을 인정하는 진의가 있음을 확신했다. 사실 앤지는 진정한 개척자로서 상담가와 함께 새로운 삶을 개척하고 있었다. 앤지는 관계를 뛰어넘어 더 나아가고 싶다면서 각본을 벗어나는 마지막 발자국을 내딛었다. 그녀는 상담가의 감정을 생각하기에 앞서 자신의 욕구와 필요를 용기 있게 꺼내 놓고 있었다. 이것은 전체 상담 과정 중 절정의 순간이었으며, 그녀가 상담가와 함께 열심히 작업하며 얻고자 했던 순간이었다. 이제 모든 것이 상담가의 반응에 달려 있었다.

상담가 : 저도 그것을 생각해 오고 있었어요. 당신 말이 맞아요. 당신은 대단한 변화를 이루었어요. 당신 자신뿐만 아니라 인생에 대해 생각하는 바가 확 바뀌었으니까요. 이제 당신이 자신의 인생을 새롭게 살아야 할 때입니다. 상담 결과를 자신의 삶에 적용시키세요. 새로운 사람과 새로운 장소와 함께 새로운 세계가 당신 앞에 펼쳐지고 있습니다.

내담자의 필요

상담가는 앤지의 이야기에 매우 지지적인 코멘트를 해 주면서 긍정적인 스트로크를 주었다. 상담가는 앤지의 자율적인 입장을 강화시켜 줌으로써 공생으로 되돌아가려는 유혹을 느낄 만한 여지를 주지 않았다. 앤지는 위험을 무릅쓰고 마음 속에서 우러나오는 친밀성을 드러내 보였다. 각본에 의한 공생 행동을 따르지 않고 자신의 필요를 솔직하고 직접적으로 표현했으며 게임이 전혀 없는 솔직하고 진실이 담긴 진정한 용기를 보여 주었다.

상담가는 곧 다가올 상담 종결을 앤지의 발전이라는 측면에서 긍정적인 과정으로 보았다. 상담가는 앤지의 남은 인생이 비전으로 가득 찬 긍정적이고 낙관적인 그림이 되도록 현재와 미래를 연결하는 과정을 시작했다. 상담가는 앤지가 혼자서 찾아낸 목표를 향해 현재의 한계를 넘어 앞으로 전진해 나아가는 모습을 적극적으로 지지했다. 앤지는 지금까지 살아오면서 자신의 새로운 지평을 찾도록 격려받은 적이 한 번도 없었다. 앤지는 그동안 가족들의 기대와 희망과 꿈에 맞추고 가족이 이루지 못한 꿈을 실현하기 위해 자신이 선택할 수 있는 기회를 버려야 한다는 무언의 압력을 받아 왔다. 이제 꿈을 현실화하고 다른 사람들의 비전에서 벗어나 자신의 것을 견지해 나가기 위한 강한 격려가 필요하다. 이처럼 중요하고 민감한 시기에는 상담가의 거절이나 의심 섞인 한마디가 엄청난 해를 줄 수 있다.

핵심기법

상담가가 갖추어야 할 기법

- 긍정적 스트로크
- 지지적인 이야기
- 자율성 강화
- 재계약

상담가의 자제

상담가가 정말로 느끼는 것은 무엇인가?

이 시기는 상담가에게도 민감한 시기이다. 이 단계에서 전형적으로 나타나는 것처럼 앤지는 상담가를 놀라게 했고 그녀의 허를 찔렀다. 비록 종결이 가까워졌다고 느꼈지만 그것이 실제로 일어나자 상담가는 놀라움에 사로잡혔다. 상담의 종결이 분명하게 임박했다. 상담가는 만감이 교차했다. 앤지가 원하는 바를 명확히 이야기하는 것에 기쁘기도 했지만 슬프기도 했다. 앤지가 그리울 것 같았다. 앤지와 작업하는 것은 진정한 즐거움이었다. 앤지는 강한 동기를 갖고 상당한 변화를 이루었다. 상담가는 앤지와 함께 성취할 수 있었던 지난 상담 작업에 대해 대단히 큰 만족을 느꼈다. 그동안 편안했던 관계와 심도 있는 대화를 이젠 떠나보내야 한다는 사실이 고통스럽게 느껴졌다. 상담가는 앤지와 작업할 때 전문가로서의 자부심을 느꼈다.

슈퍼비전의 도움

상담가는 슈퍼비전에서 자신의 교차된 감정에 대해 이야기를 나누었다. 슈퍼바이저는 상담가가 앤지의 각본에 끌려 들어가 앤지가 자신의 부모에 대해 실제로 느꼈던 것과 비슷한 감정을 갖게 되었다는 매우 중요한 사실을 깨닫도록 도와주었다. 앤지는 부모를 즐겁게 하고 부모에게 보답하는 딸로 자신을 묘사했는데, 이제는 상담가가 그와 같은 특성을 지닌 내담자로 그녀를 묘사하고 있었다. 상담가는 부모의 각본 역할을 가지고 앤지를 대할 가능성이 충분했다. 하마터면 내담자의 각본에 빠져 들 뻔했다는 것을 알자 상담가는 순간적으로 큰 충격을 받았다. 그것은 항상 경계심을 늦추지 말아야 한다는 것과 자신은 각본의 영향을 전혀 받고 있지 않다고 여겨서는 안 된다는 것을 상기시켜 주었다. 분명히 그것을 배제할 때까지는 그럴 가능성이 있다고 가정하는 것이 훨씬 안전하다.

이것이 상담에서 정말 위험한 점이라 할 수 있다. 앤지는 의식하지 못하지만 각본으로 되돌아가려는 강한 힘이 있기 때문에 상담가는 자신도 모르는 사이에 내담자를 각본으로 다시 돌아가게 할 수 있다.

상담가는 슈퍼바이저와 함께 어떻게 하면 앤지의 각본 강화를 방지하고 자신의 필요를 얻을지, 그리고 전문가적인 스트로크 방법과 앤지가 떠나가면서 그 패턴이 어떻게 바뀔지에 대해 이야기했다. 상담가는 변화 과정을 평가하기 위해 전반적인 균형을 살펴볼 필요가 있음을 깨달았다. 또 올바른 균형을 유지하기 위해서는 차후의 슈퍼비전에 대해 조심스럽게 생각할 필요가 있었다. 새로운 내담자를 맞이할 때 명심해야 하는 중요한 점은 다음과 같다.

- 한 유형의 사례를 너무 많이 다루어 탈진되거나 둔감해지지 않도록 하며, 서로 다른 유형의 내담자 문제를 다룸으로써 균형을 유지한다.
- 스타일과 접근 방식의 연속성을 유지할 수 있도록 비슷한 종류의 사례를 충분히 다룬다. 내담자의 필요가 너무 다르면 템포가 계속 변하기 때문에 에너지가 소진될 가능성이 있다.
- 탈진할 만큼 너무 많은 스트로크를 주거나 한 유형의 스트로크, 특히 부정적인 스트로크를 너무 많이 받지 않도록 상담기간 동안에 주고 받았던 스트로크의 균형을 유지하였는지 되짚어 본다.
- 상담하는 한 주 동안 연속성과 다양성이 지속되도록 내담자에 대한 일지를 적었는지 확인한다.

핵심기법

이 시점에서 상담가에게 필요한 기법

- 자신의 정서적인 반응을 확인하기
- 슈퍼바이저와 상담 종결에 대해 의논하기
- 자신을 돌보는 데 초점 맞추기
- 상담 업무량의 영향을 검토하기

사례 : 앤지

상담가의 설명

다음 회기에서 앤지와 상담가는 이러한 변화가 무엇을 가져올지에 관해 계속 논의했다. 상담가는 앤지가 들어선 새로운 단계에 대해 설명하기 시작했다.

상담가는 앤지에게 실제로 새로운 기법을 적용할 수 있는 기회가 왔다고 이야기했다. 그 지역을 떠나 취업을 위한 면접을 본다는 것 자체가 힘든 상황에서 그녀가 얼마나 능력이 있으며 자신 있는지 스스로 점검해 볼 수 있는 기회가 되었다. 또한 상담가가 뒤에서 대기하며 변화를 지지하고 혹시라도 있을 수 있는 문제에 대해서도 도와줄 준비가 되었다는 사실을 확신하면서 스스로 대처할 수 있는지를 알 수 있는 기회이기도 했다. 상담가는 인생에 새로운 접근 방식을 시도해 볼 수 있는 도전적인 상황을 맞이한 것이 큰 도움이 된다는 것을 강조했다. 맨체스터에서의 면접은 그 자체만으로도 긍정적인 기회였다. 앤지가 겪었던 어떠한 어려움도 함께 나누며 해결책을 발견할 수 있었다. 이 같은 큰 경험은 앤지가 상담 작업을 마치고 홀로서기 할 때를 대비한 정식 무대에서의 연습과도 같았다. 면접을 통해서 앤지는 자신의 꿈을 이루기 위해 위험을 무릅쓰고 도전하게 되지만 필요할 경우 즉각적인 도움을 받을 수도 있었다.

완전한 자율성과 그것이 주는 혜택으로 나아가는 상담 종결 과정을 설명할 때 앤지는 관심을 보이며 몇 가지 질문을 했다.

앤지의 질문

앤지의 질문은 정보를 수집하고 그녀가 느끼는 불안을 해결하는 데 초점이 맞추어졌다. 그녀는 두 차례의 회기를 거쳐 면접 준비에 대한 흥분과 불안감 사이를 오고 가는 질문을 하였다. 몇 가지 중요한 질문은 다음과 같다.

- 제가 이 단계를 마치는 데 얼마나 걸릴 것 같나요?
- 중요한 것이 빠진 것을 알게 되면 돌아와서 시정해야 합니까?
- 제가 거기 있는 동안 일이 제대로 되지 않으면 전화를 걸어도 될까요?
- 이렇게 하는 것이 어리석은 짓 같으면 얘기해 주세요.
- 제가 홀로서기를 할 때가 되었다는 것을 어떻게 알 수 있나요? 그냥 알 수 있는 건가요?

앤지의 질문에 대한 답변

상담가는 질문에 답하는 데 두 개의 다른 접근 방법이 필요하다고 생각했다.
어떤 것은 단순히 정보적인 답변을 요구한다. 예를 들면,

앤　지 : 제가 이 단계를 마치는 데 얼마나 걸릴 것 같나요?

상담가 : 정확하게 말하기는 어렵지만 당신이 어떻게 느끼는지에 따라 다릅니다. 그러나 당신은 분명히 끝나가고 있습니다.

이러한 접근 방법으로 상담가는 다음과 같이 정보를 활용하고자 했다.

- 앤지의 자율성 강화를 위한 능력 수단
- 그녀의 불안을 누그러뜨리는 방법

앤지의 몇 가지 질문은 불안에서 벗어난 후 스스로 답을 찾는 것이 중요하기 때문에 간접적인 대답이 필요했다. 불안을 다루는 것은 일단 계약서의 재검토가 끝난 후 있게 될 종결 작업의 일부가 될 것이다. 이 시점에서 그와 같은 질문에 직접적으로 답변하는 것은 아마도 앤지의 불안만 가중시킬 것이다. 예를 들어,

앤지 : 제가 거기 있는 동안 일이 제대로 되지 않으면 전화를 걸어도 될까요?

당황스런 상황에서 앤지로 하여금 전화해도 좋다고 한다면 분명히 공생을 지원하고 어른 자아를 방해하게 될 것이다. 이 순간에 그렇게 말하는 것은 어린이 자아의 공포를 스트로크 함으로써 어른 자아를 약화시킨다. 이것은 어린이 자아가 어른 자아로부터 통제권을 쉽게 빼앗는 결과를 초래하게 된다. 화해는 한 번에 하나씩 천천히 진행되어야 한다. 나중에 작업해도 되는 것을 미리 걱정한다면 그것은 역효과를 초래하게 된다. 근원적인 사항이 논의되고 작업할 수 있을 때까지 문제의 내용을 다루는 것을 미루는 것이 최선이다. 과정 수준의 정도에서 답하도록 한다.

상담가 : 앞으로 닥칠 문제에 대한 해결 전략을 이미 생각하고 계신 것 같군요. 그것은 앞으로 해야 할 일이지요. 여행을 하기 전에 전체적인 이슈를 검토하는 것이 어떨까요?

상담가의 답변에는 여러 가지 중요한 점들이 내포되어 있다.

- 상담가는 요청 뒤에 감춰져 있는 문제 해결의 의지를 긍정적으로 인정했다. 그것은 앤지가 자긍심을 갖게 하는 데 도움이 될 뿐 아니라 문제 해결을 위한 행동을 지속하도록 한다. 이 같은 행동은 그녀가 상담을 종결한 후에도 계속할 필요가 있다.
- 상담가는 앤지가 상담을 종결할 때 최적의 자율성을 발휘할 수 있는 행동이 형성되도록 한다.

앤지의 질문에 답을 하면서 자연스럽게 계약서에 대한 토의와 검토로 이어지게 되었다.

3. 계약 검토

이 단계에서 계약을 검토하는 것은 여러 가지 측면에서 목적에 부합된다. 계약 검토는 다음과 같은 기회를 제공한다.

- 내담자와 함께 방향 전환에 대해 분명히 하고 발생하는 상황이 가져다주는 의미에 대해 토의한다.
- 남은 작업에 대한 계획에 동의한다.
- 내담자가 동의서를 제출하게 한다.
- 종결을 향한 적극적 준비를 시작한다.

이것은 마지막 상담 작업에서 발생하는 중대한 검토이다. 내담자가 무엇을 원하고 어떻게 하고 싶은지에 초점을 맞추며 이것은 내담자가 목표를 달성하기 위해 작업의 방향을 조정할 수 있는 마지막 기회이다.

사례 : 앤지

계약 검토

앤지는 맨체스터에서 직장을 구하든 못 구하든 그것에 관계없이 종결을 향해 진행하고 싶었다. 그녀는 반드시 면접을 보려는 자신의 행동이 종결을 향한 촉매 역할을 해 왔다는 것을 알 수 있었다. 이러한 큰 발걸음을 떼기에 충분할 만큼 안도감을 느끼는 것은 그녀가 또 다른 발걸음을 뗄 준비가 되었다는 것을 의미했다. 상담의 종결은 바로 이 지점이다.

앤지와 상담가는 두 단계의 계약을 하기로 결정했다. 앤지의 전반적인 계약은 상담 종결에 초점을 맞추게 될 것이다. 그 첫 번째 단계는 면접을 준비하는 것이 될 것이다. 그리고 결과를 알게 되면 두 번째이자 마지막 상담을 어떻게 계획할지 결정하는 것이 좀더 수월할 것이다.

4. 작업으로의 완전한 이동

이것은 계약 검토에 이어 곧바로 따라온다. 실제로 물 흐르듯이 흘러간다. 계약에 대한 협의로서 근거를 마련하고 검토가 효과적으로 이루어졌다면 내담자는 자연스럽게 앞으로 나아가게 된다.

사례 : 앤지

앤지의 이전 질문을 토의의 방향으로 삼았다. 상담가는 여러 가지를 자극하고 있는 불안이라는 근본적인 주제를 선택했다. 여기에는 두 가지 목표가 있었다.

1. 어린이 자아의 깊숙이 있는 불안을 찾아 앤지가 자신의 어린이 자아를 달래는 방법을 강구하도록 도와줌.
2. 앤지의 변화에 대해서 곰곰이 생각해 본 사람이면 누구나 느낄 수 있는 순수한 어른 자아의 문제를 찾아 앤지가 그 문제의 해결 전략을 세우도록 도와줌.

어린이 자아를 불안에서 해방시킴

상담가는 자신이 간접적인 답변을 했던 질문을 다시 던지면서 앤지의 어린이 자아의 불안을 모두 털어놓아 보라고 격려했다. 그녀는 지체 없이 이 문제를 해결하고 싶어 했다. 앤지의 어린이 자아가 속았다고 느끼기 시작하면 직접적인 답을 듣지 못했던 질문에 대한 환상을 만들어 낼 우려가 있기 때문이다. 상담가는 내담자가 걱정거리를 들고 찾아올 수 있는 장소가 있음을 느끼게 해 주고 싶었다. 부정적인 어린이 자아의 에너지를 해방시키면 앤지의 어른 자아는 아무런 저항도 받지 않고 주도권을 탈환할 수 있을 것이다. 또한 어린이 자아는 자신의 이야기를 들어주고 인정해 주기 때문에 안도감을 느낄 수 있다. 앤지는 자신이 힘겨운 일을 한다는 두려움에 대해 자유롭게 이야기했다. 각본의 경계를 너무 벗어나 불편함을 느꼈기 때문에 각본에 얽매여 불안으로 가득 찬 반응을 보이고 있었다. 그것은 과거에 자율적인 결정을 하지 못하도록 가로막았던 바로 전형적인 불안이었다. 그러나 일단 두려움을 표출하자 불안이 어디로부터 왔는지 알게 되었고, 그와 관련된 잘못되고 왜곡된 시각을 인식하게 되었다. 그러고 나서 그녀는 상황에 대한 어른 자아의 실체를 살피기 위한 단계로 나아갈 수 있었다.

어른 자아의 문제점 다루기

어린이 자아의 불안이 누그러지자 앤지는 면접 과정 동안 어떻게 어른 자아상태로 자신 있게 나갈 수 있는가에만 집중할 수 있었다. 멀리 떠나 엉망이 되더라도 그것을 다룰 수 있을 것 같았다. 앤지는 문제가 될 만한 것에 대해 가능한 접근 방법을 충분히 이야기하였으며 그 과정에서 자신은 유능한 사고자이며 전략가라는 것을 알게 되었다. 그녀는 자신의 문제를 장기적인 관점에서 바라볼 수 있었으며 개척적인 모험에서 그 정도의 문제는 있을 수 있는 정상적인 것이라고 보게 되었다. 앤지는 상담가에게 전화해도 되느냐고 묻는 것이 예전 방식에서 벗어나지 못한 흔적이라고 스스로 결론을 내렸다. 그녀는 누구에게도 매달릴 필요가 없었다.

상담가는 그 밖에 다른 불안에 대해서도 비슷한 방식으로 다루었으며 내담자의 문제에 대해서는 민감한 반응을 보였지만 각본 공생 반응의 유혹은 단호히 거부했다. 대신에 상담가는 내담자의 어른 자아를 더욱 강화함으로써 결과적으로 자율성을 강화시켜 나갔다

핵심기법

이 단계에서 상담가에게 필요한 기법

- 주제를 확인하고 작업을 계획하기
- 어린이 자아에게 말할 기회를 주기
- 어른 자아의 지원 전략을 확인하기
- 최후 수단으로서의 공생 유혹을 경계하기

홀로서기로 나아감 : 자율성 실행

내담자가 안도감을 찾고 상담가에 의해 자신의 필요가 채워졌다고 느껴진다면 이제 자신감을 갖게 될 것이다. 이것은 다시 자신의 목표에 더욱 가깝게 다가갈 수 있도록 만들어서 내담자가 상담가로부터 좀 더 쉽게 떠날 수 있다는 것을 의미한다. 내담자가 상담가의 일관성을 신뢰하면 할수록 내담자는 상담가의 지원과 격려, 직면에 의존할 필요가 줄어들게 된다. 그러므로 점점 더 자신의 판단과 감정, 의견에 대해 자신감을 갖게 되고 안도할 수 있게 된다.

상담가에게 이것은 가장 즐거운 순간 중 하나이다. 힘든 작업, 조심스런 계획과 사려 깊은 치료 개입을 실시한 후에 내담자가 새로운 모습으로 홀로서기 하는 것을 보면서 비켜서서 기쁨을 누릴 수 있다.[70] 이제 할 일은 '옆에서의 지지' 이다. 이것은 무엇을 의미하는가? 그것은 적극적으로 관찰하고 기다리며 격려하는 것으로, 내담자가 자신의 페이스대로 뛰어 혼자서 홈으로 들어오게 하는 것이다.

상담가 앞에서의 학습

마지막 단계에서는 상담가 앞에서의 학습 과정이 반드시 있어야 한다. 그것은 여러 가지 이유에서 내담자에게 줄 수 있는 매우 귀중한 작별 선물이 된다.

- 그것은 일이 잘못되었을 때 내담자가 스스로 해결할 수 있는 능력에 대한 믿음을 보여 준다.
- 그것은 실수를 저지르고 이를 수정하는 것이 정상적인 삶의 부분들이며 풍부한 배움의 근원이 된다는 것을 보여 준다.
- 그것은 내담자의 자율성에 대한 강력한 보증이 된다.

피해야 할 함정

두 가지 피해야 할 주요 함정이 있다.

- '도움' 을 베푸는 반응
- '그렇게 될 줄 알았어' 라는 반응

도움을 베푸는 반응

이 단계에서 가장 중요한 기술 중 하나는 도움이 되는 좋은 의도라 하더라도 자율성을

---

70) Swede, *How To Cure*, p. 4.

저해할 수 있는 언급은 어떤 것이든 자제하는 것이다. 내담자가 실수하는 것을 허용해서 자신이 그것을 시정하는 방법을 깨닫도록 하는 것이 훨씬 좋다. 우리 모두는 실수로부터 배운다. 실수가 제공하는 교육적 기능은 우리에게 이렇게 하면 안 된다는 것을 가르쳐주는 것이다. 실수는 우리에게 다음과 같은 기회를 준다.

- 우리가 한 일에 대해 평가하고 분석하기
- 우리의 판단이 어디서 잘못되었는지 보게 하기
- 이유를 밝히기
- 무엇이 필요한지 볼 수 있게 하기

이것은 내담자가 상담을 종결하고 나서 홀로서기를 하기 위한 전주곡으로서, 상담가와 함께 통합할 필요가 있는 기법이다. 상담가가 끼어들어 이러한 귀중한 배움을 막는다면 그것은 도움이 되지 않을뿐더러 상담가 앞에서 배울 수 있는 기회를 박탈하게 된다.

'그렇게 될 줄 알았어'의 반응

내담자가 잘못된 어떤 것에 대해 논의하러 왔을 때 만약 '그렇게 될 줄 알았어'의 태도를 취한다면 내담자에게 매우 부정적인 영향을 미친다. 만일 그렇다면 왜 사전에 경고하지 않았는지 의아해할 것이다. 당신은 내담자가 당한 어려움을 은밀하게 즐겼는가? 내담자가 실패하기를 바라는가? 내담자가 마지막 장애물을 넘을 준비가 되었는지 확인하기 위해 질문했을 때 당신은 진실을 말하지 않았는가? 혹은 내담자가 떠나지 않기를 바라는 건 아닌가?

상담가는 내담자가 실수도 할 수 있도록 허용해야 하며, 다시 돌아와 그 이야기들을 모두 꺼내 놓을 때 조언해 주고자 하는 욕구를 자제해야 한다. 당신의 임무는 여전히 내담자의 접근 방식에 대해 흥미를 가지며 열정적이고 동맹적인 자세를 유지하는 것이지만, 이전 단계의 작업에서나 적합했던 직접적인 치료 개입이 지금 단계에서는 부적절하므로 시도하지 말아야 한다.

내담자가 정말로 자신을 해칠지 모른다는 생각이 들 때 어떻게 할 것인가?

만일 내담자가 계획하고 있는 것이 매우 심각한 결과를 초래할 가능성이 있다고 생각한다면 상담가는 그것을 막을 윤리적 의무가 있다. 모든 상담가는 언제라도 내담자를 돌볼 의무가 있으며, 내담자에게 해로운 것은 방지할 의무가 있다. 이러한 문제에 대해 어떠한 조치를 취하기 전에 다음의 두 가지를 해야 한다.

1. 보다 많은 질문을 통해 내담자가 무슨 생각을 하고 있는지에 대한 가능한 완전한 그림을 끌어낸다.
2. 슈퍼바이저에게 직접 이야기하여 당신의 생각을 확인하고 2차 의견을 구한다.

위의 두 가지 단계를 취했고 당신의 생각이 정확하다고 확신한다면 내담자가 가진 염려에 대해 도움이 될 수 있도록 이야기하고, 어떻게 하면 불상사를 피할 수 있는지 내담자와 함께 의논해야 한다. 반면 당신에게 작은 의심이라도 남아 있다면, 먼저 그것을 명확하게 한 다음 적절한 조치를 취해야 한다.

사례 : 앤지

앤지의 결정

앤지는 맨체스터로부터 돌아왔고 며칠 후에 상담가를 만났다. 그녀는 기분이 매우 좋은 상태였다. 이렇게 했었더라면 하는 아쉬운 점이 몇 가지 있기는 했으나 전체적으로 면접은 꽤 잘 이루어졌다고 생각했다. 그녀는 자신감을 가지고 상황을 잘 이끌었다고 여겼다. 다음 단계에서는 그녀가 하루 종일 다른 종류의 시험을 치러야 한다. 만일 시험에 통과된다면 그녀는 2주간의 훈련 과정을 마치고 새로운 직무를 담당하게 될 것이다.

앤지는 시험에 대비하여 집중적인 준비를 한 다음 가능한 한 자유 시간을 많이 갖고 싶어 했다. 그녀는 상담가에게 다음 회기는 한 번 건너뛰고 시험을 치르고 난 다음 다시 오겠다고 했다.

상담가의 반응

앤지의 상담가는 즉각적으로 '그렇지 않다.' 는 이야기를 하고 싶은 욕구를 억제해야만 했다. 상담가는 속으로 지금이 회기를 줄일 만한 적절한 시기가 아니라고 생각했다. 시간이 좀 필요할 것 같았다. 그녀는 걱정스러웠다. 만일 앤지가 너무 빨리 홀로서기를 한다면 안지가 넘어질 수도 있다. 시험에 실패할지도 모른다.

수많은 절충안이 마음에 떠올랐다. 상담가는 앤지에게 전화로 연락하는 것이 어떨지 의견을 물었다. 앤지가 반 회기를 하게 되면 접촉은 유지하되 시간은 벌 수 있었다. 그녀는 앤지의 계획에 맞는 다른 시간에 약속을 하면 좋겠다고 제안할 수 있다.

그러나 상담가는 그것이 내담자에게 있지도 않은 문제를 해결하려 하는 것이라는 것을 알고는 이내 생각을 접었다. 상담가는 자신의 필요를 충족시키고 자신의 염려를 해결하고자 했다. 앤지의 결정을 수락할 수밖에 없었다. 회기 하나를 건너뛴다고 심각한 문제가 생길 것 같지는 않았다. 여기에 윤리적 딜레마는 없었다. 앤지 자신이 상담가에게 아무것도 알릴 필요 없이 모든 결정을 해야 할 날이 곧 올 것 아닌가. 상담가는 한 발짝 물러서서 앤지가 스스로 결정하는 것을 허용하고 그녀에게 아낌없는 지원을 했다.

다음 회기

앤지는 마음이 약간 가라앉은 상태로 다음 회기에 참석했다. 시험을 준비할 때 많이 걱정했기 때문에 최선을 다하지 못했다고 했다. 실패할지도 모른다고 생각했다.

상담가는 잠시 동안 죄책감이 엄습했다. 그녀가 개입해서 무엇인가를 말해야 했던 것은 아닐까? 그래서 이것을 막아야 하지 않았을까? 그러나 자제했다. 상담가는 이 단계의 핵심 작업이 내담자가 자율적 선택을 하도록 지원하는 것이며, 지금과 같은 문제들은 충분히 일어날 수 있다는 것을 기억했다. 상담가의 과제는 앤지로 하여금 어디서 잘못되었고 향후 이러한 문제를 어떻게 막을 수 있는지를 돕는 것이었다.

결 과

결과적으로 앤지는 시험에 멋지게 합격해서 직장을 갖게 되었다. 그녀는 뛸 듯이 기뻐했다. 한편으로는 최선을 다하지 못할 때 쉽게 의기소침하는 자신의 기질에 대해서도 많은 것을 배웠다. 그녀는 앞으로의 삶에서 수많은 도전을 경험할 것이고 이때마다 헤쳐 나갈 수 있는 능력이 필요하므로, 그럴 때 어떻게 하면 마음의 평정을 유지할 수 있는지를 배우기로 결심했다.

상담가는 매우 좋다고 생각하며 이에 동의했다. 이제 앤지의 상담 종결이 가까워지면서 계약의 마지막 단계에 이르게 되었다.

핵심기법

이 단계에서 상담가가 필요로 하는 기법

- 항상 자율적 선택을 지원하기
- 필요시 안도감을 불어넣기
- 도움을 베푸는 반응을 자제하기
- '그렇게 될 줄 알았어' 의 반응을 피하기

요 약

당신과 내담자는 이제 상담 계약을 완료했다. 내담자가 가져온 어려움은 이제 해결되었다. 내담자는 상담을 종결하고 작별하는 마지막 발자국을 뗄 준비가 되었으며, 앞으로의 삶은 당신 없이 걸어가게 될 것이다. 다음 장에서는 종결하는 방법에 대해 초점을 맞출 것이다.

이 장에서 활용된 핵심 개념은 다음과 같다.

- 자율성
- 종합과 통합

핵심 기술은 다음과 같다.

- 일관성
- 격려
- 긍정적 스트로크
- 설명
- 직접적으로 질문에 답하기
- 간접적으로 질문에 답하기
- 계약 검토

연습문제

당신과 작업을 끝낸 내담자를 선정해서 내담자가 자율성을 얻게 되었던 시점을 회상하라. 그 회기의 오디오 테이프를 듣고 다음 사항을 실행하다.

9.1 어떻게 기법을 사용하였는지 검토하라.
- 종합과 통합의 핵심 분야는 무엇이었는가?
- 어떠한 이슈가 흥분을 만들어냈는가?
- 어떠한 이슈가 낙담을 만들어냈는가?
- 내담자에게 무슨 질문을 했는가?
- 어떤 질문에 대해 직접적으로 대답했는가? 이러한 식으로 대답할 때 무슨 생각이 들었는가?
- 내담자가 당신의 대답에 대해 어떻게 반응했는가?
- 계약서 검토에서 어떤 접근 방식을 사용했는가?
- 어떤 계약에 합의를 이루었는가?
- 성공적이었는가?
- 내담자가 어떤 부분을 걱정했는가?
- 당신은 그것을 어떻게 다루었는가?

9.2 당신의 대인 관계 접근 방식에 대해 검토하라.
- 내담자를 옆에서 지원할 때 당신의 강점과 약점을 검토하라.
- 내담자가 실수로부터 배우는 것을 격려하기 위해서 어떠한 개인적 특성을 관계에 적용했는가?
- 내담자가 실수로부터 배우는 것을 억제하기 위해서 어떠한 개인적 특성을 관계에 적용했는가?
- 내담자와 이 단계 작업을 해나갈 때 가장 커다란 도전은 무엇이었는가?
- 슈퍼바이저의 도움을 어떻게 활용했는가?

9.3 당신의 모든 답변을 다시 확인하라. 당신의 강점과 개발을 요하는 영역을 확인하라.

9.4 그 영역을 학습할 계획을 수립하라.

참고문헌

Berne, E. (1964/1985) *Games People Play*. Harmondsworth: Penguin. Chapter 17.

Stewart, I. (1992) *Eric Berne*. London: Sage. Chapter 3, pp. 82–5.

10

종결과 작별

이 단계의 목적은 종결을 용이하게 하는 것이다. 기대할 수 있는 결과는 다음과 같다.

- 내담자와의 종결을 준비하기
- 상담 종결의 구조 만들기
- 상담 종결 순서에 따라 실행하며 진도를 모니터링하기
- 작별하기

상담가는 끊임없이 관계를 맺고 종결한다. 그 빈도는 전적으로 전체적인 상담의 구조에 달려 있다.

1. 단기상담

지난 10년 동안 상담의 요구는 폭발적으로 증가했으며, 특히 1차 진료와 직원 복지 프로그램 영역에서 많은 향상을 볼 수 있었다. 상담가들은 일반적으로 4회기에서 6회기로

이루어진 단기상담을 하는 경우가 점점 늘고 있다. 상담가에게 이러한 요구가 주어지는 것은 흔히 상담료와 관련된 경제적인 이유에서이다. 장기상담을 받고 싶어도 금전적 여유가 없다는 것이다. 결정의 이면에 있는 문제들이나 결정이 올바르게 내려졌는지를 살펴보는 것은 이 책의 범위 밖이다. 논쟁의 양면 모두 설득할 만한 논리가 있다는 것을 아는 것으로도 충분하다. 우리가 살펴보는 것은 4주에서 6주마다 내담자가 바뀌는 것으로 인해 상담가가 받는 영향이다. 그 대가는 엄청나다. 우리가 지금까지 만난 상담가는 단기상담에 대한 느낌을 '컨베이어 벨트' 나 '탈진' 이라는 단어로 묘사하였다. 의미 있는 관계를 맺고 종결하는 데에는 엄청난 정서적 에너지와 자기 유지 능력이 필요하다. 상담가가 자신을 보호하기 위해 최선을 다하지 않고 기계적인 접근 방식에 의존하는 것은 분명히 위험하다. 내담자와 종결하는 관점에서 볼 때 이것은 다음과 같은 결과를 초래할 수 있다.

- 외형상 '좋게' 종결하면서 단순하게 진행하기
- 또 한 명의 내담자가 끝났다고 안도감을 느끼기
- 종결이 이루어지고 있다는 사실을 무시하기

물론 때로는 이와 반대로 당신에게 정서적인 영향을 주는 내담자가 오기도 한다. 그들은 깊은 곳에서 당신의 마음을 움직인다. 그들이 처한 딜레마가 가져다주는 고통과 상황의 연민은 당신의 마음을 아프게 한다. 그들은 당신이 제공할 수 있는 것보다 더 많은 것을 원하며 당신은 마음으로 제공하고 싶지만 그렇게 할 수 없다는 것을 알고 있다. 상담을 잘하고자 하는 마음이 부족해서가 아니라 단기상담이기 때문에 어쩔 수 없는 것이다.

이러한 종류의 스트레스로부터 자신을 보호하기 위해 상담가는 무엇을 할 수 있는가? 긴장을 덜어 낼 수 있는 몇 가지 방법이 있다.

- 단기상담과 장기상담을 가능한 함께함으로써 당신의 상담 양식을 다양화시켜라.

- 개인상담, 부부상담 혹은 분노 관리 등과 같은 특정한 이슈를 바탕으로 한 초단기 그룹 상담 등 다양한 방법으로 상담하라.
- 자기관리를 단련하라. 당신의 기분을 최상의 상태로 유지시켜 주는 풍부하고 다양한 스트로크 자원을 확보하라.
- 가능하다면 직장에서 동료 지지그룹에 참여함으로써 '상담가가 고립' 되지 않도록 하라. 불가능하다면, 외부의 동료 지지그룹을 찾아라.
- 회복하기 위한 방법으로서 슈퍼비전을 활용하라.

긍정적인 측면에는 무엇이 있는가?

단기상담은 내담자가 다시 상담실을 찾아 또 다른 일련의 회기를 갖게 될 가능성이 높다. 이때 관계를 재형성하는 것은 보통 새롭게 관계를 형성하는 것보다 쉽고 때로는 기쁨을 가져다주기도 한다. 그래서 당신은 "안녕히 가세요."라고 작별했던 내담자에게 다시 "안녕하세요."라고 할 것을 기대할 수 있다.

장기상담에서는 상담가로서 기술을 쌓는 것에 대한 큰 만족감이 있지만, TA는 특히 단기상담에 효과적으로 적용될 수 있다는 장점이 있다. 내담자와 TA 모델을 공유하여 그들이 유용한 도구를 가지고 떠남으로써 내담자는 스트레스를 받거나 어려움이 있을 때 활용할 수 있다. 작은 도움이 커다란 효과를 가져다준다. 단기상담이 가져다주는 또 다른 즐거움 중 하나는 단지 몇 번의 회기 만에 커다란 변화를 경험할 수 있다는 점이다. 이것이야말로 '적은 것이 더 좋다.' 의 경우라고 할 수 있다.

2. 장기상담

완전한 '작별 인사'

장기상담을 진행하는 상담가에게 '작별 인사' 는 통상적으로 완전한 상담의 종결을 의미한다. 장기간에 걸쳐 작업한 내담자에게 작별 인사를 한다는 것은 심리적으로 힘들 수 있다. 대부분의 경우 다시 만날 가능성은 희박하다. 어떤 내담자들은 때때로 새로운 소식을 알리거나 크리스마스 혹은 기념일에 카드를 보낼 수도 있으며, 드물게는 후속 작업을 위해 돌아올 수도 있다. 그러나 일반적으로 그런 경우는 매우 드물다.

관계에서 벗어나기

상담 관계가 효과적이기 위해서는 당신과 내담자 사이에 진정한 유대 관계가 형성되어 있어야 한다. 이 결속은 양쪽의 진실한 감정에 근거해야 한다. 필연적으로 어떤 사람과 오랜 기간 작업할수록 당신의 감정은 더욱 깊어질 수 있다. 우리가 최초로 계약할 때 작별 인사를 하는 것은 우리가 목표로 삼고 달려온 상담의 종결 시점인 것을 알지만, 상담가 역시 감정을 가진 사람이기 때문에 그들을 떠나보내는 것은 많은 여러 가지 감정을 불러일으킨다. 내담자와 관계를 맺는 것은 그들의 삶에 관심을 가지고 그들을 돌보며 그들이 할 수 있는 최선을 성취하도록 하는 것이다. 상담가는 내담자의 삶에 실제로 직접 관여하지는 않지만 일반적으로 깊이 관여하고 있다고 느낀다. 상담가와 내담자의 결속은 바로 이 관계의 감정을 기반으로 하고 있다. 이것이 없다면 효과적인 상담을 진행할 수 없다. 상담을 종결할 때 상담가에게 중요한 과제 중 하나는 자신이 더 이상 관여하지 않겠다는 마음을 준비하는 것이며, 상담이 종결되고 상담가를 더 이상 필요로 하지 않는 시기가 가까웠다는 것을 받아들이는 것이다. 상담가의 임무는 끝났다. 상담가는 할 일을 다 했으며 상담가의 역할은 이제 옛것이 되었다. 내담자는 그들의 인생에 어떤 일이 생길지 더 이상 알지 못하더라도 상담가 없이 앞으로 나아갈 것이다. 상담가는 내담자가 이 시점에 도달한 것을 더없이 기뻐하고 안도하지만 때때로 그들이 떠난다는 것에 대해 상실감을 느끼고 매우 슬퍼하기도 한다.

어떻게 보낼 것인가?

마음에 조금의 주저함도 없이 흔쾌히 작별 인사를 하기 위해서는 몇 가지 중요한 단계를 거쳐야 하는데, 혼자서 또는 자율 슈퍼비전을 통해서 또는 슈퍼바이저와 함께할 수 있다.

다음 사항들은 핵심적이다.

상담작업에 대한 전반적인 평가

- 상담의 모든 단계에 대해 검토하고 반추하는데, 특히 내담자의 초기 상담과 전체 상담 과정 동안의 중요한 전환 단계를 기억해야 한다.
- 상담 작업에서 가장 좋았던 것을 기억하고 그것에 대해 긍정적 스트로크를 준다.
- 당신의 실수나 약점을 되짚어 보고 그것들을 어떻게 고치려고 했는지에 초점을 둔다.
- 얼마나 성공적이었는지 스스로에게 정직해라. 여기에서 당신이 배운 것은 무엇인가?

내담자가 당신에게 어떤 의미였는지 인식하기

- 내담자에 대한 상담가의 열망을 적고 내담자가 그것을 성취하는 것이 당신에게 무엇을 의미하는지 적어 보라.
- 내담자에게서 느꼈던 가장 큰 실망과 기쁨을 적어라.
- 관계 형성과 유지를 위해 당신의 어떤 면을 가장 많이 투자했는가, 그리고 그 이유는 무엇인가?
- 관계로부터 이끌어 낸 스트로크의 종류에 대해 설명하라.
- 작별을 하는 데 가장 어려웠던 점이 무엇이며, 그 이유가 무엇인지에 초점을 맞추어라.

자신의 삶에서 종결을 돌아보기

- 당신의 종결의 일반적인 패턴은 어떠한가?
- 종결하는 데 있어서 당신의 강점은 무엇이며, 그것을 내담자와의 작업에 어떻게 적용할 수 있는가?

- 종결에서 상처받기 쉬운 것으로부터 당신과 내담자를 어떻게 보호할 것인가?

내담자의 종결 방법과 그것이 당신과 어떻게 연결될 수 있는지 살펴보기

- 과거에 내담자가 보여 주었던 의미 있는 종결을 조사하기
- 패턴이 있는가?
- 이 패턴이 반복되고 있는가?

사례 : 앤지

작별을 위한 상담가의 준비

상담 작업의 전반적인 평가

상담가는 자신의 작업을 검토하면서 앤지를 처음 만났을 때 불안하고 스트레스를 잔뜩 받은 젊은 여성의 모습이 기억났다. 상담가는 오도 가도 못하는 앤지 또는 안젤라가 어떻게 가족들과 지내 왔으며, 부모와 멀어지는 것을 두려워하여 자신의 길을 개척할 수 없는 좌절감을 갖고 있었다는 것을 기억하였다.

상담가는 앤지의 변화 과정을 또렷이 기억하였다. 앤지는 상담 초기에 아무런 변화도 일어나지 않는 것처럼 느리고 고통스런 작업 과정에 있었지만 어버이와 어린이 자아상태와의 작업이 점진적으로 어른 자아를 해방시켜 드러나게 함으로써 자신감이 성장하였다. 마침내 분노를 표출하는 대전환의 순간을 거쳤고 자신의 이름을 줄여 부르면서 어른 자아의 정체성을 새로이 하여 더 이상 다른 사람을 기쁘게 하는 아이가 아니라 성숙한 정체성을 가진 사람이 되어 이제는 완전히 새로운 방향으로 나가게 되었다.

상담가가 자신의 작업에서 가장 뿌듯했던 것은 앤지의 어린이 자아를 놀라게 하지 않고 어버이 자아를 멀리하지도 않았던 느리지만 인내하는 스타일을 사용한 점이다. 돌이켜 보건대 그녀는 내담자가 모든 단계에서 견뎌 낼 수 있도록 효과적인 접근 방법을 사용하였다. 이것이 상담을 성공으로 이끈 바탕이 되었다.

앤지와 작업하는 동안 상담가가 앤지와 공생을 이루려는 경향은 취약점이었다. 그러나 곰곰이 생각해 보면 이것은 작업을 저해했다기보다는 오히려 여러 회기를 통해 편안함을 느낄 수 있게 해 주었다. 그녀는 이것이 자신의 작업에서의 일반적인 약점인지 앤지와의 상담 과정에서만 나타난 특정한 것인지를 알아보기 위해 이 문제를 슈퍼바이저와 논의하기로 결정했다. 그러나 전반적으로 앤지와의 작업은 성공적이었다고 생각했다.

앤지의 중요성 인식

앤지의 상담가는 자신이 내담자와 작업하면서 받은 긍정적 스트로크의 높은 성과를 이미 알고 있었다. 상담가는 앤지와의 작업으로 자긍심이 높아지고 기분도 좋아졌다. 어떤 사람도 이와 같은 풍요로움을 떠나보내고 싶지 않을 것이다. 그러나 이제는 이것을 잃게 되는 슬픔을 다루어야 할 때가 되었다. 그녀는 다른 방법으로 자긍심을 높일 수 있다. 이것은 다른 내담자와의 작업이나 또는 다른 형태의 전문가적 활동을 통해 이루어지는데, 이를테면 동료들로부터 또 다른 스트로크를 받을 수 있는 학회에서의 발표가 이에 해당된다.

앤지가 자신의 진정한 욕구와 필요에 맞는 생활양식을 구축하고, 상담이 그녀를 해방시켜 목표로 나아갈 수 있는 길을 발견하도록 하는 것이 상담가가 앤지에게 바라는 가장 큰 희망이었다. 그러나 상담가는 곧 자신의 자긍심이 그와 같은 희망과 뒤엉키게 될 수도 있음을 깨달았다. 그녀와 함께 앤지의 열망에 초점을 맞추는 것이 중요한 것 같았다.

상담가는 자신이 내담자에 대해 거의 실망하지 않고 있음을 깨달았을 때 놀라움을 금치 못했다. 상담가는 무엇인가가 자신을 실망시킨다고 추측했고 그것은 앤지의 각본 이야기의 일부가 상담 과정에서 자꾸 되풀이되는 점이라고 생각했다. 실제로 그렇지 않았다는 사실은 그녀의 각본이 정말로 변했다는 긍정적인 신호였다. 이것은 그녀에게 가장 커다란 즐거움이었다.

상담가는 자신이 자기의 인생을 살려고 출발하는 젊은이에게 특별한 투자를 했다는 것을 알았다. 학생 시절에 한 친구를 도와서 낙제를 면할 수 있게 해 주었던 것이 생각났다. 때때로 적절한 시점에 올바른 종류의 도움을 주면 젊은 사람들의 인생 역정에 영향을 미칠 수 있는 매우 중요한 변화를 가져오게 할 수 있다. 상담가는 이것이 자신에게 특별한 만족감을 준다는 것을 알았다. 앤지가 앞으로 나아가야 할 과정이 힘들지는 모르겠지만 상담가는 앤지의 발전에 진정으로 기쁨을 느꼈다. 이제 그녀는 앤지를 떠나보내야 한다는 것을 알았다.

상담가 자신의 인생에서의 종결

상담가는 종결에 관하여 특별히 의미 있는 패턴을 갖고 있지는 않았다. 그녀는 이 단계에서 내담자와 함께 작업할 때 일반적으로 효과적이고 민감한 방식을 취하였다. 상담가는 앤지의 발랄함 때문에 특별히 앤지를 좋아하게 되었다는 사실을 알았고 또 그 같은 사실은 경계해야 할 이슈라는 것도 잘 알고 있었다. 상담가는 한편으로는 기쁜 마음으로 앤지를 떠나보내면서 다른 한편으로는 긍정적인 스트로크를 얻기 위한 수단으로 공생을 계속 유지해 나가려는 유혹을 막을 필요가 있었다.

모든 상담가는 자신들만의 독특한 상담 종결 준비 방법이 있다. 앤지의 상담가는 숲을 거닐면서 그녀가 즐기는 자연의 아름다움은 계절의 순환에 의존하고 있다는 것을 머리에 떠올렸다. 떠나보낼 시간도 그 계절의 순환에 포함되지 않는가. 그녀는 걸으면서 앤지의 이미지를 그려보았다. 그녀는 앤지를 자신 있고 활발한 모습으로 그렸으며, 내담자의 성취에 즐거움을 느꼈다. 이제 어떻게 더 붙잡고 있기를 바라겠는가? 붙잡는 것은 지금까지의 작업을 무의미하게 만들 뿐 아니라 앤지의 근본적인 생활력을 제한하는 것이 된다. 그것은 마치 아름답고 어린 나무를 다른 나무의 그늘에서 키우려고 하는 것과 같은 이기적인 행동이다. 그녀는 자신의 성찰 중에 발견한 진실을 받아들이면서 앤지를 떠나보낼 준비가 되었다는 것을 느꼈다. 그녀는 자신 안에 있는 치유자를 발견했다. 상담가는 치유자이자 상담 여행의 보호자로서 내담자를 합의한 목적지에 안전하게 도착하게 할 책임이 있었다. 상담가는 자신은 물론 내담자의 여행에 대해서도 소유권이 없다. 상담가는 이제 관용과 호의의 정신에서 앤지가 떠나가도록 도울 수 있게 되었다.

핵심기법

이 과정에서 상담가에게 필요한 기법

- 상담 작업에 대한 전반적인 평가하기
- 내담자가 당신에게 어떤 의미인지를 인식하기
- 당신 자신의 인생에서의 종결을 살펴보기
- 떠나보내고 싶어 하는 당신 내부의 치유자를 발견하기

3. 종결 단계의 구조화

종결 단계에서 적절한 구조를 갖는 것은 매우 중요하다. 그것은 상담가의 작업을 완료에 초점을 맞추도록 해 주는 조건인 안도감, 일관성과 예측 가능함을 내담자에게 제공해 주기 때문이다. 종결 단계를 위한 구성을 만들 때 고려할 점들이 몇 가지 있다.

종결일의 계획

종결일은 함께 결정하는 것이 중요하다. 이것은 당신과 내담자가 작별이 현실이라는 것을 알게 하고 각자 이 환경에서 옳다고 느끼는 바를 말할 수 있도록 기회를 준다.

최종 계약을 완료할 시간뿐만 아니라 함께한 작업을 돌아보고 서로 작별 인사를 할 기회까지도 포함시켜 날짜를 잡아야 한다.

종결일을 정하는 것에 대한 명확한 규칙은 없지만, 다음과 같은 함정은 피하는 것이 좋다.

- 당신이나 내담자가 너무 서두르도록 일찍 날짜를 잡는 것
- 좀 더 붙잡아 두거나 종결을 미루려는 시도로 너무 멀리 날짜를 잡는 것

종결을 위한 시간과 공간의 중요성을 강조하기 위해 많은 상담가들이 종결만을 위한 최소한의 회기수를 상담 관리 계약에 명시해 놓기도 한다.

회기의 적절한 빈도

당신과 내담자는 이제 회기의 적절한 빈도에 대해 협의할 필요가 있다. 내담자가 자연스럽게 당신에게 질문할 수 있지만, 그렇지 않더라도 당신이 이야기를 꺼내야 한다.

논의할 질문은 다음과 같다.

- 당신은 지금까지의 빈도로 계속 진행하기를 원하는가? 그렇다면 그 이유는 무엇인가?
- 내담자가 떠난다는 사실에 적응할 수 있도록 회기 빈도를 줄여도 좋지 않을까 하는 생각은 괜찮은 것일까?
- 매주에서 격주 또는 한 달에 한 번과 같이 점점 줄여 가는 패턴은 어떠한가?
- 점진적으로 빈도를 줄이는 것이 너무 오래 끄는 것은 아닌가? 보다 집중해서 할 필요가 있는가? 예를 들어, 격주로 네 번의 회기를 더 가진 다음 바로 끝내는 것은 어떤가?
- 후속 회기가 도움이 될 것인가?

종결하는 방법의 계획

종결에 대한 논의에서는 그것이 어떻게 이루어져야 하는가에도 초점을 맞추어야 한다. 내담자들은 보통 선호하는 작별 인사 방법과 함께 그들 나름대로 중요하게 생각하는 의식적 절차를 갖고 있다. 절차는 통과의식으로 볼 수 있다. 개인상담의 종결은 중요한 이정표를 세우는 것이라 할 수 있다.

내담자가 중요하다고 여기는 몇 가지 의식에는 다음과 같은 것들이 있다.

- 마지막 회기에서 함께 차와 다과를 나눈다.
- 상담 이후에도 개인의 성장과 발전이 계속된다는 상징으로 꽃을 심는다.
- 배우자를 사별한 내담자의 경우에는 배우자에 대한 추억과 함께 지낸 세월을 가슴에 간직한 채 사랑했던 배우자 사진을 가져와서 그가 이제 새로운 파트너를 찾아 새로운 인생을 살아가려 한다고 '배우자에게 이야기' 한다.

사례 : 앤지

앤지는 몇 번의 회기를 앞두고 종결일을 결정했다. 그녀는 이미 편안한 빈도인 격주 회기로 바꾸었다. 점진적으로 회기의 빈도를 더 이상 줄일 필요는 없었다. 만약 그럴 경우 자율보다는 각본을 키울 것 같았기 때문이었다. 앤지는 그녀가 이룬 변화에 적합한 종결이 필요했다.

그녀가 어떻게 종결하고 싶은지 생각을 정리한 다음, 앤지는 종결 회기 중 한 번은 그녀의 남은 인생을 어떻게 새롭게 만들고 싶은지를 상징하는 그림과 단어들을 가지고 꼴라쥬를 만들기로 결심하였다. 이 방법을 통해 상담가와 함께 희망과 꿈을 공유함으로써, 상담가가 중심이 되는 현재와 상담가를 포함하지 않는 미래 사이에 정서적 다리를 놓고자 하였다. 이제 앤지는 자신의 목표를 추구해도 괜찮다는 허가증을 받게 되는 것이다. 만일 그녀가 다음 단계에서 처음에는 일시적으로 넘어지고 어려움에 부딪친다 하더라도, 회기 중에 만들었던 꼴라쥬의 추억을 회상함으로써 심리적으로 전과 같은 지원과 격려를 받을 수 있게 될 것이다.

핵심기법

여기에서 상담가에게 필요한 기법

- 종결일에 합의하기
- 작업을 연장하거나 단축하지 않아도 될지 종결일 확인하기
- 회기 빈도에 합의를 이루기
- 내담자가 어떻게 종결하기를 원하는지 논의하기
- 내담자가 중요하게 여기는 종결 의식이 있는지 논의하기

4. 상담 작업의 계획, 수행, 그리고 모니터링

당신이 내담자와 상담 작업의 종결을 계획하고 수행하는 데 있어 집중해야 할 몇 가지 중요한 부분이 있다.

계약 완료 확인하기

내담자가 종결을 향해 나아갈 때 다음의 몇 가지 사항이 만족스럽게 충족되었는지 확인한다.

- 내담자가 자신의 변화에 만족을 느끼는가 혹은 미흡함이 아직도 남아 있는가?
- 내담자가 일반적으로 생각하고 느끼고 행동하는 것이 성공적인 계약 완료 조건에 일치하는가?
- 자신이 변했다고 주변에서 말하는 것을 내담자가 이야기하는가?
- 내담자가 각본 방식을 포기함으로써 남겨진 미흡함이 이제는 새로운 자율적 생활양식으로 완전히 충족된다고 느껴지는가?
- 내담자가 각본에 얽매여 있던 옛 자아에 대한 슬픔을 넘어 이것이 새로운 자율적

자아에 대한 즐거움으로 바뀌었는가?

- 당신과 내담자는 지금까지 달성한 결과에 동의하는가?

위의 영역을 점검하는 것은 만족스러운 종결뿐 아니라 해결이 필요한 문제에 대한 주의를 환기시킴으로써 남아 있는 이슈가 무엇인지 명확하게 해 준다.

불완전한 계약으로 인한 상담 실패

때때로 상담이 만족스럽지 않기 때문에 종결을 계획하게 되는 경우가 있다. 상담이 실패하게 되는 이유는 여러 가지가 있지만 가장 흔한 이유는 다음과 같다.

- 내담자의 기대와 상담가가 제공할 수 있는 현실 간의 불일치
- 내담자가 스스로 원하는 것보다 상담가가 내담자에게 더 많은 것을 원함
- 상담가가 취한 접근 방식이 내담자의 필요를 채워 주지 못함
- 화해할 수 없는 두 사람 사이에 존재하는 반감
- 당신이 저지른 잘못이 도저히 시정될 수 없음이 판명됨
- 내담자가 상담에 임함에 있어 다른 사람들의 눈에 좋게 보이려는 이면적인 동기를 가졌을 경우, 이 욕구가 덜해지면 내담자는 계속할 필요를 느끼지 않게 됨
- 내담자의 각본 혹은 상담가인 당신 자신의 각본이 유지되는 상태에서는 게임이 연출됨

*** 예문**

일레인(Elaine)은 상담을 끝낼 준비가 되어 있었고 동시에 상담가의 권유로 참가했던 대학 진학반도 끝나 가는 시점에 있었다. 마지막에서 두 번째 회기에서 일레인은 진학반이 재미는 있었지만, 대학은 자기에게 적합하지 않은 것 같아 다른 직장을 구해야겠다고 말했다. 실망한 상담가는 일레인에게 이 같이 아주 좋은 '성공의 기회'를 날리는 것은 대단히 유감스러운 일이라고 넌지시 이야기하였다. 일레인은 깜짝 놀랐다. 그녀는 깎아내려지고 훼손당한 느낌이었다. 상담가에게 이것을 모두 털어놓기는

> 하였지만 그럼에도 불구하고 무언가 자신이 제대로 하지 못했다는 느낌과 상담가에게 실망을 주었다는 느낌을 지울 수 없었다.
> 슈퍼비전에서 상담가는 그녀의 내담자와 게임을 하고 있었다는 것을 깨닫게 되었다. 내담자를 더 낫게 만들고자 하는(상담가 자신의 각본에서 나오는 강한 메시지) 잘못된 욕구로 상담가는 내담자에게 정규 학위 과정에 들어가도록 격려하는 것이 그녀를 구하는(즉, 상담가 자신이 '구원자') 방법이라 여겼던 것이다. 그러나 내담자는 '희생자' 입장에서 박해받았다고(즉, 상담가는 '박해자' 라고) 느꼈다. 상담가는 내담자에 대한 자신의 열망과 완벽한 내담자로 만들고자 하는 자신의 욕구를 내담자에게 투사하고 있었음을 깨달았다. 상담가가 상담 종결에 대한 기분을 회피하려고 자신의 각본으로 들어감으로써 내담자의 각본을 강화시켜 버린 것이다.

종결의 결정에 무언가 문제가 있다면 당신은 당신과 내담자 사이의 상담 과정 밖에서 새로운 안목과 지원을 제공해 줄 수 있는 누군가에게 슈퍼비전을 받아야 한다. 그 후에 주어진 상황에서 가능한 한 최선의 상담 종결이 이르어지도록 계획을 세울 필요가 있다. 종결이 상담 작업 초기에 이루어진다면, 일반적으로 복잡해지는 작업 후반기보다는 바람직한 종결을 하기가 용이하다고 볼 수 있다.

치료상의 실수가 발생한 상황에서는 어떻게 해야 하나?

게임을 포함하여 당신이 실수를 하거나 화해할 수 없는 반감이 생긴 경우 가능한 최선의 결과를 도출하기 위해 필요한 조치로서 전문가들은 무엇을 제안하는가? 윤리 강령과 전문가의 실천지침이 유용한 지침이 될 수 있다. 그러나 '내가 만일 내담자 입장이라면 상담가에게 무엇을 기대할 것인가?' 를 스스로에게 물어보라. 이와 같은 상황에서 상담가는 내담자가 다음과 같은 행동을 할까 봐 우려한다.

- 다시 오지 않음
- 화를 내며 '기분 나쁘게' 종결함
- 상담가의 전문가적 명성을 더럽힘
- 공식적으로 불만을 제기함

부지불식간에 상담가는 자기 보호 전략을 취하며 내담자로부터 분리되기 시작한다. 자기 보호에 초점을 맞추면 통상적으로 방어적 태도가 생기게 되고, 이것은 다시 방어적 행동을 초래한다. 내담자에게 최선의 것을 제공한다는 원칙이 사라지게 된다. 가장 좋은 것은 '두려움이 당신을 지배하지 못하게 하라'이다. 두려움은 명료한 생각을 방해한다.

- 있을 수 있는 치료적 실수에 대해 슈퍼비전에서 항상 협의하라. 수치심을 느낄 때조차도 숨기지 마라.
- 슈퍼바이저와 함께 당신의 걱정을 허심탄회하게 이야기하고 거기에 실질적 근거가 있는지 확인하라.
- 내담자는 부인하고 있지만, 실제로 내담자가 가진 것으로 여겨지는 것이 있는지 살펴보라.
- 슈퍼바이저의 적절한 전략과 접근 방식에 대해 협의하라.
- 둘 다 OK 하다는 것을 믿으며 개방적이고 친화적이며 방어적이지 않은 자세로 내담자를 대할 수 있도록 정신적으로 자신을 훈련시켜라.
- 당신의 실수에 대해 사과하는 것을 잊지 말아라. 상담가도 인간이고 실수를 한다. 이것을 받아들이고 사과할 준비를 한다면 치료적 관계에서 발생한 구멍을 수리하는 데 커다란 효과를 가져다줄 것이다.

이러한 가이드라인을 따름으로써 가능한 최선의 종결을 짓는 최적의 상황을 만들 수 있다.

상담 계획을 세우는 데 있어 내담자를 다른 동료에게 보낼 필요가 있는지도 고려해야 한다. 만일 있다면 적합한 인물이 있는가, 또는 다른 상담가를 찾는 것을 도울 수 있는 다른 누군가에게 내담자를 안내해 줄 필요가 있는가?

*** 예문**

주디스(Judith)는 상담가의 자동응답기에 다음 약속을 취소하고 약속을 다시 잡지 않겠다는 메시지를 남겼다. 상담가는 즉시 그 이유를 알아챘다. 그녀는 지난 회기에서 공감적인 자세를 유지하기보다 주디스의 행동의 어떤 부분을 직면시키면서 치료적인 실수를 범하였다. 주디스는 상처를 받았고 학대받았다고 느꼈다. 주디스는 극도로 예민해졌고, 직면은 결코 자신에게 적절한 대응이 될 수 없다고 생각했다. 그 당시 상담가는 주디스가 미래의 결혼에 대해 이야기하던 내용 중 어떤 것에 대단히 놀라 순간 경솔한 반응을 보였던 것이다.

상담가는 내담자에게 즉시 전화를 했다. 주디스는 아주 냉담했고 함께 문제를 협의하자는 설득에 조금도 동요되지 않았다.

슈퍼비전에서 상담가는 자신의 실수와 그 결과에 대해 상의하였다. 그녀는 불안과 두려움에 빠졌다. 내담자의 안녕에 대해 불안감을 느꼈다. 내담자를 중요한 작업의 중간 단계에서 고립시킨 것은 바람직하지 않다는 것을 알고 있었지만, 주디스가 자신의 삶에 대해 이야기할 때 여러 차례 앙심 품은 생각을 표출한 적이 있기 때문에 상담가는 두려움에 싸여 있었다. 주디스는 상담가에 대해서도 이러한 감정을 느끼고 있는 것인가? 그렇다면 상담가는 어떻게 해야 하는가?

슈퍼바이저는 공포의 원인을 그녀가 탐색하도록 도왔다. 현실은 그녀가 실수를 저질렀고 내담자는 불만을 표시할 가능성이 있다는 사실이었다. 슈퍼바이저는 그녀에게 이것은 상담가들에게 일상적인 현실이고 모든 상담가가 다루어야 할 부분이라는 것을 깨우쳐 주었다.

슈퍼바이저는 상담가를 격려하여 내담자에게 다시 초점을 맞추고 겉으로는 그것을 거절할지라도 내담자인 그녀가 필요로 하는 것이 무엇인지 알아보도록 했다. 주디스에게 조심스럽게 대하는 것은 상담가인 그녀가 제공할 수 있는 최선의 것이고, 그렇게 함으로써 그녀의 괴로움을 어느 정도 경감시킬 수도 있으며 또한 잘하면 어떠한 부정적 반응도 저지할 수 있을 것 같았다.

상담가는 내담자에게 지난 회기에 아마도 상처를 받았을 것이라는 사실을 인정하는 내용의 편지를 쓰기로 결심했다. 그녀는 편지에 모든 면에서 주디스에게 말하고 싶었던 정곡을 찌르는 내용을 포함시켰다. 상담가는 내담자가 자신과 이 문제에 대해 논의하고 앞으로의 상담 진행에 대해 생각해 볼 수 있는 회기를 한 번 갖자고 거듭 제안했다.

몇 주 만에 주디스의 회답이 도착했다. 그녀는 마지못해서 당시 상황에 대해 논의하는 미팅에 참석하겠다고 했다. 회기 중에 상담가는 자신이 주디스에게 공감과 이해를 가지고 대하지 못했던 점에 대해 초점을 맞추었다. 주디스는 자신의 실수를 기꺼이 인정하는 상담가의 모습에 감동을 받아 상담가의 사과를 받아들이기는 했지만, 상담을 재개하기보다는 종결하고 싶어 했다.

어느 정도 관계는 회복되었지만 상담가는 아직도 실수의 여파와 서로에게 남겨진 불만족스런 미해결 부분을 타협하려 하였다.

내담자가 각본 치유에 이르지 않음

많은 내담자들이 완전한 각본의 변화를 달성하지 않은 채로 그 상황에서 가능한 최선의 것이 성취되었다는 것만을 인정하고 상담을 종결한다. TA 상담가들은 대부분 비(非)각본 치유가 좀 더 가능성 있고 현실적인 결과를 가져온다고 생각한다. 각본 치유가 제대로 이루어지기 위해서는 오랜 시간이 필요한데 많은 상담가들이 그에 필요한 계약기간을 제공하지 못한다는 것도 한 가지 이유이다. 각본 치유가 많은 경우에 비현실적인 목표를 지향하고 있어서 그 개념 자체를 검토할 필요가 있다는 의견이 점점 증가하고 있다.

각본 치유가 성공적이지 못했다면 그 이유를 분석하는 것이 중요하다. 몇 가지 유용한 질문은 다음과 같다.

- 목표가 비현실적이었는가?
- 목표가 나의 능력 안에 있는가?
- 내담자가 목표 달성에 필요한 자원이 불충분하였는가, 혹은 그들은 충분한 외부의 지지를 받고 있는가?

- 나의 동료도 이와 같은 각본 이슈를 가지고 각본 치유가 이루어질 수 있다고 생각하는가?
- 각본 치유가 가능하다면 그것을 가능케 하는 데 필요한 것은 무엇인가?

이미 기초적인 답변을 찾으면서 그것을 따라가면 좀 더 확실한 결론에 도달할 수 있다. 거기서부터 당신은 상담을 종결하는 가장 적절한 방법을 계획할 수 있다.

가장 중요한 것은 '충분한' 각본 변화가 있어야 한다는 것이다. 내담자의 관점에서 본다면 그들은 상담 과정에서 만족을 얻었고 어려움에 대해서는 합리적인 해결책을 달성하였다. 그 이상의 변화에 투자하는 것은 완벽해지려는 욕망에 붙잡히는 것이며 상담가에게뿐 아니라 내담자에게도 해가 된다.

*** 예문**

케빈(Kevin)은 우울증 때문에 상담을 찾았다. 그의 증상이 완화되면서 그는 문제의 근원이 어렴풋이 보이기 시작했다. 54세가 된 그는 '예전처럼' 카리스마를 보이지 않았다. 그의 개인적인 삶이나 전문인으로서의 삶 등 모든 면에서 그는 기량이 떨어지는 것을 느꼈다. 케빈은 자신의 '예전 모습'으로 돌아가고 싶었다. 그래서 그는 각 회기마다 그가 달성했었던 엄청난 '성공' 목록을 자세히 열거하는 데 많은 시간을 할애했다. 그는 시들해져 가는 자존감을 붙들고 싶어 이것에 대해 좀 더 강한 긍정적 스트로크를 받기 원했던 것이다.

케빈의 과거의 성공은 그가 다시 성취하기 어려운 것들로 구성되어 있음이 확실해졌다. 젊고 강건한 체격, 큰 포부와 엄청난 수입(명예퇴직 후에 고갈되어 갔지만)이 그것이다. 케빈은 그의 퇴직금을 몽땅 털어 벤처 사업을 시작했으나 실패했다. 재정적으로 힘든 상태였다.

케빈의 상담가는 '자존감을 되찾는다.'는 원래의 계약이 그가 다시 이전의 자아를 되찾을 수 있다는 케빈의 신념을 근거로 했다는 것을 깨달았다. 안타깝게도 그의 자존감은 돈, 잘생긴 외모, 매력과 같은 것이었고 이것은 살얼음판 위에 세워져 있었다.

이러한 것들은 외적인 버팀목이지 내적인 강점은 아니었다. 이제는 그가 이러한 버팀목 없이 자존감을 회복해야 하는 상황이었다. 그는 아마도 과거에 가졌던 자존감을 결코 느끼지 못할 것이다. 상담가의 과제는 그가 달성할 수 있는 현실에 근거하여 인생을 재구축하도록 하여 자존감을 회복할 수 있도록 돕는 것이다. 원래 합의된 계약은 비현실적인 기대에 근거했기 때문에 완료될 수 없었다. 재검토와 재협상이 필요했다. 이것은 케빈이 예민하게 수치심과 모멸감을 느끼지 않도록 보호하면서 진행해야 하는 까다로운 과정이었다. 각본 치유가 케빈에게는 부적절하고 비현실적인 목표였다. 목표가 바뀌어야 하기 때문에 실패했다고 느끼지 않도록 그를 보호하는 것이 중요했다.

검토와 회상

장기상담의 종결에서는 처음의 상황이 어떠했는지를 잊기 쉽다. 종결의 중요한 부분은 내담자로 하여금 최초 상황을 기억하여 자신이 이룬 변화에 대해 스스로 충분히 설명하게 하는 것이다. 변화가 이루어지고 일상생활에 포함되면, 그 변화는 이미 정상이 되어 '내가 전에 어땠는지' 기억하기 어렵기 때문에 평가 절하되기 쉽다. 작업을 검토하는 것

핵심기법

검토할 때 내담자에게 다음과 같이 질문하라.

- 긍정적이건 부정적이건 의미 있게 두드러지는 절정의 순간은 언제였는가?
- 내담자를 웃게 만든 순간은 언제였는가?
- 자신의 변화에서 가장 의미 있는 것에 대해 곰곰이 생각해 보아라.
- 내담자와 상담가와의 관계를 돌아보라. 어떠했는가? 그녀를 놀라게 했는가? 내담자는 무엇이 가장 도움이 된다고 생각하는가? 무엇이 가장 도움이 되지 않았는가? 당신이 달리 할 수 있었던 것이 있는가?
- 내담자가 가장 아쉬워할 것과 덜 아쉬워할 것에 대해 이야기하라.

내담자와 함께 상담 여정을 회상하라.

- 여정 중에 상담가인 당신이 관여했던 부분과 당신에게 긍정적이었던 중요한 순간들을 나누라.
- 내담자에게 스트로크를 주고 그녀가 이룬 변화를 확인하라.
- 내담자가 당신이 작별에 대해 배려한다는 느낌을 가지고 떠나도록 하며, 당신도 그녀와의 만남을 그리워할 것이라는 이별의 아쉬움을 나누어라.

사례 : 앤지

앤지에게 몇 번의 중요한 순간들이 있었다. 처음으로 그녀의 눈노를 표현한 것이 가장 의미 있는 순간 중의 하나였다. 모두가 중요했지만 상담가가 거의 기억을 하지 못하는 것이 있었는데, 그것은 앤지가 회기 종결에 대해 매우 화가 나서 하고 싶었던 말을 끝내려고 회기 시간을 몇 분 정도 연장했던 일이었다.

앤지 : 많이 불편하셨죠. 정말로 잘 돌봐 주셔서 제가 믿음이 생겼기 때문이었어요.

앤지의 생각에는 중요한 개입으로 인식되었기 때문에 상담가가 기억하지 못하거나 상담 계획에 없었던 일로 인하여 큰 영향을 받는 경우도 종종 있다. 가장 중요한 것은 관계의 질이다. 기술적인 기법도 물론 중요하긴 하지만 관계의 질에는 못 미친다.

부정적인 측면에서 상담가가 긴 휴가 기간 동안 임시 상담사를 필요로 하지 않는가를 묻자 앤지가 화를 낸 적이 있었다.

앤지 : 제가 제 자신을 돌볼 수 있다는 것을 믿지 못하시는 것 같아요. 마치 저에게 베이비시터를 붙여 주겠다고 하는 것 같군요.

영향력 있는 긍정적인 행동과 마찬가지로 내담자가 도움이 되지 않거나 수용할 수 없다고 여기는 것들은 전혀 예상치 못했던 것일 수 있으며, 그 중에는 제대로 했다고 생각되는 것들도 있다. 상담가는 때때로 내담자가 그 당시에는 느끼는 바를 이야기하지 않는 경우가 있기 때문에 그들이 상담실 문을 나서기 전에 이야기할 기회를 주는 것이 매우 중요하다는 것을 기억하였다.

앤지는 계속 이야기하였다.

앤지 : 최악의 순간은 제가 다시 돌아오기에는 너무 멀리 갔고 앞이 보이지 않을 때였습니다. 저는 모

든 일이 순조롭게 진행되고 있을 때 일찍 중단했어야 했는데 그러지 못해 커다란 실수를 저지른 것 같은 절망감을 느꼈어요. 다시는 그런 경험을 하고 싶지 않아요.

앤지의 경험은 장기상담을 하는 많은 내담자들이 동일하게 경험하는 것이다. 각본의 심층을 작업할 때는 초기 단계에서 오는 안도감과 적극적인 감정이 사라지게 된다. 행복의 감정이 다시는 돌아오지 않을 것 같은 느낌도 든다.

앤지는 '필요할 때면 상담가가 언제나 거기 있다.'는 것을 잃음으로써 오는 안전감이 가장 그리울 것 같다고 하였다.

앤지 : 제 자신과의 싸움은 생각하고 싶지 않아요. 그 싸움들은 남기고 떠나는 게 좋을 것 같아요.

상담가는 앤지가 이룬 변화뿐만 아니라 그녀의 책임감과 끈기에 대해서도 칭찬해 주었다. 상담가는 앤지에게 그녀와의 작업이 더없이 즐거웠으며 그녀가 이룬 발전을 그리워할 것 같다고 이야기하였다. 앤지의 강한 결단력이 그녀를 감동시켰던 중요한 순간들이 떠올랐다. 앤지의 표정은 상담가의 관점에서 듣는 것이 얼마나 중요한지를 분명히 보여 주었다.

은 내담자에게 자신의 성취를 돌아보고 자신이 이룬 변화에 즐거움을 느끼는 기회를 제공해 준다.

선 물

선물에 대한 것은 항상 윤리적인 딜레마를 낳는다. 순수한 감사의 표현을 거절하여 내담자의 기분을 거스르고 싶지 않다는 생각과 동시에 선물을 받는 것이 공생과 각본을 강화할 수도 있다는 사실이 공존하기 때문이다. 선물은 내담자가 자신의 일부를 남기는 방법일 수도 있다. 당신은 그들이 무엇을 남기고자 하는지, 그것이 좋은 생각인지 아닌지를 판단해야 한다. 선물에 관한 이슈를 다루는 가장 쉬운 방법은 당신의 원칙을 세우고 그것을 처음부터 명확하게 하는 것이다.

선물 사양 원칙

이것은 수립하기 쉽고 유지하기 간단한 원칙이다.

*** 예문**

스티브(Steve)는 상담가가 자신과 같은 종류의 음악을 좋아한다는 것을 알았다. 지난 회기에 그는 자신이 좋아하는 음악을 담은 테이프를 가져왔다.

스티브 : 제 서재에서 이 테이프를 만들어 왔습니다.

상담가는 테이프를 받아서 스티브가 녹음한 노래 제목을 자세히 읽어 보았다.

상담가 : 훌륭한 곡들을 뽑으셨네요. 당신의 정성 어린 배려에 정말로 감동했습니다. 그러나 우리가 작업을 시작할 때 맨 처음 설명했듯이 저는 선물을 사양하겠습니다.

상담가는 테이프를 다시 돌려주었다. 처음에는 스티브가 놀라 약간 상처를 받은 것처럼 보였다. 그러나 이내 그의 표정이 바뀌었다.

스티브 : 제가 잊었군요. 저는 선생님이 이것을 차 안에서 항상 들을 수 있다고 생각했습니다.

상담가 : 그런 클래식 음악을 즐기기에는 최고의 장소지요.

스티브의 상담가는 매우 조심스럽게 '아니요' 라고 말했다. 테이프를 받아서 표지를 읽고 좋은 곡을 선택했다고 내담자를 칭찬하였다. 그는 스티브와 선물에 담겨 있는 그의 마음에 감사를 표했다. 스티브는 수치심이나 거절당한 느낌을 받지 않았다. 단지 테이프만이 거절된 것이었다.

공개적 원칙

이것은 운영하기가 가장 복잡한 원칙이며 어떤 내담자에게는 '예' 라고 말하고 다른 내담자에게는 '아니요' 라고 말하는 데 합리적인 이유가 있어야 한다. 내담자들끼리 서로 알고 지내는 사이일 수도 있는데, 그들 중 어떤 사람으로부터는 선물을 받고 다른 사람한테는 받지 않았다는 사실을 그들이 알게 되면 그 이유에 대해 잘못된 결론을 끌어낼 수 있게 된다. 따라서 이 방법을 운영하기 위해서는 당신 자신의 결정을 설명할 수 있는 매우 분명한 치료적 근거와 실행 방법이 필요하다.

선물 받기 원칙

많은 상담가들은 내담자들로부터 선물을 받는다. 당신도 그렇게 하고 싶다면 다음과 같은 사항을 모두 검토해 보아야 한다.

- 이렇게 하는 치료적 당위성은 무엇인가?
- 내담자의 최대 유익 측면에서는 어떤가?
- 그 선물로 무엇을 할 것인가?
- 내담자의 각본을 강화하지 않고 있다는 것을 보여 주는 증거가 있는가?
- 누가 따진다면, 내가 내담자를 이용하는 것이 아님을 어떻게 보여 줄 수 있는가?
- 내가 받는 선물 종류에 한계가 있는가? 예를 들어, 작은 장신구 하나를 받는 것과 와인 한 상자를 받는 것 사이를 구별 지을 수 있는가? 그렇다면 이유가 무엇인가? 내담자에게 이것을 어떻게 설명할 것인가?
- 당신이 받는 선물의 종류에 대해 차별하지 않는다면 이것이 당신과 내담자에게 어떤 어려움을 가져다주는가?
- 고려해야 할 윤리적 이슈가 있는가?

선물 사양 원칙을 명확히 하지 않는다면 이 주제는 복잡하므로 조심스럽게 생각해야 한다.

경 계

내담자는 상담이 종결되면서 관계의 경계가 바뀌어 사회적인 관계로 전환되었으면 하는 희망을 품기도 한다. 어떤 속셈이든지 친구가 되어 함께 커피를 나누며 서로 잘 아는 사이가 되고자 하는 바람은 결국 관계를 지속하고자 하는 욕구와 떠나보내고 싶지 않음을 드러내는 것이다. 내담자는 이러한 희망을 다양한 방법으로 표출한다. "인생에 대해 아주 재미있는 생각을 가지셨을 것 같아요."라고 유혹하거나 "정말로 나를 돌보아 주시는 것 같지 않아요. 단지 10시에 약속된 사람일 뿐이네요."라고 화를 내기도 한다.

내담자가 상담의 경계를 바꾸고자 하는 욕구를 표현한다면,

- 내담자가 얼마나 믿건 간에 이것이 내담자 자신에게 유익이 되지 않는다는 것과 당신이 흔들리지 않고 내담자의 필요에 집중하는 것이 커다란 도움이 된다는 것을 명확히 한다. 계약서는 상담가의 욕구, 필요와 감정이 관계의 일부가 아니라는 것을 바탕으로 작성된 것이다. 경계로 이루어진 공간은 내담자의 것이다. 이것을 변경하는 것은 내담자에게 심각한 피해를 입히는 것이 된다.
- 떠나지 않으려는 마음 저변의 의지에 초점을 맞추어 내담자가 그것을 해결하도록 돕는다.
- 전문직 종사자가 갖는 윤리적 입장을 다시 언급한다.

상담 종결 후 접촉

때때로 내담자들은 그들이 필요할 때 다시 와도 되는지 물어볼 것이다. 당신은 그 질문이 임박한 종결에 대한 정상적인 염려에서 오는 것인지, 작별하기 싫어서인지 또는 작업에서 무엇인가 완료되지 않아서인지를 판단해야 한다. 당신의 대응은 당신이 보는 질문의 의도가 무엇인지에 따라 다양해질 수 있다.

대부분의 TA 상담가들은 필요할 경우 후속 작업을 위해 내담자가 다시 오는 것을 허용한다. 예를 들어, 어떤 내담자는 생명을 위협하는 질병을 진단받고 나서 5년 만에 다시 오기도 했다. 그 내담자는 시련에 직면했을 때 자신을 잘 알며 믿을 수 있는 사람으로부터 도움과 지원을 받기를 원했던 것이다.

미래에 내담자가 찾아왔을 때 기꺼이 받아들이는 것이 공생의 강화가 아니라는 것을 확실히 하라. 그리고 나중에 내담자가 추가적인 도움이 필요한 부분을 이야기하면, 당신은 내담자의 동의하에 기꺼이 다른 상담가를 찾는 것을 도와주어야 한다. 이것은 공생적인 역동을 막는 데 도움이 되고 내담자에게는 내담자가 당신을 벗어나서 다른 누군

가에게 가도 좋다는 열린 태도를 보여 주게 된다.

후속 접촉에 대한 두 번째 중요한 질문은 "제가 편지나 이메일 혹은 전화를 해도 됩니까?" 이다. 이것도 앞서 말한 이유 때문에 주의 깊게 생각해야 한다. 대부분의 TA 상담가는 이따금 이전 내담자로부터 소식을 들으면 기뻐한다. 예를 들어, 내담자 중 한 사람은 수년간의 임신 시도 끝에 첫 번째 아이를 낳았다는 소식을 알려 오기도 했다.

내담자가 당신과의 관계를 지속하기 위한 향후 커뮤니케이션 수단으로 우편을 고려하지 않도록 주지시킨다. 그리고 당신이 답장을 보낼 것이라는 기대를 하지 않게 한다. 간단한 메모를 보내는 것은 괜찮겠다고 생각되는 경우일지라도 내담자들에겐 답장을 하지 못할 수도 있다는 생각을 이야기해 준다. 그렇지 않으면 본의 아니게 편지 왕래에 의해 관계 속으로 끌려 들어가게 되거나 답장을 하지 않았다는 이유로 내담자에게 거절당한 느낌을 줄 것이다.

5. 종결 회기

이제 종결 회기가 되었다. 염두에 두어야 할 영역은 무엇인가?

- 내담자의 각본을 강화시키는 은밀한 유혹들에 대해 주의를 기울여라. 많은 내담자들이 상담가인 당신을 자신들과의 자학 교류(gallows transaction)로 몰아가서 무의식적으로 스스로에게 해를 끼칠 수 있는 마지막 시도를 한다. 내담자를 만나는 순간부터 문을 닫고 나갈 때까지 최선을 다하라.
- 역할을 유지하라. 종결 회기를 자신의 전문가 정신의 긴장을 푸는 기회로 활용하지 마라. 예를 들어, 지금까지 신체적 접촉을 사용하지 않았다면 마지막 회기에서 갑자기 사용하지 마라. 일관성과 예측 가능성, 그리고 전문성을 유지하라.
- 첫 회기의 첫 3분에서와 같이 마지막 회기의 마지막 3분에도 경청의 끈을 놓지 마라. 그것은 내담자의 관점에서 작업의 결과를 요약해 주는 시간이다.

- 특별히 당신과 내담자 두 사람 사이의 마지막 교류에 초점을 맞추어라. 그것은 작업에 최종 날인하는 것이며, 함께 성취한 것에 대한 요약이라 볼 수 있다.
- 마지막 회기 후 얼마 동안 생각을 정리할 시간을 가져라. 당신에게도 역시 '큰' 회기였기에 어느 정도 돌아볼 수 있는 여유가 필요하다.

바람직한 종결을 맺는 것은 숙련된 작업이다. 조심스럽게 사고하며 실행에 옮겨야 한다. 상담가인 당신에게는 한편으론 관계를 유지하며 다른 한편으론 떠나보내는 능력과 언제 종결 시점에 도달했는지 아는 지혜, 그리고 가능한 최선의 방법으로 떠나보내는 성실함이 필요하다.

> 아무도 당신에게 가르쳐 주지 못한다. 당신의 지식의 여명 속에 이미 반쯤 잠들어 있는 것 외에는…. 그가 정말 현자라면, 지혜의 집으로 들어오라 말하지 않고 당신 자신의 마음의 문으로 당신을 인도하리라.[71]

요 약

이제 내담자가 상담을 끝낸 것처럼 당신이 해 온 작업도 완료되었다. 물론 이것이 내담자에 대한 생각을 중단하는 것을 의미하지는 않는다. 모든 상담가에게는 상담 완료의 뒤를 이어 되돌아볼 수 있는 시간이 있다.

곰곰이 생각해야 할 몇 가지 중요한 질문들은 다음과 같다.

- 어떤 방법이 가장 효과적이었는가?
- 어떤 부분이 가장 비효과적이었나? 그 이유는?
- 상담가로서 내담자와의 작업에서 배운 것은 무엇인가?
- 어떻게 치료 기술을 향상시킬 수 있는가?

종결에서의 핵심 개념은 다음과 같다.

---

71) Kahlil Gibran, *The Prophet* (Heinemann, London, 1969), P. 67.

- 계약 검토
- 스트로크
- 의식
- 이면 교류
- 자학 교류

핵심 기술은 다음과 같다.

- 자기 반추
- 떠나보내기
- 계획
- 슈퍼비전을 구함

연습문제

10.1 파트너와 함께,

(a) 당신의 상담 유형이 대부분 단기상담인지 또는 장기상담인지 알아보고 이것이 가져다주는 압박감의 종류는 어떤 것이 있는지 확인하라.

(b) 이러한 압박감은 통상적으로 어떻게 다루는가? 그러한 접근 방식에 만족하는가? 당신이 바꾸고 싶은 영역이 있는가?

(c) 당신 자신의 삶에서의 종결에 초점을 맞추고 생각해 보라.

- 당신의 일반적인 종결 패턴
- 종결을 하는 데 당신의 강점과 내담자와의 작업에 적용할 수 있는 방법
- 종결을 하는 데 당신의 취약점과 이로부터 당신과 내담자를 보호하는 방법

(d) 당신이 저지른 실수로 인하여 종결이 왔을 때 어떻게 대응하겠는가? 당신의 대응이 어떠한 강점과 취약점을 보여 주는가?

(e) 선물에 대한 접근 방식과 그것이 얼마나 효과적인지 논의하라.

(f) 당신은 내담자가 관계의 경계를 바꾸고 싶어 하는 상황을 어떻게 처리하는가?

참고문헌

Berne, E. (1961) *Transactional Analysis in Psychotherapy*. New york: Grove Press.

Berne, E. (1964/85) *Games People Play*. Harmondsworth, Middlesex: Penguin Books.

Berne, E. (1966/78) *Principles of Group Treatment*. New York: Grove Press.

Berne, E. (1970/81) *Sex in Human Loving*. Harmondsworth, Middlesex: Penguin Books.

Berne, E. (1972/87) *What Do You Say After You Say Hello?* London: Corgi Books.

Clarkson, P. & Fish, S. (1988) 'Rechilding: Creating a New Past in the Present as a Support for the Future', *Transactional Analysis Journal*, Vol. 18(1).

Clarkson, P. & Gilbert, M. (1988) 'Berne's Original Model of Ego States: Some Theoretical Considerations', *Transactional Analysis Journal*, Vol 18(1). pp.20–29.

Dashiell, S. R. (1978) 'The Parent Resolution Process: Reprogramming Psychic Incorporations in the Parent', *Transactional Analysis Journal*, Vol. 10(4).

English, F. (1972) 'Sleepy, Spunky and Spooky: A Revised Second Order Structural Diagram And Script Matrix', *Transactional Analysis Journal*, Vol. 2(2).

English, F. (1975) 'The Three Way Contract', *Transactional Analysis Journal*, Vol. 5(4), pp. 64–7.

Frankl, V. (1962) *Man's Search for Meaning*. London: Hodder & Stoughton.

Gibran, K. (1969) *The Prophet*. London: Heinemann.

Goulding, R. & Goulding, M. (1975) 'Injunctions, Decisions And Redecisions', *Transactional Analysis Journal*, Vol. 6(1), pp.41–8.

Goulding, M. & Goulding, R. (1982) *Changing Lives Through Redecision Therapy*. New York: Grove Press.

Holloway, M.M. & Holloway, W.H. (1973) *The Contract Setting Process* in The Monograph Series of Midwest Institute For Human Understanding Inc. Medina, Ohio: Midwest Institute for Human Understanding.

James, M. (1977) 'Treatment Procedure' in *Techniques In Transactional Analysis.* Reading, Massachusetts: Addison-Wesley Publishing Company.

Khaler, T. (1975) 'Drivers: The Key To The Process of Scripts', *Transactional Analysis Journal,* Vol. 5(3), pp. 280-4.

Karpman, S. (1968) 'Fairy Tales and Script Drama Analysis', *Transactional Analysis Bulletin,* Vol. 7(26).

Loomis, M. ' Contracting For Change', *Transactional Analysis Journal,* Vol. 12(1).

Mahler, M., Pine, F. Bergman, A. (1989) *The Psychological Birth Of The Human Infant.* London: Maresfield Library.

McNamara, J. & Lister-Ford, C. (1995) 'Ego states And The Psychology Of Memory', *Transactional Analysis Journal,* Vol. 25(2), pp. 141-9.

McNeel, J. (1976) 'The Parent Interview', *Transactional Analysis Journal,* Vol. 6(2), pp. 61-8.

Mellor, K. (1980) 'Impasses: A Developmental and Structural Understanding', *Transactional Analysis Journal,* Vol. 10(3).

Munro, R. L. (1955) *Schools of Psychoanalytic Thought.* New York: The Dryden Press.

Novellino, M. & Moiso, C. (1990) 'The Psychodynamic Approach to Transactional Analysis', *Transactional Analysis Journal,* Vol. 20(3).

Schiff, J. E. (1975) *Cathexis Reader: Transactional Analysis Treatment of Psychosis.* London, New York, San Francisco: Harper & Row Publishers.

Schiff, J. E. & Schiff, A. (1975) 'Frames Of Reference', *Transactional Analysis Journal,* Vol. 5, pp. 290-94.

Steiner, C. (1974) *Scripts People Live.* New York: Grove Press.

Steiner, C. & Kerr, C. (Eds) (1976) *Beyond Games and Scripts. Eric Berne, Selections from his Major Writings.* New York: Ballantine Books.

Steiner, C. (1979/81) *Healing Alcoholism.* New York: Grove Press.

Steiner, C. (1981) *The Other Side Of Power.* New York: Grove Press.

Stewart, I. (1992) *Eric Berne.* London: Sage Publications.

Stewart, I. & Joines, V. (1987) *TA Today,* Nottingham : Lifespace Publishers.

Stuntz, E. (1973) 'Multiple Chair Technique', *Transactional Analysis Journal,* Vol. 3, pp. 105-8.

Swede, S. (1977) *How To Cure-How Eric Berne Practiced Transactional Analysis.* Corte Mader, California: Boyce Productions.

Tilney, Tony (1998) *Dictionary of Transactional Analysis.* London: Whurr Publishers Ltd.

Woollams, S. & Brown, M. (1978) *Transactional Analysis.* Huron Valley: Institute Press.

찾아보기